8

Bien Suzanne...

Sachez cultiver
votre gatemadone à
votre Doberman
en vous !

Amusez-vous !

Avez-vous la bonne attitude sexuelle ?

DE LA MÊME AUTEURE

Au lit toi et moi nous sommes six, Les Éditions Publistar, 2010.

Couple en péril, Les Éditions Publistar, 2006.

À la conquête du plaisir sexuel, collection « Femme d'aujourd'hui », Les Éditions Trustar, 2000.

Au lit toi et moi nous sommes six, Les Éditions TVA, 2001.

Sexualité au féminin et au masculin. Comment parvenir à une combinaison gagnante et… jouissante !, Les Éditions Trustar, 1999.

Avez-vous la
bonne
attitude
sexuelle

Sylvie Lavallée, M. A.

Sexologue clinicienne et psychothérapeute

LES ÉDITIONS
PUBLISTAR
Une compagnie de Quebecor Media

Catalogage avant publication de Bibliothèque et Archives nationales du Québec et Bibliothèque et Archives Canada

Lavallée, Sylvie, 1973-

Avez-vous la bonne attitude sexuelle?

ISBN 978-2-89562-354-0
1. Sexualité. 2. Attitude (Psychologie). 3. Changement (Psychologie). I. Titre.

HQ21.L38 2010   306.7   C2010-941816-6

Édition: Julie Simard et Nadine Lauzon
Révision linguistique: Céline Bouchard
Correction d'épreuves: Corinne Danheux
Couverture: Aurélie Lannou
Grille graphique intérieure: Axel Pérez de León
Mise en pages: Hamid Aittouares
Photo de l'auteure: Groupe Librex

Remerciements
Les Éditions Publistar reconnaissent l'aide financière du gouvernement du Canada par l'entremise du Fonds du livre du Canada pour leurs activités d'édition. Nous remercions le Conseil des Arts du Canada et la Société de développement des entreprises culturelles du Québec (SODEC) du soutien accordé à notre programme de publication. Gouvernement du Québec – Programme de crédit d'impôt pour l'édition de livres – gestion SODEC.

Les Éditions Publistar
Groupe Librex inc.
Une compagnie de Quebecor Media
La Tourelle
1055, boul. René-Lévesque Est
Bureau 800
Montréal (Québec) H2L 4S5
Tél.: 514 849-5259
Téléc.: 514 849-1388
www.edpublistar.com

Dépôt légal – Bibliothèque et Archives nationales du Québec et Bibliothèque et Archives Canada, 2010

ISBN 978-2-89562-354-0

Distribution au Canada
Messageries ADP
2315, rue de la Province
Longueuil (Québec) J4G 1G4
Tél.: 450 640-1234
Sans frais: 1 800 771-3022
www.messageries-adp.com

Diffusion hors Canada
Interforum
Immeuble Paryseine
3, allée de la Seine
F-94854 Ivry-sur-Seine Cedex
Tél.: 33 (0)1 49 59 10 10
www.interforum.fr

*À tous mes clients qui ont su manifester
un désir de changement sincère.
Qu'il est bon d'être l'élève de sa sexualité !
D'avoir un regard neuf sur soi.*

Table des matières

Introduction

Avant de commencer la rédaction d'un livre, je me pose toujours mille et une questions. Je veux parler de sexualité humaine, de dynamique érotique, de vie fantasmatique et de la vie de couple en général, mais comment aborder ces thèmes autrement, moi qui n'ai pas la prétention d'inventer un nouveau concept ni d'avoir enseigné le saut aux sauterelles ? Je me rends cependant compte que beaucoup de gens sont inhibés, qu'ils n'adoptent pas la bonne attitude. Ils n'osent pas faire état de leur créativité et n'essaient plus d'initier des rapprochements. Ils sont trop concentrés sur certaines difficultés ou la fameuse peur d'avoir peur. D'autres disent ne pas vouloir entreprendre une rencontre aux visées sexuelles par peur de ne pas la mener à bon port. Pensez-vous comme eux ? Pensez-vous qu'il est mieux de ne rien faire ? Est-ce la bonne attitude que de s'apitoyer, de craindre le jugement ou de se décourager ?

Alors, je me suis mise à réfléchir à mes interventions en sexologie et en psychothérapie auprès de mes clients, des femmes et des hommes de tous les âges qui veulent régler une situation problématique. J'ai répertorié ce que j'expliquais le plus fréquemment dans mon cabinet, et cela indépendamment des motifs de consultation. Que ce soit pour une dysfonction sexuelle, des fantasmes inquiétants, de l'infidélité, un manque de désir ou d'amour envers le partenaire, de la difficulté à s'investir amoureusement, de la jalousie, des familles recomposées, une ou des agressions sexuelles, de la violence ou encore une crise existentielle, j'ai soudain pris conscience que j'abordais très souvent le thème de l'*attitude*. Celle qu'il faut modifier et améliorer. Pour que mon propos soit clair, l'attitude est une manière de se tenir, mais surtout un comportement qui correspond à une certaine disposition psychologique. L'attitude est donc un état d'esprit à l'égard de quelqu'un ou de quelque chose qui devrait favoriser l'adoption d'un comportement ou d'une conduite propre à manifester l'état d'esprit en question.

On pourrait également parler de l'attitude en termes de réflexion, de prise de décision, de planification d'actions et de résolution de problèmes, mais aussi en termes de confiance en soi, ce sentiment où l'on se fie à soi-même avec assurance, aisance et conviction. L'attitude renvoie également au fait d'avoir la détermination de prendre de bonnes décisions, ce qui permet d'agir en toute confiance. Agir sans hésitation, voilà ce qu'est pour moi avoir une bonne attitude.

Avez-vous envie d'être un canard ou un aigle?

Regardez les canards dans un lac. Ils se promènent tous à la file indienne derrière leur maman. Si un caneton plonge la tête sous l'eau et qu'à sa sortie les autres ont pris une longueur d'avance, il sera anxieux et les cherchera désespérément. Un canard vit avec les siens, en clan. Il est une proie pour le chasseur, et il n'attaque pas. Il n'a pas d'individualité ni d'existence propre. Ses ambitions sont quasi inexistantes.

Par contre, l'aigle, un prédateur juché sur son perchoir, cible parfaitement sa proie et met tout en œuvre, avec le savoir-faire du chasseur, pour fondre sur elle. Il ne doute aucunement de ses compétences. Il va de l'avant en toute confiance. Il se sait capable de tout et réalise ses projets. Ses ambitions sont élevées. Il a sa propre individualité.

Vous, êtes-vous un canard ou un aigle ? Bien sûr, vous avez certainement vos journées « canard » où vous vous apitoyez sur votre sort. C'est normal, mais pour un temps seulement… Si ça devient une habitude, c'est plus inquiétant. J'aimerais donc, avec ce livre, vous enseigner à devenir un aigle dans la plupart des situations, dans vos décisions et dans votre détermination à vivre.

À qui s'adresse ce livre ?

Lorsque les gens sont prêts à entamer une démarche thérapeutique, c'est qu'ils veulent du changement, qu'ils cherchent des solutions. Ils se demandent quoi faire, quoi dire, et comment penser autrement. Ils en viennent à réaliser que leur manière de percevoir les événements n'est pas toujours adéquate et que leur jugement est biaisé, puisqu'ils sont en souffrance ou en grand questionnement. En se présentant à des consultations, ils se donnent la chance de s'en sortir en discutant avec une personne neutre qui ne les jugera pas, mais qui les aidera et les guidera à penser différemment. Souvent, avant d'entreprendre une démarche thérapeutique, on s'aperçoit qu'on tourne en rond. Nos stratégies de fonctionnement ne sont plus efficaces. Il nous faut du nouveau matériel, mais lequel ? Très souvent, lors d'une consultation, une des premières analyses est de reconnaître notre attitude habituelle, donc probablement celle que nous devrons changer. Il faut rediriger notre attention et modifier nos diverses interprétations des événements.

L'attitude est un thème qui me préoccupe particulièrement. Par exemple, je ne suis plus la même thérapeute qu'à mes débuts en pratique privée. Avant, j'appliquais la théorie enseignée à l'université et je voulais que l'attention soit mise sur l'analyse du problème : le client dévoile son histoire et le

thérapeute agit à titre d'expert qui trouve la source du problème et qui sait quoi faire afin de résoudre le conflit. J'ai
navigué dans ces eaux pendant quelques années pour ensuite
avoir envie de développer mon propre style. Maintenant,
je conçois la thérapie comme un travail d'équipe. Le plus
important est d'abord d'instaurer un climat de confiance
pour créer ce qu'on appelle une alliance thérapeutique, où
le client et le thérapeute œuvrent ensemble à la recherche
d'une solution. Par la thérapie, le client doit réfléchir à ce
qu'il veut changer et à la manière dont il souhaite s'y prendre.
Qu'est-ce qui ferait une différence dans sa vie? Quel genre
de relations espère-t-il avoir? J'aime l'idée d'être pour mon
client une sorte d'amie-*coach*, une alliée digne de confiance,
encourageante et stimulante qui est sympathique et positive. Je tiens absolument à ce que la démarche soit agréable.

N'oubliez pas qu'au départ, il faut beaucoup de courage
et d'humilité pour appeler et demander de l'aide. Encore
faut-il que la personne que l'on consulte soit agréable et
dynamique! **Je crois en un travail d'équipe et j'aime travailler en ce sens. Cela rend mon travail plus stimulant.**
Je porte un regard différent sur l'application de la théorie
en privilégiant une thérapie «sur mesure» pour la personne
qui consulte. Chaque individu a des motivations différentes,
et je m'assure d'adapter nos rencontres selon le problème
discuté: qu'il s'agisse d'une personne désespérée avec peu
d'espoir de changement, d'une personne mécontente de
son ou sa partenaire et voulant que l'autre change, ou d'une
personne consciente d'un problème et voulant faire ce qu'il
faut pour s'en sortir, je m'ajuste en conséquence.

Selon le cas, je travaille différemment: j'écoute, puis
je réagis. Je pose des questions, je propose des pistes de
réflexion et je fais des suggestions. Je demeure présente
et attentive à l'autre. Je suis spontanée et expressive dans
mes réactions. Je crois qu'une thérapie est une parenthèse
dans la vie de quelqu'un, un temps d'arrêt pour réfléchir et
repartir sur des bases consolidées. C'est comme une cer-

taine brise de fraîcheur. Il est rassurant de se dire que nous ne sommes pas seuls pour porter notre difficulté. Quelqu'un nous accompagne et nous encourage à changer de point de vue, **à arroser les fleurs, pas les mauvaises herbes**!

Je dis souvent à la blague que mon bureau est un petit confessionnal moderne. Tel un prêtre, j'ai le privilège d'entendre parfois des secrets enfouis depuis de nombreuses années, et souvent, je suis la seule à les connaître. Je suis touchée de recevoir de telles confidences, et par conséquent la confiance de mes clients. La thérapie est un espace intime qui invite au dévoilement dans le cadre de la confidentialité. Il ne doit pas s'agir d'une expérience traumatisante : ce n'est quand même pas un exorcisme! C'est un lieu de partage et j'aime que mon client en reparte dans un meilleur état d'esprit que lorsqu'il y est arrivé.

Je crois également au perfectionnement par la formation continue. Chaque année, je me fais un devoir de rafraîchir mes connaissances en poursuivant ma formation avec des conférences, des colloques et des ateliers. Récemment, j'ai découvert la thérapie brève axée sur les solutions. Cette approche est arrivée à point dans ma vie professionnelle. Je demeure une sexologue clinicienne, puisque c'est ma formation d'origine, mais lors de mes interventions et de mes entrevues, je me rapproche de plus en plus de la psychothérapie. Pour moi, tout ne se résume pas à la génitalité et au plaisir sexuel. Il s'agit également (et surtout) de nos relations avec les autres : relations amoureuses, familiales, amicales, professionnelles et intimes. La sexualité doit être abordée dans un contexte relationnel global.

Cette révélation a bousculé les fondements de ma pratique construits au moment de ma formation universitaire. En responsabilisant le client qui consulte pour qu'il trouve des solutions à sa situation, j'aime bien dire que je ne suis plus une experte, mais plutôt une *coach* encourageante qui pose un tout autre genre de questions. Tout, dans cette nouvelle approche, invite au changement. Le thème de l'attitude est au cœur de mes interventions. Cibler notre potentiel, c'est vouloir le développer davantage et y croire !

J'ai eu la chance, et surtout le privilège, d'animer durant l'été 2008, sur les ondes de TQS, l'émission quotidienne *Vie de couple*. Nous avions une grande latitude quant aux sujets que nous pouvions aborder. Et ce qui comptait par-dessus tout, pour moi, c'était de démontrer qu'un sexologue peut se prononcer sur tous les aspects de la vie personnelle : que ce soit la vie de couple, les familles recomposées, les enfants, la vie professionnelle, les ex, la belle-famille, l'infidélité, les agressions, les ruptures, la dépendance, la jalousie, l'anxiété, la dépression, l'argent, tout y passait. En élargissant mon champ d'expertise du simple volet sexuel à tout le volet relationnel dans chacune de mes interventions, et cela en exposant ma propre façon de voir les choses, j'ai réalisé qu'il y avait toujours une ligne de conduite à adopter ; en d'autres mots, une attitude. L'attitude est le moteur de tout, le dénominateur commun. J'ai décidé de me pencher plus à fond sur ce thème en explorant quelques sujets au fil des chapitres de ce livre.

Afin de bien amorcer cette réflexion, quoi de mieux que de parler des hommes et des femmes. J'ai choisi de le faire d'une façon toute particulière, soit en parlant de la **personnalité sexuelle, affective et relationnelle**. Selon moi, il existe deux types d'hommes et deux types de femmes, ce que j'illustre par des archétypes de l'identité avec leurs enjeux positifs (le potentiel de chacun) et négatifs (les risques de dysfonction sexuelle). Je vous ferai part de la meilleure attitude à adopter, selon moi, en fonction de ces facettes. Vous pourrez ainsi mieux situer votre potentiel de séduction et votre capacité à désirer en vous dévoilant et en vous affirmant, et surtout, pour vous messieurs, en retrouvant votre virilité !

J'enchaînerai sur le **désir sexuel**, qui, bien qu'influencé par notre système hormonal, est évidemment avant tout une question d'attitude. En ce sens, je vous aiderai à le faire renaître ou à le maintenir vivant au sein d'une relation à long terme, puisqu'il est capricieux et qu'il faut en prendre soin. Je ferai souvent référence à votre «nouvelle» personnalité sexuelle pour indiquer la route à suivre sur le chemin de l'attitude gagnante, mais surtout, j'insisterai sur votre capacité à accueillir le plaisir dans votre vie personnelle et dans votre relation.

Nous poursuivrons notre exploration en discutant de la **dynamique conjugale**. Tout un chapitre sera en effet consacré aux enjeux de nos relations et conflits conjugaux en fonction de notre personnalité, de notre vie familiale, de nos exigences et de nos attentes envers notre partenaire. Avons-nous toujours la meilleure attitude? Quelle est notre conception d'une relation? Quels sont nos rôles respectifs? En tant qu'acteur, tenons-nous le bon rôle dans cette pièce? Dans votre couple, êtes-vous le plus conciliant des deux? Aimez-vous plutôt avoir le contrôle? Vous affirmez-vous suffisamment pour faire valoir vos besoins, ou vous effacez-vous dans l'altruisme ou l'abnégation? C'est ce que vous découvrirez en lisant ce chapitre. Pour vous permettre d'adopter la bonne attitude, je tenterai de vous guider sur la route la plus adéquate: celle de l'ouverture d'esprit, de la maturité affective et des attentes réalistes.

Et parce qu'il arrive que des écarts de conduite surviennent, je traiterai de l'**infidélité**, une de mes spécialités en sexothérapie. Je partagerai avec vous mon expérience clinique sur la tentation secrète, l'aveu et la reconstruction conjugale après la trahison. Car il est difficile de garder la tête haute et d'y survivre en toute dignité... Je tenterai d'expliquer les raisons qui poussent la personne infidèle à concrétiser son désir et comment j'interviens en thérapie pour démystifier ce phénomène et les conséquences possibles pour l'avenir d'une relation. Mon analyse clinique portera encore là sur la personnalité, le désir et la dynamique conjugale. Le tout en fonction de mon thème central: découvrir la meilleure attitude à adopter dans un tel contexte de secret, de mensonge et de trahison.

Il arrive aussi parfois qu'une relation ne résiste pas ; c'est alors la **rupture**. J'ai décidé de consacrer tout un chapitre à cette pénible réalité. Après une séparation, plusieurs sentent qu'ils régressent, car ils se disent qu'ils avaient tout. Ils changent de statut civil, de conjoint à célibataire, ou bien changent de partenaire. En tant que sexologue et psychothérapeute, je reçois souvent à mon cabinet des personnes désemparées voulant rompre sans tout casser et sans trop faire de peine. Mais est-ce possible ? **Comment assumer sa décision et aller de l'avant ?** Ou êtes-vous de ceux qui font le yoyo et qui reprennent, se laissent à nouveau, reprennent toujours, et se laissent encore ? **Avez-vous des regrets** et êtes-vous nostalgique ? Quelle est la bonne attitude à adopter face à cette décision, et comment aller de l'avant sans répéter la même histoire ? Des stratégies seront proposées afin de développer une mémoire réaliste, et non une mémoire sélective, et cela pour faciliter le deuil.

Je terminerai cette réflexion par une réalité de plus en plus fréquente dans notre société : les **familles recomposées**. Facile, en théorie, mais combien difficile en pratique de jumeler deux familles conjuguant au passé et au présent avec des ex qui veillent au grain. Comment former une équipe solide en tant que « nouveaux parents » face au passé, à la résistance dès enfants et à l'adversité ? Vous laissez-vous envahir par vos ex ? Avez-vous perdu le contrôle de la situation ? Faites-vous suffisamment de place à votre nouveau partenaire ou les enfants passent-ils en premier ? Avez-vous fait le deuil de la famille unie d'antan ? Dans ce chapitre, vous trouverez un ensemble de moyens pouvant vous faciliter la vie !

Par cette démarche, j'espère vous enseigner comment adopter la meilleure attitude possible pour :

- rester branché sur vos désirs et vos aspirations ;
- ne jamais vous oublier et maintenir votre capacité à vous affirmer adéquatement ;
- préserver la qualité de vos relations amoureuses, affectives, intimes et sexuelles.

Avoir une bonne attitude, c'est assumer ses décisions en toute confiance et comprendre pourquoi on agit de la sorte, c'est être capable de se choisir avant de choisir l'autre, c'est établir ses limites et les faire respecter, c'est exister dans la relation amoureuse et sexuelle – et non pas la subir –, c'est mieux connaître son propre caractère, son jugement et ses besoins. Bref, la bonne attitude, c'est laisser la femme prendre sa place, c'est permettre à l'homme d'exister dans son essence propre, et cela, tout en coexistant.

Dans ces pages, vous ne trouverez pas des résultats de recherches scientifiques exhaustives. Comme je suis une clinicienne, tous les thèmes traités sont basés sur mon expérience clinique. Grâce à ces exemples, vous pourrez certainement vous identifier à certains patients, selon la problématique. Je ne propose pas de recettes miracles, mais plutôt des pistes de réflexion, des stratégies visant des solutions, et certains outils aidant à adopter une meilleure attitude.

Une chose est certaine, et elle demeure inchangée à travers le temps et les époques : nous voulons tous être aimés, choisis et désirés, et que notre partenaire s'investisse exclusivement avec nous. Cependant, certains de nos modèles de comportement ou de nos réactions viennent compromettre ce désir profond. À présent, tentons d'y voir plus clair. Bonne aventure, et bonne attitude !

Chapitre 1

Mesdames, découvrez votre personnalité sexuelle par votre attitude

Nous avons tous une façon d'être. C'est ce qui nous diffé-rencie des autres. Et nous avons également tous une per-sonnalité « au lit » : dans nos rapports affectifs, sensuels et sexuels. Je crois que tout être humain aspire au bonheur et au plaisir. D'une part, nous avons un côté sain, sociale-ment adapté et acceptable, et d'autre part nous avons un côté sombre et débridé, voire même animal, presque com-parable à un dédoublement de personnalité. Nous affichons une certaine image le jour, et une autre la nuit. Cette person-nalité peut changer selon le type de partenaires que nous fréquentons. Certains hommes ou femmes nous inspirent, d'autres pas ! Chez plusieurs, ce changement de personna-lité s'effectue selon le degré d'excitation. Chez d'autres, la personnalité ne change guère.

Dans ce chapitre, j'illustrerai le portrait de la femme et sa manière d'être selon les deux pôles de l'archétype féminin. À vous mesdames de déterminer quelle sera la meilleure attitude pour rester vivante en tant que femme sexuée ! Quant à vous, messieurs, vous ne serez pas en reste, puisque le chapitre suivant vous sera entièrement consacré.

La femme exprime son désir et son excitation de deux façons distinctes

En règle générale, dans les écrits sur les archétypes fémi-
nins, une distinction est faite entre la vierge et la putain,
ou, si vous préférez, entre la madone et l'anti-madone. Je
vous parlerai donc dans ce chapitre de la femme en tant que
petit poussin ou tigresse, poupée de porcelaine ou amazone,
timide ou femme fatale.

Il s'agit bien évidemment d'un portrait exagéré et cari-
catural des deux pôles d'expression du désir et de l'excitation chez la femme. Imaginez un continuum avec à une
des extrémités une femme 100 % madone, et à l'autre, une
anti-madone à 100 %. Peu de femmes correspondent à ces
images pures et caricaturales. Toutefois, à travers l'exagéra-
tion du concept se forme une image de la femme qui nous
rejoint et nous ressemble. L'idéal serait de se situer à mi-
chemin entre les deux pôles. Ces deux portraits illustrent
bien les deux attitudes, très différentes, face à l'autre sexe,
à la séduction et à la sexualité. La madone est extrêmement pudique. Elle se laisse faire l'amour et conçoit l'acte
sexuel comme un devoir conjugal. Souvent passive et inof-
fensive, elle a l'impression de subir le désir et l'excitation
de l'homme. Sa génitalité est anesthésiée. Elle ne ressent
presque rien lors de la pénétration. Elle rêve plutôt d'une
nuit de massages et de tendresse…

Généralement, cette poupée de porcelaine a une mauvaise perception de son corps et de sa capacité orgasmique.
Elle ne se masturbe pas, et sa vie fantasmatique est un univers romanesque sans génitalité. C'est une excellente amie,
une voisine sympathique, une collègue fiable, une conjointe
fidèle, une bonne administratrice et une mère dévouée.
Altruiste et généreuse, c'est une hôtesse hors pair. Elle retire
sa satisfaction à faire plaisir. Son apparence est anonyme et
sans chichis. Elle a l'air soit d'une gamine, soit d'une parfaite « maman de banlieue ». Sans *sex-appeal*, son pouvoir

de séduction est dans le coma. Elle fait l'amour entre ses seins, c'est-à-dire dans son cœur, puisque le frémissement ne se rend pas vers son bassin et ses organes génitaux. Elle a peu ou pas d'initiative ou de désir sexuel. Elle carbure aux comédies romantiques et tournerait la tête ou serait même offusquée si elle tombait par inadvertance sur un film pornographique. Aucun intérêt, c'est contre ses valeurs.

Cette femme ne **verra pas venir l'infidélité de son conjoint**. Prude, elle s'indignerait si elle apprenait que son mari se masturbe sous la douche et regarde de la pornographie sur Internet. La loyauté est primordiale pour elle. Elle veut un homme engagé, aimant, présent et aveugle aux jolies femmes. Elle veut un homme de famille qui n'accorde pas la priorité à ses amis ou aux 5 à 7. Que fait-elle de son temps libre ? Elle choisit de le passer en famille. Voyager seule ou faire toute autre activité sont sans intérêt pour elle.

La timide ne se soucie pas de sa féminité, de sa désirabilité ou de son potentiel de séduction. Plaire n'est pas sa priorité, et elle n'investit pas en ce sens. Cette madone est extrêmement fiable, a des valeurs inestimables et est très agréable à fréquenter. Dans un couple qui comprend une madone, tant que les deux sont satisfaits et s'enrichissent ensemble, tout baigne. Le succès de leur vie conjugale consiste à avoir le même degré de libido, c'est-à-dire faible, car leur sexualité passe après les enfants, les devoirs, le travail, les repas, les tâches ménagères, les téléromans, la gestion des comptes et les lunchs. Bref, la routine avant le sexe !

Les conflits de ce genre de couple portent rarement sur la sexualité. Ils savent qu'ils sont peu portés sur la chose, et ne font rien pour changer cette situation qui leur convient. Ils ne tiennent pas particulièrement au lit conjugal et pourraient même, pour améliorer leur qualité de sommeil, faire chambre à part, dormir dans la chambre des enfants, ou bien dormir ensemble et laisser les enfants les rejoindre à leur réveil. Leurs frontières sexuelles ne sont pas définies. Tout peut y entrer. Ils n'ont pas la volonté d'établir les limites du territoire de leur intimité. En vacances, ils voyagent avec des couples d'amis, des amis de leurs enfants ou de la famille. Bref, ils sont en mode «camp de vacances».

Comme je le mentionnais précédemment, les couples composés d'une madone ne parlent pas de leur sexualité. Il s'agit d'un sujet tabou et difficile à aborder, car la femme ne sait pas comment en parler. Elle ne se connaît pas et n'a jamais su s'exprimer sur le sujet. Elle peut ressentir une quelconque insatisfaction sexuelle, mais ne sait pas comment l'exprimer.

Une cliente, incitée par son conjoint voulant changer les choses, est venue me consulter pour manque de désir (!). Sa motivation à lui était disons de 9/10, et la sienne à elle, de 1/10. Vous comprendrez pourquoi en lisant sa réponse à la question suivante : **« Si vous aviez à faire l'amour pour la dernière fois de votre vie, que vous permettriez-vous ? »** Elle me répondit : « Si je pouvais faire l'amour une dernière fois et qu'après ce serait terminé, j'en serais très satisfaite et débarrassée, je n'aurais plus à me casser la tête avec ça et notre couple irait mieux. Absolument tout va bien entre nous : nous sommes complices, nous nous amusons ensemble et nous sommes de bons parents. Il n'y a que sur ce point que ça accroche. » Avec une telle réponse, elle était loin de se payer la traite en osant faire ce qu'elle n'avait jamais osé faire auparavant. Cette question est comparable au dernier repas d'un condamné. Autant prendre ce qu'il y a de meilleur, puisque c'est le dernier.

Cette question invite à la réflexion et stimule l'imagination. Une telle femme réagit ainsi, car elle n'a pas développé sa sexualité ou reçu une éducation sexuelle adéquate. Il n'y a pas si longtemps, la sexualité était un sujet tabou, parce que les mères ou les grands-mères des «madones» se plaignaient de subir la libido des hommes car elles, bien sûr, n'avaient aucun désir. Les madones elles-mêmes, pour leur part, vivaient sous le joug d'un père autoritaire qui considérait ses filles adolescentes comme étant encore des petites filles. Il interdisait les sorties entre amies ou les flirts avec les garçons, et réprimandait les rapprochements, probablement par crainte d'une grossesse non désirée ou d'infections sexuellement transmissibles. Bref, les figures parentales instauraient un régime de terreur entourant la sexualité avec leurs : «Il ne faut pas, je ne veux pas, tu ne le verras pas…» C'est exactement comme s'il disait à la jeune femme : «Je ne veux pas que tu deviennes une femme sexuée.»

Chez ce petit poussin, il n'y a pas eu d'apprentissage et d'évolution de la sexualité. Le manque d'occasions, la timidité ou l'anxiété peuvent expliquer pourquoi la sexualité demeure en suspens dans leur vie. Souvent, ces femmes se décident à changer lorsqu'il y a risque de rupture de leur couple ou qu'une rivale arrive dans le décor. Leur motivation monte alors à 9/10.

L'attitude de ces femmes demeurera inchangée aussi longtemps qu'il n'y aura pas de menace à l'horizon. Selon elles, leur relation est satisfaisante, et il ne faut pas changer une recette qui fonctionne. Elles retirent de nombreux bénéfices à agir ainsi. Il faut de telles femmes pour bâtir une société. Alors pourquoi changer ? Leur désir de changement d'attitude prendra forme lorsqu'elles se retrouveront seules, mères monoparentales ou veuves, et qu'elles auront le désir de connaître à nouveau l'amour. Mais si elles veulent vraiment être honnêtes avec elles-mêmes, elles prendront conscience de leur blocage sexuel et de la tolérance dont faisait preuve leur ancien partenaire. Si ce dernier se satisfaisait de peu, un autre partenaire pourrait ne pas être aussi conciliant. C'est en discutant avec d'autres femmes qu'elles réaliseront un fait aberrant : une partie de leur existence de femme sexuée manque à l'appel ! Leur génitalité n'est pas incarnée et elles se privent de bonnes sensations. Elles passent à côté du bonheur. Le bonheur de se réapproprier son corps de femme et de redevenir une femme tout court !

Il y aura beaucoup à faire, et la route sera longue pour retrouver leur féminité et leur capacité de séduction. Changer d'attitude, c'est quitter la voie de service et emprunter l'autoroute!

Les risques sexuels

Cette femme-enfant ou femme-maman, selon le cas, risque de souffrir d'une baisse de désir sexuel, d'un problème d'excitation, d'anorgasmie ou de douleur au moment de la pénétration.

LA BAISSE DU DÉSIR SEXUEL

Une cliente me disait: «J'ai complètement perdu tout désir. Je ne ressens jamais l'envie de faire l'amour. On dirait que mon corps est asexué. Je pensais qu'avec le temps, ça s'arrangerait, mais non. Lorsqu'on a une relation sexuelle, c'est toujours sur son initiative, et moi, je la subis tel un devoir conjugal. Je le fais pour lui faire plaisir. La grossesse, l'accouchement et l'allaitement ont diminué mon désir. Depuis la naissance de mon deuxième enfant, un an et demi après celle de mon aîné, je suis épuisée. On dirait que j'ai envie de me réapproprier mon corps. J'ai peur que mon conjoint aille ailleurs, mais en même temps, j'ai le goût de lui accorder le droit de le faire pour avoir la paix. Mais j'hésite. Que devrais-je faire?»

La pire chose à faire, dans un tel cas, **est d'abandonner la partie**. Puisque la madone met déjà sa sexualité de côté, le fait de devenir mère maintient encore plus sa position. Elle peut prétexter accorder la priorité à ses enfants en sacrifiant ses propres besoins pour leur bien-être, mais elle ne fera qu'entretenir le problème. Concernant ces dysfonctions sexuelles, le temps n'arrange rien. **Les problèmes sexuels non résolus s'aggravent!** Les membres du couple se rappellent très bien s'être déjà désirés, s'être choisis et s'être

séduits. Ils savent aussi qu'ils ne font plus rien, sexuellement, ou qu'un des deux a renoncé. En début de parcours
relationnel, la sexualité fait partie intégrante de la relation.
Elle occupe 10 % de ses préoccupations lorsque tout va bien.
À l'arrivée d'un problème, les deux membres du couple le
remarquent. Ils savent que plus rien ne se passe, qu'ils ne
font pas le nécessaire pour régler la situation, et qu'aucun
changement n'arrive par enchantement. Au fil du temps, le
problème sexuel occupe 90 % des préoccupations du couple.

La cliente venue en consultation a donc envie d'abandonner la partie. Elle reconnaît parfaitement le problème,
et se résigne déjà devant la fatalité. Elle a envie de dire : « Je
n'ai pas le goût de faire d'efforts. Je ne veux pas consacrer
d'énergie à la recherche de solutions. La seule stratégie que
j'ai trouvée est qu'une autre femme prenne ma place. » En
agissant ainsi, on laisse la voie libre à l'ennemi. On laisse le
pouvoir à une autre. Je peux toutefois comprendre les raisons de sa stratégie de déresponsabilisation.

Dans sa recherche de solutions, il faudrait qu'elle cible le
genre de désirs sexuels qu'elle souhaiterait retrouver : idées,
fantasmes, compliments, apparence et gestes. Comment se
sent-elle lorsqu'elle désire ? À quoi peut-on remarquer cet
état d'esprit ? Quel serait le premier indice d'un changement chez elle ? Quel serait son comportement ? Comment
son partenaire le saura ? Il lui faudra également parler avec
son conjoint de leurs meilleurs moments sur le plan de la
sexualité ; de ces moments de grandes satisfactions et de
sensations intenses. Sexuellement, elle ne part pas de nulle
part. Il y a eu d'excellents moments partagés, et à les évoquer de nouveau avec son partenaire, elle se dirige dans la
bonne direction. Se rappeler ce qu'elle a déjà été, et surtout comment ils avaient fait pour atteindre ce plaisir incite
à recommencer. Déjà, elle adopte une bonne attitude : être
déterminée à changer les choses et à parler positivement
de sa relation et de sa sexualité. C'est bien mieux que de
tout abandonner !

LE MANQUE D'EXCITATION

Voici un autre témoignage: «Depuis mon divorce, je n'ai rencontré personne. Je me suis repliée sur moi-même. J'ai eu tellement de peine que je ne sortais plus. J'ai vraiment vécu une phase difficile. Je me suis concentrée sur mon fils et sur mon travail. La femme en moi a été carrément mise de côté. Je ne croyais plus en l'amour. Toutefois, ce printemps, j'ai fait la rencontre d'un homme merveilleux. J'ai envie que ça marche entre nous, mais mon corps est endormi. J'ai peut-être perdu l'habitude d'avoir des relations sexuelles. Mon vagin ne ressent rien lors de la pénétration. Je décroche complètement. On dirait que je suis un caméraman et que je me filme. Je suis anesthésiée. Pourtant, j'aime tous les préliminaires, mais dès qu'il me pénètre, c'est le néant. Il le voit bien et s'en inquiète. Il a même essayé de me stimuler avec ses doigts et sa langue. Rien. Je n'aime pas me faire faire l'amour oral. Je n'aime pas cette partie de mon corps. Je n'aime ni l'odeur ni la forme, alors je ne vois pas comment ça pourrait m'érotiser. Je veux croire en cette relation et sauver mon couple. Qu'est-ce que je peux faire pour ressentir davantage de sensations?»

Cette femme a du potentiel, puisqu'elle réagit aux préliminaires. Son excitation est au rendez-vous, mais elle demeure en surface et ne descend pas vers son bassin. Physiologiquement, l'excitation est d'origine cardiovasculaire: le cœur pompe le sang vers les organes génitaux. Alors, à moins d'avoir un problème cardiaque, il n'y a pas de soucis. Un problème comme celui-là a donc souvent une cause psychologique. Pour optimiser sa capacité d'excitation, il faut augmenter sa propre qualité de présence à son corps. Pourquoi le vagin de cette cliente est-il anesthésié? Comment étaient ses relations sexuelles dans son ancienne relation? Est-ce la première fois qu'elle connaît ces symptômes? Que représente la pénétration pour elle: un mauvais moment à passer? Comment croit-elle pouvoir améliorer la situation? Elle mentionne vouloir ressentir davantage de plaisir, mais elle a ses organes génitaux en horreur.

Les femmes ont plusieurs inhibitions et complexes qui les empêchent de ressentir du plaisir sous les couvertures. Particulièrement la madone, qui est plus dans sa tête que dans son corps. Elle n'a pas conscience d'avoir un vagin, mais simplement un corps de femme. Son vagin n'est pour elle qu'utilitaire : il sert aux menstruations, à la pénétration plaisante pour l'homme et à l'accouchement. (Nous verrons plus tard comment l'anti-madone prend possession de son vagin.) Avoir une telle attitude, c'est rester en surface au lieu de réaliser que toute femme a un orifice qui permet de ressentir du plaisir et d'accueillir l'énergie masculine. Je dis souvent à la blague à mes clientes que le monokini ne nous aide pas : on y dévoile les seins plutôt que la vulve. Des seins, on en voit plusieurs. Un œil averti distingue même les faux des vrais ! Mais les vulves... ça, c'est un grand mystère ! Nous ne pouvons pas nous comparer entre nous.

Bien que physiologique, l'excitation est aussi une question d'attitude. La femme peut reconnaître que son partenaire n'est pas parfait (calvitie, bedaine, manque de muscles, surplus de pilosité, micropénis, etc.), mais c'est la personnalité de cet homme qu'elle aime qu'elle accepte en elle, parce que c'est lui et que c'est grâce à lui qu'elle a ses sensations. La femme peut également se concentrer davantage sur les sensations de son vagin, cette cavité faite pour ressentir, vibrer et avoir des frissons au contact de l'autre. Si la madone est motivée à changer, elle devra se concentrer pour diriger son désir vers son bassin et avoir envie d'être pénétrée afin de ressentir davantage de plaisir.

LES PROBLÈMES DE DOULEUR

Les problèmes de douleur, lors de la pénétration, sont pénibles et incommodants pour la femme, car la douleur ressentie est intense et constitue une barrière très nette à la poursuite de la relation sexuelle : « Je suis incapable d'avoir une pénétration avec mon partenaire. Dès qu'on essaie, ça tire, ça chauffe et ça brûle, à l'entrée ou à l'intérieur du vagin. Si j'essaie de me détendre, c'est pire, car je sais ce qui s'en vient et j'ai peur d'avoir mal. En ce moment, je mets toutes mes énergies sur mes performances scolaires et mon sommeil. J'essaie de concilier l'amoureux et les études, mais ce n'est pas facile. D'autant plus que notre intimité est très limitée. Nous habitons encore chez nos parents. Chez moi, ils sont dans la chambre d'à côté, ce qui m'empêche de m'abandonner. Je suis tendue à longueur d'année ; j'en fais des migraines. Je consulte présentement une physiothéra-peute en rééducation périnéale, car je veux changer. Je fais les exercices appropriés, mais ça ne change rien avec mon *chum*. Je sais qu'il faudrait que je me masturbe, mais je n'ai pas le goût. Je trouve ça pathétique et absurde ! Je ne sais pas à quoi penser et je me lasse. J'aime mon *chum*, je vou-drais tellement être comme mes amies qui semblent aimer le sexe. Moi, tout ce que je veux, c'est réussir mes études et entreprendre ma carrière. »

Sa démarche avec la physiothérapeute est encourageante. Elle suit le traitement et fait les exercices. Sauf qu'elle les fait mécaniquement, sans se créer une ambiance pour réussir sa démarche. Elle veut être performante comme à l'école. Mais **dans la sexualité**, il y a une autre forme d'attitude. **On n'exige ni l'excellence, ni le contrôle, ni la performance, mais plutôt de profiter du moment présent, de prendre conscience de son corps, d'avoir le goût de l'autre et de s'abandonner.** Les douleurs génitales sont de plusieurs types : vestibulite vulvaire (inflammation du vestibule), lichen scléreux (décoloration vulvaire avec picotements), psoriasis vulvaire, eczéma vulvaire et vaginisme (contractions invo-lontaires des muscles). Pourtant, on oublie l'**association bouche/vagin**, deux muqueuses extrêmement liées. **Ce qu'on ne verbalise pas, notre vagin le dira à notre place.** Par les douleurs, il dira clairement : « Je ne veux pas que tu entres, je ne suis pas encore prête ! » Ou encore : « Je suis tellement frustrée et déçue de toi que je ne te donne pas de droit de passage ! »

Cela peut également venir d'une déception, d'une frustration, d'un conflit non résolu ou d'un problème lancinant non exprimé. Notre corps nous parle. À mon avis, la douleur lors de la pénétration exprime véritablement quelque chose sur la relation.

Le traitement pour le manque d'excitation et pour les douleurs est sensiblement le même que pour le manque de désir. Une femme doit développer sa capacité à désirer l'autre par une meilleure conscience de son anatomie et de sa féminité. Elle doit affirmer sa sensualité et ses fantasmes pour se sentir sexuellement engagée. Elle doit également **se sortir de son cycle de victimisation et cesser de se dire** «je ne suis pas bonne, je ne suis pas capable, je ne suis pas assez femme, j'ai peur d'avoir peur, peur que ça fasse mal», pour enfin entrer dans un **cycle de prise en charge** : «Moi, qu'est-ce que je veux faire de ma sexualité? Est-ce que je veux ouvrir une porte? Et si oui, **quels seront les éléments nécessaires à mon excitation**?»

Il est évident que la femme a un rôle primordial à jouer dans le traitement de ses douleurs et la reprise en main de son plaisir sexuel, mais le partenaire doit aussi faire sa part. Comme nous le verrons au chapitre 2 sur l'archétype masculin, certains hommes pourraient entretenir le même problème. Par exemple, un homme qui a peur de pénétrer sa femme de crainte de la blesser et qui respecte son refus en attendant patiemment le signal d'ouverture est un homme qui laisse le problème s'incruster et prendre de l'ampleur. C'est un homme qui met de côté sa virilité. Croyant faire pour le mieux en ne bousculant pas sa partenaire, il fait bien pire. Il fait place à la peur au lieu de faire place au désir. Nous y reviendrons au chapitre 3.

L'ANORGASMIE

Le dernier symptôme probable de dysfonction sexuelle est l'anorgasmie, soit l'incapacité à atteindre, seule ou en présence du partenaire, l'ultime plaisir qu'est l'orgasme. «Je m'inquiète. Mon *chum* aussi. Je suis incapable d'accéder à mon plaisir. Seule j'y arrive, mais pas en sa présence. J'ai beau me concentrer, je n'arrive pas à m'abandonner. Je m'enrage à force de ne pouvoir atteindre l'orgasme. Je ne me sens pas comme les autres femmes. Il me manque quelque chose. Et je le veux! En même temps, je sens que je me contrôle. Pourtant, il a tout essayé. Il excelle en amour oral et dans toutes les formes de stimulation. Qu'il est patient! C'est moi le problème. J'ai peur qu'il trouve que je mets trop de temps à aboutir et qu'il en perde son excitation. Je sais, je pense pour lui. J'ai l'impression que les hommes nous croient toutes clitoridiennes, et dès qu'ils nous font un cunnilingus, ils croient pouvoir nous emmener au septième ciel instantanément. Pas moi. Parce que je sais à l'avance que ça ne marchera pas. Et je me fâche. Souvent, j'abandonne et je préfère m'occuper de lui. Mais le problème demeure.»

La madone est d'abord dans sa tête avant d'être dans son corps. Ce trouble sexuel l'illustre très bien. En se condamnant à l'échec avant même d'avoir essayé ne l'aide pas. Je sais qu'il est frustrant de ne pas atteindre naturellement l'orgasme, mais autant il est un cadeau du ciel pour l'homme (à qui ça arrive quasiment à tous les coups), autant il est un apprentissage pour la femme. Et à plus forte raison si cette femme ne s'investit pas dans son corps, ses fantasmes et son plaisir. Pour atteindre l'orgasme, elle doit faire l'effort nécessaire et trouver les conditions optimales qui lui conviennent. Comment s'y prendre ? Elle doit d'abord se donner la permission d'avoir du plaisir. J'ai le droit de jouir ! **Avoir des orgasmes, c'est couper le cordon ombilical avec la mère, c'est cesser d'être la petite fille gentille et sage à maman pour être une femme adulte à part entière. C'est s'approprier son plaisir.**

L'orgasme a un côté brouillon. Quand on s'adonne à une relation sexuelle, on transpire, les draps se froissent, ça décoiffe, le mascara coule, on grimace, il y a sécrétion de liquides corporels… Ce n'est pas propret et bien en ordre.

Certaines femmes me disent être incapables de s'abandonner parce qu'elles savent qu'il reste de la vaisselle sale sur le comptoir, une brassée de vêtements en attente de séchage et une porte de garde-robe ouverte ! D'autres me disent entendre le chat gratter dans la porte ou le camion de recyclage qui passe dans la rue. Elles sont préoccupées par des tâches ménagères laissées en suspens et ont la tête partout à la fois, sauf dans ce qui se passe dans leur corps. **Atteindre l'orgasme, c'est d'abord fantasmer**, se concentrer sur une image ou un scénario qui évoque du plaisir, se connecter à sa sensualité et se donner le droit de s'abandonner et de lâcher prise. Vous pouvez dès lors constater que la madone risque de développer plusieurs symptômes incommodants dans sa sexualité. Mon plan de traitement pour adopter une attitude adéquate pour favoriser sa sexualité est de trouver la tigresse en elle.

L'objectif est simple, il faut réveiller la tigresse sexuelle qui dort d'un sommeil profond depuis trop longtemps. Ses défis : croire en sa féminité, exprimer son potentiel de séduction et retrouver son désir sexuel.

Le changement fait peur. On se lance vers l'inconnu. Et cet inconnu risque d'être inconfortable et déroutant. La madone peut craindre de devenir une anti-madone, soit d'être trop cochonne, sans censure, sans éthique personnelle, intoxiquée par son plaisir en voulant tout expérimenter, et de ne plus pouvoir se contenter d'un seul homme. Elle a peur de devenir une dépravée. La femme-enfant dira : « J'ai peur de réveiller la bête en moi. » Paradoxalement, elle sait qu'elle détient la solution en elle-même, et surtout, elle sait ce que contient la sexualité, à savoir la puissance de vie qu'est le désir sexuel.

La timide craint d'être « démadonisée » et de porter atteinte à son prestige de femme parfaite, aimable et respectable. Elle a peur de perdre cette dignité qui lui est propre, ainsi que les innombrables qualités qui font d'elle une femme exceptionnelle, digne d'engagement et d'amour. Elle ne veut pas ternir sa réputation sans tache, elle, si altruiste et sociable.

Toutefois, une lueur d'espoir existe chez certaines d'entre elles. La femme-enfant qui souhaite réellement changer et devenir une tigresse est en mesure de surmonter ses inquiétudes. Tout simplement parce qu'elle n'en peut plus d'éprouver ce qu'on appelle dans notre jargon clinique une **anxiété de féminitude**. Ce qui signifie ne pas correspondre aux critères de féminité dictés par la société. En langage clair, c'est ne pas se sentir à la hauteur comme femme sexuée et séduisante, performante et orgasmique. Cette femme sent qu'elle perd du terrain face aux autres femmes, qui semblent parfaitement libres dans leur sexualité et satisfaites sexuellement. La société est devenue très exigeante face aux femmes : il faut rester belle, jeune et en forme. Il faut donc se faire « botoxer », « liposucer », « siliconer », fréquenter régulièrement son coiffeur, s'épiler convenablement – si ce n'est intégralement –, et surtout, pouvoir remettre ses jeans après un accouchement comme si tout le poids pris était sorti en même temps que le bébé ! L'anxiété de féminitude touche de nombreuses femmes parce que la société est LA principale responsable de cette crise. Et les magazines et la publicité l'entretiennent.

Quelle attitude adopter si nous sommes affectées par ce subtil fléau ?

Il faut sortir de notre état de léthargie et se convaincre qu'une tigresse en nous ne demande qu'à être réveillée. Et qu'elle nous veut du bien ! Cessez d'être « une bonne fille », une bonne personne et une gentille fille à maman : soyez vous, tout simplement !

QUI EST L'ANTI-MADONE ?

C'est la femme sexuée, *sexy* et sexuelle par excellence. Elle carbure aux sensations et au sexe. Son cheval de bataille est le plaisir sexuel. Elle fantasme facilement, déborde de désir et transpire le sexe. Cette amazone flirte allègrement. Elle a une nature séductrice. Elle n'est pas qu'une allumeuse, à moins qu'elle veuille s'amuser un peu. Elle est en chasse et cherche une proie, tel un prédateur. Elle cherche une proie de son calibre, c'est-à-dire un homme performant et viril !

En la voyant, les hommes veulent la « sauter ». Elle est pleinement consciente de ses atouts et les met en valeur, et cela, même jusqu'à provoquer ou choquer. Elle a besoin qu'on la remarque dans tout son *sex-appeal*.

Cette tigresse dégage une beauté érotique, du charisme et de la sensualité. **Le plus grand pouvoir de cette femme est la conscience de sa valeur. « Je me sais belle et sexy.** Je sais que j'attire les hommes, je prends celui que je veux. Je sais comment lui procurer du plaisir et je sais lui demander ce dont j'ai besoin. » Elle n'éprouve aucune gêne à initier un rapprochement et à prendre sa place durant la relation sexuelle. Elle participe et interagit. On dit d'elle qu'elle est cochonne. Tous ses orifices sont des zones érogènes. Elle n'a aucune censure et aucun tabou. Elle est curieuse et innovatrice dans ses pratiques et ses positions sexuelles. Elle sait comment donner du plaisir, comment faire des fellations à faire perdre la tête de n'importe quel homme, car elle sait dominer, titiller, agacer, contrôler et faire jouir l'autre. Elle a une bouche avide et gloutonne qui savoure et déguste chaque instant. La position à califourchon, où elle chevauche son partenaire la met particulièrement en valeur. C'est comme si elle disait à son homme : « J'espère que tu apprécies ta chance d'être avec une femme telle que moi ! Regarde-moi, admire-moi, touche-moi, sens-moi et délecte-toi de mon corps splendide. Ressens-tu mes mouvements comme si je te pénétrais, aucune femme n'est comme moi. Tu en as de la chance. Je suis unique ! » Elle fait l'amour avec tout son corps. Son vagin se lubrifie aisément, voire même instantanément. Elle s'exprime et n'a pas peur de gémir, de jouir et d'employer un langage « cochon » pour exprimer ce qu'elle ressent ou pour allumer son partenaire. Ce n'est pas une romantico-sentimentale, c'est une génitale. Elle accueille la force et la puissance de l'homme, mais aussi sa vibration mâle et intense, qui la fait frémir. Elle veut l'exciter et est elle-même excitée de le voir s'exciter grâce à elle, parce que c'est elle.

Pour elle, la masturbation est une pratique courante. Cela lui permet d'entretenir sa nature sexuelle et d'actualiser ses pulsions sans être dans l'attente d'un homme. Elle accorde plusieurs fonctions à la masturbation : lui permettre de bien commencer la journée, apaiser des tensions, s'offrir une gâterie, l'aider à s'endormir ou se donner un orgasme. Elle aime aussi s'exhiber devant l'autre en se masturbant afin de lui montrer comment elle parvient à la jouissance. Tout contribue à son plaisir. Le désir de l'homme l'attise, l'excite, l'inspire. Et cela davantage encore si elle sait qu'elle en est l'objet. Elle aime être celle qu'il a choisie et la seule à avoir ce pouvoir sur cet homme. Nous sommes loin de la Belle au bois dormant ici. Il s'agit plutôt d'un pouvoir envoûtant, érotique et sensuel qui ensorcelle l'homme et lui fait faire tout ce qu'elle veut. L'amazone laisse sa trace, son empreinte. Elle souhaite qu'après leurs ébats érotiques, son partenaire ne pense qu'à elle et ne puisse s'empêcher de se masturber dans l'attente de la revoir.

Cette tigresse entretient une gymnastique érotique tel un hamster qui court dans sa roue d'exercice. Sa roue à elle, c'est une roue à idées, à fantasmes, à désir et à inspiration. Elle déborde d'idées et, pour maintenir ce flot, un rien l'inspire. Elle vit en pensant à la sexualité. Elle se sent une femme partout. Hétérosexuelle ou bisexuelle. Et en présence de gens, elle n'est pas qu'une citoyenne du monde qui se déplace du point A au point B, elle est une femme sexuée partout, toujours. «Au travail, au repos et dans les loisirs», comme le disait une publicité !

Elle veut tout découvrir. Elle pourrait être tentée par l'industrie du sexe, mais aussi par l'échangisme, le féti-chisme et les dynamiques maîtres-esclaves ou domination-soumission. Elle pourrait aussi risquer de souffrir de compulsivité sexuelle. En effet, la tigresse vulnérable pourrait se servir de la sexualité pour calmer ses angoisses et ses humeurs dépressives. Certains la nomment nymphomane, mais je dirais plutôt que c'est une femme hypersexuée, hyposélective et en quête d'à peu près n'importe qui, n'importe quand, n'importe comment. Elle peut chercher à combler un vide, par exemple un vide existentiel. Si elle se sent mal, il lui faut du sexe. Pour d'autres, c'est l'alcool, le jeu, le magasinage, la drogue ou le travail. Mais derrière cette femme de caractère qui flirte et se croit d'une importance démesurée pourrait se cacher un être fragile, solitaire et en détresse qui cherche à se définir par sa sexualité en l'utilisant à de mauvaises fins : combler des besoins psychoaffectifs et partager des sensations avec son partenaire.

Par cette compulsion, elle utilise l'homme pour combler temporairement un vide par la pénétration. C'est comme si elle n'avait qu'un poumon, et qu'à l'aide de ceux de son partenaire, elle respirait mieux. Le pénis de l'homme remplit son orifice vaginal. L'orgasme procuré dans un tel contexte n'a aucun sens, ne comble aucune satisfaction, puisque c'est toujours à recommencer. Inutile de mentionner qu'avec un tel comportement, elle risque une grossesse non désirée ou des infections sexuellement transmissibles.

La compulsion sexuelle est comparable à un trouble obsessif compulsif (TOC) comme la manie de vérifier 20 fois le réglage de notre réveille-matin avant de se coucher. On sait qu'on perd notre temps, mais pour calmer notre angoisse, il nous faut faire cela 20 fois. Même chose pour la main qui se dirige toute seule (!) vers le sac de croustilles. On a calmé la fringale, mais la main y retourne et y retourne encore. Une compulsion, c'est la répétition d'un comportement pour apaiser une émotion comme la tristesse, la colère, l'anxiété, l'angoisse, la panique ou le mal-être.

Une anti-madone saine se préoccupe de sa santé sexuelle. Elle se soumet à un suivi gynécologique annuel, emploie un contraceptif efficace et adapté à ses besoins, tout en ayant des rapports sexuels protégés. Comme elle veut continuer à profiter de sa vie sexuelle longtemps, elle prend les moyens nécessaires et agit de façon responsable. Tous les moyens sont bons pour préserver sa santé sexuelle, et pour elle, la ménopause n'équivaudra pas à la retraite sexuelle. Vieillir et demeurer active sexuellement vont de pair, et s'il existe un moyen pour se garder active plus longtemps, elle le prendra! La vamp est fière d'être une femme et elle aura recours à la chirurgie esthétique pour s'embellir, car elle cherche toujours à améliorer son image et, pour elle, c'est un moyen comme un autre pour y arriver, puisqu'elle se soucie de son apparence.

Elle aime porter de la lingerie fine ou du latex, selon ses humeurs. Les *sex-shops* n'ont pas de secrets pour elle, et les accessoires érotiques sont des amis indispensables. Faute de partenaire, elle utilise tout le nécessaire pour maximiser son plaisir en solitaire. Elle s'inspire de ses propres fantasmes ou du matériel pornographique sur Internet. Elle accepte de se faire photographier dans des poses *sexy* ou carrément suggestives, et aime que l'on filme ses ébats.

Narcissique, elle est convaincue qu'elle est la plus belle, la plus intelligente, la plus talentueuse et la plus extraordinaire des femmes du monde. « Les hommes sont en pâmoison devant moi ; qu'on me déroule le tapis rouge, je suis une star ! » se dit-elle, imbue d'elle-même. **Elle se croit d'une catégorie à part. Une déesse !** Elle est dépourvue d'empathie, ne pense pas aux autres, à leurs besoins ou à leurs sentiments. Cette femme tient à ce que son homme l'adule. Elle mettra d'ailleurs beaucoup d'énergie à l'impressionner. Elle croit que les critiques à son égard sont uniquement le fruit de jalousies. Bref, on l'aime ou on la déteste.

J'ajouterais également que la tigresse peut devenir violente verbalement, psychologiquement et physiquement. Si, par malheur, son homme a une journée de « faiblesse », qu'il est moins performant et qu'il a de la difficulté à maintenir

son érection, ou encore qu'il est moins généreux et soucieux de son plaisir, c'en est fini pour lui. Tolérance zéro! La
tigresse ne se gênera pas pour être méprisante, humiliante
et même méchante dans ses propos. Parce qu'elle devient
castrante, l'homme saura qu'elle est insatisfaite et qu'il n'a
pas été à la hauteur. **Elle reconnaît sa valeur et ses compétences sexuelles.** Elle se sait bonne amante. Elle n'en attend
pas moins de l'autre. Il doit livrer la marchandise. Sinon,
bye-bye!

Si elle essayait d'être avec un «bon gars» en se convain-
quant qu'elle doit se caser pour de bon et en finir avec le
batifolage, il se devrait d'être performant et de faire surgir
le «cochon» en lui. Sinon, elle retournerait à ses anciennes
habitudes relationnelles (voir au chapitre 2, la section sur
les personnalités masculines du *puppy* et du doberman).

Contrairement à la femme timide, elle n'est pas la fidélité incarnée. Elle n'a qu'une vie à vivre, et ce ne sera pas
dans l'exclusivité. Le plaisir avant tout! Elle saisit toutes les
occasions pour combler ses besoins. Des permissions? Elle
s'en accorde à la pelletée! Elle est la candidate idéale pour
avoir des «amis santé», des «amis avec bénéfices margi-
naux» et des partenaires sexuels occasionnels. Elle a une
excellente capacité à gérer plusieurs «dossiers» de front.
D'ailleurs, elle avoue à son partenaire qu'il n'est pas le seul
homme qu'elle voit, que la compétition est la bienvenue.
Elle n'a pas d'éthique personnelle; travail et plaisir vont
de pair. Tant pis si le collègue s'attache, elle le remplacera
par un autre pour lui faire comprendre qu'elle est insaisis-
sable. Le *chum* ou l'ex d'une amie sont aussi des candidats
potentiels. Pourquoi se priver de flirter? Ne dit-on pas qu'un
homme en couple a plus de charme qu'un célibataire? Et
puis, si c'est son ex, il n'est pas question de chasse gardée,
puisqu'ils ne sont plus ensemble. Je vous l'affirme: elle n'a
aucune éthique, aucun principe.

Son leitmotiv? Elle s'assagira lorsqu'elle sera vieille. Mais
les années passent, et le plaisir demeure. Malgré ses principes

libertaires, l'amazone pourrait développer une incapacité à s'investir amoureusement. Comme elle n'a pas vraiment le désir de s'engager, elle peut se lasser d'être en relation, et au bout de six mois à deux ans, elle voudra aller chercher ailleurs de nouvelles sensations passionnantes et toutes fraîches. (Une étude sur la biochimie du cerveau démontre qu'en début de relation, la dopamine – l'hormone euphorisante – est sécrétée au taux maximal. On déborde alors d'énergie. C'est la passion. Mais cette disposition s'estompe au fil du temps. Les recherches ne sont pas unanimes sur la durée du phénomène, mais on parle de six mois à quatre ans. Vient par la suite la libération de l'oxytocine, l'hormone de l'attachement. C'est le calme et le bien-être ressentis dans une atmosphère de tendre confort. C'est comparable au plaisir de caresser un animal ou de bercer un bébé.) Une tigresse en quête de sensations voudra absolument carburer à la dopamine, qui est nécessaire à son excitation sexuelle. Elle n'a rien à faire de l'oxytocine, qui est selon elle d'un ennui mortel. En fait, dès qu'elle semble s'installer avec un homme, un spectre plane au-dessus de sa tête, lui disant qu'un meilleur amant existe ailleurs. Même si elle est consciente de son désir de ne pas s'engager et de ne pas s'investir sur le plan amoureux, elle n'en souffre pas. À moins de fréquenter un homme semblable à elle et à qui elle serait vraiment attachée (voir au , la section sur l'homme doberman).

Comment en est-elle arrivée là ? Aucune femme ne naît tigresse, cochonne et audacieuse dans le domaine de la sexualité. Elle le devient. Cette femme a été encouragée très tôt dans sa famille à affirmer ses besoins, à prendre sa place, à exprimer ses désirs et ses idées. Et on l'écoutait ! On y parlait de sexualité, et ses parents étaient là pour répondre à ses questions. Les femmes de sa famille sont féminines, coquettes et séduisantes. Elles reconnaissent le pouvoir qu'elles ont sur les hommes. Ce modèle positif a de quoi inspirer une jeune fille, une adolescente et une jeune adulte à devenir une femme à part entière.

Une adolescente qui est encouragée dans son apprentissage du processus de séduction, grâce à un père qui lui dit « Ma fille, t'es belle, t'es fine, t'es capable. Tu seras la plus *sexy* ce soir. Les gars n'ont qu'à bien se tenir ! », a tout pour s'assumer en tant que femme et pour expérimenter en toute confiance sa sexualité. Quand le premier « homme de notre vie » nous regarde ainsi et nous permet de devenir une femme, ça crée une belle confiance et tout un pouvoir ! Ces femmes acquièrent une attitude de gagnantes, et sont déterminées à combler leurs besoins[1].

Outre l'influence des parents, il faut aussi compter avec celle des amies. Une amie avec qui on peut discuter sans se censurer sur nos expériences sexuelles, nos craintes, nos appréhensions, mais aussi avec qui parler de nos expériences, et à qui on peut demander conseil sur certaines techniques pour s'améliorer est d'un grand secours. La femme qui sait que son entourage la soutient ne se sent pas seule et peut se décharger d'un surplus d'émotions s'il lui arrivait un problème.

Globalement, l'anti-madone est en bonne santé sexuelle, elle ressent bien son désir, sait l'exprimer et cherche à actualiser ses fantasmes. J'en conviens, elle n'a pas un mode de vie toujours exemplaire ; elle consomme sa sexualité comme elle le veut. Mais une anti-madone saine – sans compulsions – est une femme à part entière qui reconnaît son pouvoir ultime : celui de séduire ! L'anti-madone est-elle parfaite ? Bien sûr que non ! J'ai déjà énoncé certaines de ses faiblesses sur le plan relationnel. L'une de ces femmes, étant très ambivalente, est venue me consulter : « Sylvie, je ne sais plus quoi faire ! J'aime ma vie de famille, mais je n'éprouve plus de désir envers mon *chum*. J'ai un problème, je ne peux pas m'empêcher de le tromper. Mon amant est quasiment devenu mon nouveau *chum*. Il a quitté sa femme et il attend que je prenne une décision. Il croit que ma relation de couple

---

1. Pour plus de détails, voir Sylvie Lavallée, *Au lit toi et moi nous sommes six*, Montréal, Publistar, 2010.

ne tient qu'à un fil. Évidemment, je lui mens. Je mens à tout le monde en fait. En plus, je flirte aussi au bureau, à la garderie de mes enfants, à des congrès. J'ai la tête qui tourne. Je suis consciente de mon magnétisme. Les hommes gravitent autour de moi. Ils m'envoient des courriels, des messages textes, et je leur réponds. Je suis consciente que j'alimente mon problème, mais je ne peux m'en empêcher. Suis-je capable de me contenter d'un seul homme ? Là, c'est trop ! Aide-moi à choisir. Je ne veux pas perdre mon amant, car je l'aime, mais j'apprécie mon conjoint. J'ai peur. Ferai-je un choix exclusif un jour ? Si mon amant découvrait la femme ordinaire et plate que je suis ? En ce moment, il n'a que l'image de la flamboyante bombe sexuelle et de la *superwoman*. Saurais-je livrer la marchandise longtemps si j'étais en couple avec lui ? »

Dans cette situation, nous avons affaire à une femme qui connaît ses forces, qui aime séduire et qui est prise au piège par ses flirts : son amant la pousse à prendre une décision. Mais au-delà de son besoin de charmer et de séduire, peut-elle s'investir amoureusement ? Peut-elle aimer ? Elle se sait sexuellement désirable, mais se trouve-t-elle aimable ? Au-delà de la superficialité de la séduction et des conquêtes, la véritable question pour une anti-madone est : « Puis-je aimer ? »

Les défis de l'anti-madone sont tout le contraire de ceux de la madone : faire un meilleur choix de partenaire, tâcher de faire un choix exclusif, vouloir s'engager, croire au couple et à la sexualité au fil du temps.

Entre le poussin et la tigresse, quelle est l'attitude gagnante ?

Le but ultime est de se reconnaître un côté « nutritif » et un côté « *fast-food* », alors qu'on veut à la fois aimer, faire des expériences et ressentir. Bref, nous avons un côté exclusif et un côté permissif.

Dès lors, que voulez-vous faire de votre sexualité ? À vrai dire, c'est dans l'intégration des deux aspects de l'archétype féminin que la femme s'enrichit le plus. Une madone à part entière est ennuyeuse comme la pluie, et une anti-madone à l'extrême ne peut rien faire d'autre que baiser ou même travailler dans l'industrie du sexe.

Je dis souvent à la blague aux clientes qui me consultent que si chaque femme avait la certitude qu'il n'y aurait jamais atteinte à son intégrité et à sa réputation, elle pourrait être une danseuse ou une actrice porno. Car il y a en chacune de nous un côté sombre. Chaque être humain porte en lui un certain degré d'agressivité et de violence que la société nous interdit de déployer ; aussi devons-nous canaliser cette rage intérieure. J'affirme sans crainte de me tromper qu'en chaque femme sommeille une « cochonne ». Pour certaines, ce côté cochonne est assurément en hibernation et dort profondément, alors que pour d'autres, il est à fleur de peau.

Notre éducation, nos expériences sexuelles bonnes ou traumatisantes, ainsi que nos partenaires sexuels et amoureux caractérisent l'ensemble de l'œuvre que constituent notre expérience et notre curriculum sexuel. C'est notre parcours bien à nous. La bonne nouvelle est que nous avons le pouvoir de changer les choses et de déterminer ce que sera notre sexualité à venir. Voilà une attitude gagnante ! Si on souffre de problèmes sur le plan de notre sexualité – une absence de désir, une excitation déficiente, l'impossibilité d'atteindre l'orgasme ou des douleurs qui rendent la pénétration épouvantable –, il faut réagir. En premier lieu, il faut connaître votre personnalité sexuelle et s'inspirer autant que possible de la tigresse, de l'amazone et de la vamp en vous, ou de n'importe lequel de ces concepts (je vous invite d'ailleurs à donner un nom à celui que vous choisirez pour vous aider à personnaliser cet aspect de la femme en vous). Donnez-lui une identité et une voix. Être femme, ce n'est pas que douceur, tendresse et compassion, c'est aussi séduction, initiative, intensité et jouissance ! Un vagin n'existe pas que pour accoucher et avoir des règles, il est là pour accueillir une énergie différente de la nôtre et la ressentir pleinement. Être femme, c'est faire l'amour avec son corps, son cœur et ses organes génitaux. C'est ressentir l'envie d'être pénétrée, dominée, remplie par le plaisir. C'est être en mesure de désirer facilement et de fantasmer. C'est se reconnaître une nature érotique.

Pour vous aider à atteindre cet objectif, je vous propose des pistes de réflexion

AVOIR UNE PENSÉE SEXUELLE PAR JOUR

Si, à la maison, on peut entendre simultanément de la musique classique et les informations télévisées, il n'y a aucune place pour le fantasme sexuel. Inspirez-vous plutôt d'un passage torride de roman, d'une musique sensuelle et romantique, d'une publicité *sexy* ou de votre acteur favori pour provoquer une telle pensée. Vous pouvez aussi penser en détail à votre dernière relation sexuelle : les préliminaires, les sensations corporelles, l'orgasme, la proximité de votre partenaire, la satisfaction ressentie…

FANTASMER

Être coincée dans un ascenseur en panne, c'est généralement un cauchemar. Mais pas si on s'y trouve avec notre acteur ou chanteur préféré ! Qu'aimerais-je qu'il me fasse, que me permettrais-je de lui faire ? Comment profiterais-je de la situation ?

Dès que je mets le pied à l'extérieur de la maison, je vois des hommes : à l'épicerie, à la banque, à la quincaillerie ou au centre commercial. Pourrais-je prêter plus attention à ceux-ci et me demander lequel j'embrasserais volontiers ? Le but n'est pas de le faire réellement, mais d'avoir une pensée coquine qui vous rappelle que vous êtes une femme sexuée et bien vivante. Trop souvent, on effectue nos courses du point

A au point B sans même avoir l'idée de s'éloigner de notre parcours. Avec ce truc, je vous fais sortir de l'autoroute pour emprunter la voie de service un moment, et ensuite revenir à la voie rapide. C'est tout à fait discret et sans conséquences. Sauf celle de vous rendre plus présente aux autres et à vous-même.

Lorsque vous êtes seule dans votre bain ou au lit avant de vous endormir, ou encore dans votre voiture immobilisée dans la circulation, pensez à ce que vous ne feriez jamais en cent ans, sur le plan sexuel : jouer dans un film porno, devenir une escorte, vous adonner à l'échangisme, avoir des relations homosexuelles, pratiquer la sodomie, la domination-soumission, vous amuser à des jeux de rôles, faire des voyages pour couples ouverts, faire du nudisme, rechercher des relations sexuelles d'un soir... Stimulez votre réflexion pour multiplier vos fantasmes et demandez-vous pourquoi vous seriez incapable de faire une telle chose. Le simple fait d'exagérer l'extrapolation vous fera tout de même penser à la sexualité et vous tirera de votre réalité quotidienne.

Écrivez quelle serait pour vous la relation sexuelle rêvée, magnifique et extraordinaire dans les moindres détails. Comment votre journée commencerait-elle ? Avec qui ? Dans quels lieux et dans quel contexte ? Quels seraient les gestes sensuels et sexuels qui vous allumeraient ? Et le reste de la journée ?

Le fait de l'écrire rend votre pensée plus consciente et concrète. C'est un exercice très puissant sur le plan fantasmatique, car vous vous créez votre monde imaginaire à partir d'une histoire idéale à vos yeux. Ainsi, vous précisez tous les gestes que vous aimez dans un contexte qui vous plaît à vous, tel un mode d'emploi qui vous est personnel. Écrire, c'est réfléchir et s'exprimer sans être interrompue. Vous prenez le temps de noter toutes les ambiances nécessaires à votre confort. Et pourquoi ne pas demander à votre partenaire d'en faire autant ?

RÉCAPITULATIF

ÊTRE CONSCIENTE DE SA FÉMINITÉ

» Avec des talons hauts, la démarche et le déhanchement sont différents.

» Avec une robe ou une jupe, une femme se tient élégamment et s'assoit avec plus de grâce.

Avoir une apparence plus *sexy* :

» Mettre en valeur certaines parties de son corps.

» Porter des vêtements qui avantagent la silhouette.

» Une fois mère de famille, ne pas négliger son apparence.

» Être une femme sexuée partout, même au travail.

» Se comparer aux autres femmes pour savoir comment on se perçoit.

Porter de la lingerie fine :

» Il n'y a que nous qui le savons, mais se savoir *sexy* modifie notre attitude et nous rend coquine !

» Sachez vous faire belle pour vous-même.

S'inspirer de femmes qui semblent avoir une belle sexualité et qui dégagent de la sensualité :

» Quels genres de comportements adoptent-elles ?

» Peut-on en reproduire certains ?

S'inspirer de scènes de téléromans ou de téléséries où les acteurs se désirent :

» Quelle scène aimerais-je jouer à répétition ?

Faire l'amour avec son corps, pas juste avec son cœur :

» Plusieurs femmes font l'amour entre leurs seins – dans leur cœur –, et leur énergie ne se rend pas jusqu'à leurs organes génitaux.

» *Think about your pussy !*

» Votre vagin veut-il se faire toucher et caresser ?

» Ressentez-vous l'envie d'être pénétrée ?

» Faites surgir la « cochonne » en vous.

Chapitre 2

L'archétype masculin ou l'expression des deux pôles de la virilité

Comme pour la femme, il y a deux côtés à la personnalité sexuelle de chaque homme. Il est à la fois un berger et un cow-boy, un *puppy* et un doberman, un bon gars et un *bad boy* ainsi qu'un inoffensif et un arrogant.

Le *puppy*

Le *puppy* est l'équivalent de la madone. Cet homme oublie qu'il est équipé d'un pénis et qu'il a la capacité d'avoir une érection et de pénétrer une femme. Il se considère comme un être humain, citoyen du monde, grand frère, parrain, oncle et père, mais pas comme un amant. Il est quasi asexué. Il veut aimer une femme avec son cœur, s'engager, partager sa vie et vieillir avec elle. Il apprécie la routine prévisible et confortable du quotidien. C'est un homme stable, digne de confiance, fidèle, protecteur, sécurisant, loyal et dévoué exclusivement à sa partenaire. Il est un monsieur gentil. Il n'est aucunement conscient de son pouvoir de séduction. Flirter est un mot qui ne fait pas partie de son vocabulaire. Et lorsqu'il est avec une femme, il l'est totalement. Il ne voit plus les autres.

Si une femme faisait un *strip-tease* pour lui, il serait mal à l'aise pour elle. Il ne se masturbe pas, et puisqu'il fantasme peu, il a peu de désir sexuel. Au lit, il agit presque comme une madone : caresses, tendresse et préliminaires sont au menu. C'est un homme tout en douceur et un grand romantique. Il ne lui arrive pas de faire des demandes précises, par exemple pour se faire faire une fellation. Jamais on ne l'entendra dire : « Hum, ce serait bon une pipe ! » Altruiste et empathique, il se met facilement à la place de l'autre. Si sa conjointe n'est pas chaude à l'idée de lui faire une fellation et qu'elle se sent maladroite par manque de pratique et d'intérêt, il s'en passera de crainte qu'elle le fasse à contrecœur. D'ailleurs, pour lui, éjaculer dans la bouche d'une femme est un total manque de respect.

Il ne provoque et n'initie rien. Il est le compagnon parfait pour une survivante d'agression sexuelle, surtout si le traumatisme est encore vif et l'empêche d'érotiser la pénétration. Il se montrera extrêmement patient avec sa partenaire, car il ne veut pas bousculer son rythme. Il attend qu'elle lui fasse signe. Il n'est pas exigeant. Même chose si elle a des règles incommodantes, si elle vient d'accoucher ou si elle est fatiguée ou enrhumée. C'est comme s'il lui disait : « Ce n'est pas grave, je vais me couper le pénis et le ranger sur la tablette du placard. En fait, il ne me sert à rien. Je n'en ai pas besoin. »

Qu'arrivera-t-il si la conjointe d'un *puppy* prend du poids, se laisse aller et qu'elle n'est plus aussi séduisante qu'avant ? Aucun problème, car il voit au-delà des apparences. Il apprécie sa beauté intérieure. Pour lui, c'est tout ce qui compte, et jamais il ne passera de commentaires. Il faut dire qu'il ne se soucie guère de son apparence lui-même. Il s'habille correctement, mais sans plus. Il n'est pas une victime de la mode, et il se préoccupe peu de son style, puisqu'il n'est pas dans un processus de séduction et ne fréquente ni les bars ni les endroits branchés. Il s'habille proprement pour son emploi, mais dans ses temps libres, il n'est pas très tendance et pourrait même paraître démodé ou plus vieux que son âge.

Le gros avantage de fréquenter un bon gars, c'est que son passé est bien réglé. Aucune ex-compagne dans le décor. Tout est derrière lui. Sa conjointe n'a pas à craindre qu'une ancienne flamme le rappelle ou le harcèle. Elle peut dormir sur ses deux oreilles. C'est un homme digne de confiance. Jamais elle ne découvrira de collection impressionnante de DVD pornographiques, d'accessoires érotiques ou de téléchargements de fichiers XXX sur Internet. Il n'y a rien. Dossier vierge! La seule possibilité serait de trouver une huile à massage dans ses affaires.

Le *puppy* est sage, il sort rarement et a peu d'amis. C'est un casanier. Il apprécie le confort de son domicile et a à cœur l'entretien, tant intérieur qu'extérieur, de sa demeure. Il est dévoué à sa famille. Il va chercher les enfants à la garderie, prend un long congé parental et peut rester à la maison pour permettre à son épouse de relever des défis professionnels. Il a l'esprit de sacrifice pour faire passer les besoins des autres avant les siens et juge que les besoins des autres sont plus importants que les siens. La conjointe de l'homme inoffensif sait qu'elle est avec un bon gars. Il a des qualités inestimables: la confiance, le respect, la disponibilité, la fiabilité, la vaillance, l'empathie et l'écoute. Elle l'apprécie, car il ne vit pas qu'en fonction de son «gland-cerveau». Il n'a pas des pensées de nature sexuelle aux trois minutes. Il est capable de la regarder sans penser constamment à la déshabiller. Elle se dit que dans la société actuelle, où tout le monde est interchangeable et jetable, c'est une denrée rare...

Sélectif, le bon gars célibataire préfère attendre de trouver la bonne personne pour se «caser». Il connaît son potentiel et se permet d'être exigeant; elle doit être sérieuse, fidèle, stable, travaillante, non fumeuse, sobre... Il cherche une femme qui a sensiblement le même mode de vie que lui, et préférablement sans enfant, puisqu'il aimerait bien fonder sa propre famille, mais une mère monoparentale est aussi bienvenue. Les enfants des autres ne lui font pas peur. Il sait qu'il pourra s'attacher à eux sans problème. C'est souvent par l'entremise d'amis qu'il fera sa rencontre, puisqu'il n'utilise pas les sites de rencontres et ne sort pas dans les bars.

Le bon gars peut passer plusieurs semaines, des mois, voire même des années sans relations sexuelles. Rien ne presse. Il y a tant à faire du côté du travail et des loisirs. Il ne court pas désespérément après les histoires d'un soir pour assouvir ses pulsions. D'ailleurs, en a-t-il ? Je le répète, le bon gars ne fait pas de la sexualité une priorité. Par contre, lorsqu'il rencontre une femme qui lui plaît et qu'elle lui semble sérieuse, disponible et prête à s'engager, il embarque à fond ! Il n'a pas peur de lui donner une clé de son appartement et de prévoir un espace de rangement pour elle. Ça lui fait plaisir et c'est tout naturel. Il a envie de partager sa vie avec elle et le lui montre. Au début de la relation, il est comme un rêve pour sa partenaire : il lui ouvre la porte de son domicile et celle de son cœur, montre sans crainte ses émotions, lui écrit des mots doux… **C'est un grand romantique**. Elle réalisera plus tard que c'est tout **ce qu'il a à offrir : des qualités extraordinaires, mais une virilité très très mitigée**.

Il a une excellente capacité d'organisation, et voyager avec lui est un vrai charme. Il est à l'écoute des besoins de l'autre et s'adapte rapidement. Pour lui, il n'y a rien de pire dans la vie que de s'obstiner sur des peccadilles. Il prévoit tout, a horreur de la procrastination et paie ses comptes à temps. Économe, il investit, cotise à ses REER et ne craint pas l'avenir. Il a un coussin de sécurité en cas de pépin ou de perte d'emploi. Il est plein de ressources. Rénover ou bâtir avec lui est un charme. Il est habile de ses mains, sait quoi faire et comment procéder aux travaux. Le travail ne lui fait pas peur. Bref, il est très sécurisant pour une femme. Et Dieu sait combien cette valeur a la cote, de nos jours !

Je dois toutefois vous avouer une chose : il y a un grand risque que sa conjointe le trompe. Oui, il s'implique à la maison et est très fiable, mais comme sa vie sexuelle est complètement occultée, sa compagne pourrait en éprouver de la frustration. Une sexualité inexistante, à moins de vouloir un enfant ou de trouver une raison particulière de faire l'amour. **Il a le désir sexuel paresseux et ne fait rien de lui-même pour le cultiver.**

Je me permets ici de faire une parenthèse : le *puppy* ne prendra pas l'initiative de consulter pour retrouver une vivacité et un désir sexuels. C'est plutôt sa conjointe qui, n'en pouvant plus, menacera de le laisser s'il n'agit pas pour résoudre la situation problématique. Il est généralement un client peu motivé en consultation. Sa motivation est de préserver sa relation, mais il est peu enclin à changer sa perception de la sexualité et sa personnalité sexuelle.

Revenons sur la possibilité d'infidélité de la part de sa conjointe. Il ne verra pas venir l'adultère de sa femme. À l'opposé, parce qu'elle crie sa frustration sexuelle, il s'essoufflera en essayant de la combler sexuellement. S'il constate qu'il ne peut y arriver, il pourrait lui permettre d'avoir un amant pour la satisfaire. La tâche est trop lourde pour lui. Il jette l'éponge. C'est un homme qui affirme ne pas penser à la sexualité. Il reconnaît et admet sa faiblesse fantasmatique, mais ne propose pas grand-chose pour améliorer la situation. Il tentera de relativiser la situation auprès de sa partenaire insatisfaite en lui disant : « Oui, tu peux aller voir ailleurs et trouver un homme qui risque d'être infidèle ou accro aux drogues, mais regarde la vie qu'on a : je suis une bonne personne et je t'aime. » Mais est-ce suffisant ? Souvent, la femme est très ambivalente face au choix qui s'offre à elle : « Je veux vivre avec un bon gars, mais je veux avoir du sexe avec un *bad boy*. D'un autre côté, je ne pourrais jamais m'engager avec un cow-boy sans avoir la peur au ventre qu'il me trompe, alors je dors tranquille avec mon gentil berger. »

La vie du *puppy* est simple. Un gars sans histoire, plutôt bon à l'école et dans les sports. Élevé par de bons parents ayant valorisé le travail et l'effort au détriment du plaisir. Il a grandi avec pour modèle conjugal des parents qui s'aimaient, mais sans faire de grandes démonstrations d'affection : des parents qui font peut-être chambre à part, qui ne s'embrassent jamais, qui ne prennent pas de temps ensemble en amoureux, et qui n'abordent jamais le sujet de la sexualité. Et son éducation sexuelle est inexistante.

Évidemment, il a eu quelques copines au secondaire et au collégial. Comme tout le monde, il apprend les rudiments de la sexualité sur le tas. Les danseuses ? Peut-être y est-il allé une fois, mais quel intérêt y a-t-il à payer une fille qui n'éprouve aucun désir envers lui, à l'exception de son portefeuille ? Il préfère économiser pour sa future maison.

Il a entretenu des relations stables avec des filles correctes, et comme il n'est pas le gars le plus populaire ni le plus beau de l'école, il fréquente des filles à son image : à beauté égale, à *sex-appeal* égal. Les filles qu'il choisit sont ordinaires au lit, peu entreprenantes et passives. Il s'en contente, mais rêve peut-être en secret d'être avec une « anti-madone cochonne », même s'il sait qu'il ne sera pas à la hauteur d'une telle compagne.

Le *puppy* connaît ses forces. Dans une société où les femmes sont lasses des hommes ayant peur de l'engagement, il sait qu'il est une prise intéressante. Il investit sur la qualité de son engagement amoureux en privilégiant la femme qu'il aime. Il ne regrette pas sa vie de jeunesse, puisqu'il n'en a pas vraiment eu et n'en a pas ressenti le besoin. Vivra-t-il sa crise d'adolescence à retardement ? Possiblement (et j'y reviendrai au chapitre 4, sur les dynamiques relationnelles). Mais en étant si bon, il passe à côté de sa nature sexuelle masculine : sa virilité. **C'est le principal obstacle du *puppy* : la faiblesse de sa mâlitude.**

La place qu'il occupe dans son couple est particulière, car pour éviter les conflits, **le berger est conciliant, tolérant et passif**. À agir de la sorte, il risque cependant de se retrouver avec une « Germaine » ! Oui, une femme au caractère bouillant qui pourrait prendre toute la place et toutes les décisions. Plutôt que de mettre de l'huile sur le feu, il laisse passer la tempête. Sachant que sa compagne s'enflamme pour un oui ou pour un non, il n'ira pas en rajouter.

Ironiquement, il lui arrive souvent de choisir une femme qui a une psychologie masculine plus forte que la sienne : contrôlante, affirmée et fonceuse. Ils ont une hétérosexualité inversée. Dans le quotidien, la femme joue à l'homme, et l'homme joue à la femme. Cependant, une fois au lit, la femme veut trouver près d'elle un homme porteur de pénis. Pourtant, lui laisse-t-elle le droit d'être un homme quand il est debout et habillé ? Le *puppy* veut bien décider, parfois, mais si la femme le fait avant lui et le précède constamment en le dénigrant dans ses décisions ou prises de position parce qu'elle « le fait mieux que lui »... qui est gagnant dans cette situation ? Ni l'un ni l'autre. (Je reviendrai plus loin sur les enjeux de la Germaine dans le chapitre sur la dynamique conjugale.)

Ayant de la difficulté à prendre sa place au sein de la relation en tant qu'homme viril, il risque de vivre une panne de désir sexuel, une dysfonction érectile, de la difficulté à maintenir une érection, de l'évitement sexuel conscient ou inconscient par vengeance ou par protection, et consommera de la pornographie sur Internet pour assouvir seul ses pulsions naturelles. Il pourra également souffrir d'une incapacité à contrôler son plaisir en éjaculant trop rapidement, par manque d'expérience, par manque de sensualité à cause de la faible fréquence de ses relations sexuelles.

La panne de désir s'explique par un manque d'entraînement à l'érotisme et un manque d'idées ou d'inspiration. Il oublie qu'il est un homme sexué et sexuel. Le désir est un état d'esprit. En agissant comme il le fait, il n'a pas la bonne attitude. Il ne conçoit pas suffisamment sa réalité sexuelle et la place de la sexualité dans sa vie.

La dysfonction érectile est quant à elle typiquement liée à son manque de virilité. Il oublie de se visualiser comme étant un tank qui pénètre dans la caverne. Il est plutôt un spéléologue en visite, perdu dans cette immensité. Il ne se sent pas à la hauteur. Il a un pénis, pas un phallus. Il manque de confiance en lui sur le plan des performances sexuelles. Il ne se voit pas comme un «bon bandeur», mais plutôt comme un massothérapeute qui excelle dans les préliminaires. Et puisqu'il est de nature altruiste, plus il se concentre sur l'excitation de sa femme, moins il se soucie de la sienne : en l'occurrence, son érection ! À ce sujet, je me dois d'ajouter un fait intéressant sur le paradoxe du berger : l'homme berger peut faire comprendre à sa partenaire qu'il est prédisposé à avoir une vie sexuelle active et qu'il est toujours prêt, mais il ne s'active pas à entreprendre des rapprochements. Il laisse faire et le temps finit par passer. Voyons un exemple. «Je suis en couple depuis plus de dix ans avec ma conjointe, une survivante d'agression sexuelle. Pendant de nombreuses années, la pénétration a été impossible parce qu'elle avait des douleurs au moment de la pénétration. Je comprenais très bien la situation et ne voulais pas que mon pénis soit «tranchant comme une arme» pour elle. Je ne brusquais rien. Notre sexualité était plutôt empreinte de tendresse et de sensualité. Elle a décidé d'entreprendre une démarche thérapeutique pour se libérer de son traumatisme et reprendre sa vie de femme en main. Ayant constaté des améliorations, nous avons pu reprendre lentement la pratique de la pénétration. Mais l'autre jour, je suis tombé à la renverse. J'en suis encore tout troublé. Elle a littéralement pris les devants et m'a sauté dessus ! Sur le coup, j'ai été enthousiasmé et pleinement en érection, mais aussitôt après, j'en ai été dérouté. J'avais une toute nouvelle femme devant moi. Ça m'a fait peur et j'ai perdu mon érection... C'est bizarre, j'espérais depuis longtemps que les choses changent, et lorsque le changement arrive, je ne suis pas à la hauteur. J'en perds mes moyens. Ma femme m'a pris de court et m'a totalement sorti de ma zone de confort. Que faire ? »

On a tous une attitude ambiguë face au changement ; on le désire, mais il nous fait peur. J'ai tenu à vous présenter ce témoignage pour illustrer les enjeux de la dysfonction érectile. **L'homme** patient, conciliant, **ayant laissé tomber sa virilité pour ne pas brusquer et faire peur à sa partenaire**, en vient à être **rouillé et malhabile dans sa vigueur pénienne.** Dans le cas présent, il n'a pas évolué au même rythme qu'elle. C'est souvent ce qui arrive lorsqu'on **se sacrifie. Il s'est démasculinisé pour avoir une sexualité plus «féminine» qu'intrusive.** Il espérait qu'elle change et reprenne goût à la pénétration. Mais bizarrement, lorsque ça s'est produit, il a échoué. Elle a brusqué leur rythme habituel, et sa dysfonction érectile démontre qu'il s'est trop oublié, qu'il a mis de côté ses désirs, ses pulsions et ses envies de pénétrer.

L'évitement sexuel est un phénomène intéressant. Pour ne pas déranger, déplaire ou provoquer, il choisit de se faire discret. Au réveil, il ne se dit pas : «Qu'est-ce que je pourrais faire pour éviter ma blonde aujourd'hui ?» Ce n'est jamais aussi clair, mais souvent ses comportements le trahissent. Chaque fois qu'il dit «ce n'est pas grave», il choisit la voie de service, et non l'autoroute. Il laisse faire. Il abandonne. Si en plus il fait exprès de se coucher plus tôt ou plus tard que sa partenaire et qu'il s'assure ainsi de ne pas créer un moment de sensualité, il fait assurément de l'évitement. Sa grande qualité est le respect, mais il devient presque un défaut. Trop poli, il finit par développer une pudeur qui l'empêche d'oser et de provoquer les choses. Le respect est important, mais dans son cas, ça le paralyse et l'incommode.

À ce stade-ci, je dois faire une parenthèse pour parler de la **virginité tardive.** Certains «bons gars» tombent en amour de manière platonique avec une amie, attendent en vain qu'il se passe quelque chose, et bien sûr, n'initient rien. Puis, les années passent. Ils se retrouvent à trente ans, quarante ans et même cinquante ans sans avoir eu d'expériences sexuelles. Quelques-uns ont fait l'essai des services d'une escorte : expérience angoissante, paniquante et finalement désastreuse. Trop nerveux et complexé pour faire quoi que ce soit, l'érection n'était pas au rendez-vous. Ils se présentent alors à mon cabinet bien décidés à agir et à passer à l'action. Ils sont conscients que le temps ne joue pas en leur faveur. Plus ils attendent, plus leur sentiment d'incompétence augmente. Plus ils seront embarrassés de répondre à la question sur leur vécu sexuel. Quoi répondre quand le c.v. est vierge ? Arrive-t-on à dire « je suis encore vierge » à quarante ans, par exemple ?

Dans une société où la femme érotise la virilité, l'audace, l'initiative et l'expérience, l'homme craint que la femme interprète son vécu à sa façon en le croyant insignifiant auprès des femmes, incapable de séduire, timide, sans initiative et, à la limite, homosexuel ou déviant.

L'homme mature encore vierge est coincé dans un cercle vicieux : « Je ne cherche pas les rapprochements, car je ne sais pas quoi faire sur le plan de la stimulation génitale. La femme détectera automatiquement ma maladresse et mon incompétence. Je suis condamné à l'impuissance. J'ai peur qu'elle m'humilie, et j'ai honte. » Il y croit tellement qu'il persiste à ne rien faire. Il se voit comme un problème ambulant. Totalement inexpérimenté et se condamnant à l'échec à cause d'une dysfonction érectile, son inquiétude est suffisante pour ne rien amorcer avec une personne du sexe opposé. Ainsi, il continue d'alimenter son problème et le temps passe…

Je faisais cette parenthèse pour parler d'une autre forme d'évitement sexuel, mais revenons au respect. Voici ce que me racontait un client à ce sujet : « Je ne comprends pas pourquoi je n'attire pas les femmes. Je ne dois pas m'y prendre de la bonne façon. J'essaie d'être agréable et gentil avec mes collègues au travail. Elles apprécient ma présence et m'invitent pour le lunch. Lors du dernier *party,* l'une d'elles s'est collée tout contre moi le temps d'une photo. Je ne sais pas pourquoi, mais il n'y a pas eu de suite. J'ai pourtant laissé entendre que j'aimerais aller souper et passer la soirée avec elle, mais rien. Aucune invitation. Moi je ne brusque rien, j'attends. L'autre jour, elle m'a dit avoir parlé de moi à son conjoint en disant à quel point elle aimait travailler avec moi, qu'elle n'a jamais eu un collègue comme moi auparavant : prévenant, sociable, attentionné et efficace... Mais est-ce qu'elle est en train de rire de moi ? Est-ce que c'est moi qui ne sais pas décoder les signes d'intérêt ? Voilà peut-être la raison pour laquelle je continue d'aller aux danseuses et de me payer des escortes. Je paie et j'ai la garantie que j'obtiens satisfaction. Elles m'acceptent tel que je suis. Le problème se pose avec toutes les autres femmes de mon entourage. Je pense que je ne sais plus séduire. Dis-moi Sylvie, quel est mon problème ? Qu'est-ce que je dégage ? »

J'ai voulu rapporter ici les propos que m'a tenu un client pour illustrer le concept de « **l'homme mascotte** ». Une mascotte, c'est drôle, gentil, divertissant, amusant, mais sans rien de plus – et surtout pas de sexualité –, puisque **c'est inoffensif** ! Quand on parle du processus de séduction, il faut être un peu plus intrusif. Le sexe d'un homme est extérieur et pointe droit devant pour s'introduire et pénétrer l'autre. On dit d'ailleurs que l'endroit le plus confortable au monde pour un pénis, c'est le vagin. **Le verbe pénétrer est d'ailleurs un verbe d'action qui sous-entend une volonté d'agir en toute confiance, avec compétence et aplomb.** Ce n'est pas un verbe synonyme de contempler, réfléchir ou méditer. **Pénétrer, c'est foncer, entrer, défoncer. De là toute la notion de virilité.** C'est comme un tank qui entre dans une caverne, et non comme un spéléologue perdu dans l'immensité d'une caverne. L'homme mascotte est à l'opposé de l'homme tank. Il est loin d'être pénétrant. Il demeure en surface, de peur de brusquer, de demander et de se faire refuser. Il n'ose pas. Il craint, donc il attend et espère. Il respecte. Et comme dans toute attente, il souffre, car il se sent impuissant.

Souvenez-vous de tous les moments où vous attendiez impatiemment que le téléphone sonne. Quelle impuissance ! Même chose lorsqu'un homme attend qu'une femme lui envoie des signaux d'intérêt. La complainte habituelle du client « mascotte » est son incapacité à démontrer sa masculinité devant une femme. Mais il n'adopte pas la bonne attitude quand il se cantonne dans le rôle du gentil. Cependant, l'homme inoffensif a l'avantage de ne pas se faire rejeter, car, bien au contraire, il est apprécié de toutes.

Le client en question est donc coincé dans un dilemme : trop bien agir et ne rien provoquer avec les « femmes *straight* », ou continuer de fréquenter les femmes de l'industrie du sexe. En maintenant cette dichotomie, il alimente son malaise : « Je suis capable si je me paie une anti-madone, mais je suis nul et sans expérience avec la bonne personne. » C'est comme s'il y avait deux hommes en lui. Un gentil et un viril. Au moins, dans ce cas, le viril s'exprime, mais à quel prix ? Les hommes qui consultent pour compulsion sexuelle et dépendance aux danseuses, escortes ou salons de massage, reconnaissent qu'ils y mettent leurs économies. C'est ridicule, et ils en sont conscients. Une autre problématique très fréquente chez ces hommes est l'éjaculation précoce. Soit le manque de contrôle sur le moment où l'homme veut atteindre son ultime plaisir.

En ce qui a trait à l'éjaculation précoce, le bon gars souffre d'un manque de contrôle. Quelque chose lui échappe. Il ne sait pas comment ni pourquoi les choses se passent ainsi. C'est comme si cela s'était installé par hasard. En le questionnant plus à fond, on se rend compte que l'attrait sexuel du début perd sa vitesse de croisière, et que le couple s'est laissé envahir par de nombreuses occupations et responsabilités (enfants, surcharge de travail, parents malades, horaire variable, manque de sommeil, fatigue, maladie). Comme ils font beaucoup moins l'amour, en fait ils ne le font presque plus, la conjointe développe une frustration sexuelle. Et quand il y a relation sexuelle, monsieur n'est pas à la hauteur. C'est vite fait, comme on dit.

Le manque d'occasions sexuelles et la fréquence irrégulière maintiennent le problème. L'homme s'enfonce davantage. Il anticipe le pire et dit souvent : « Je ne veux pas amorcer un rapprochement, je n'ose plus, j'ai trop peur que ça ne marche pas.» Ou encore : «J'en suis à un point où je suis incapable de me contrôler. Ça s'est produit à maintes et maintes reprises, tellement que je ne commence plus rien. Je me vois déjà en train de pleurer dans la salle de bain. Je n'ose plus aborder les femmes, je me vois comme un problème ambulant.» Vous conviendrez que c'est loin d'être une attitude gagnante. Comme le bon gars se sent handicapé par ses craintes de mauvaises performances, il évite les rapprochements. Ainsi, ni l'un ni l'autre ne sont satisfaits sexuellement.

Le bon gars attend souvent que sa conjointe le mette au pied du mur pour consulter, puisque plusieurs d'entre eux croient que le problème se résoudra de lui-même. Le *puppy* laissera la situation dégénérer, et se grefferont alors divers problèmes sexuels secondaires à ses difficultés : baisse de désir et problème érectile. Il y aura baisse de désir, car il est tellement préoccupé par la situation que ça anesthésie sa vigueur initiale. Il y aura également une dysfonction érectile, puisque cela le préoccupe constamment tout au long de la pénétration. Comme il s'efforce de se contrôler pour éviter l'éjaculation précoce, il perd ses sensations et la conscience de son corps. **La meilleure façon de perdre son érection est de trop réfléchir. Trop de préoccupations équivalent en effet à mettre des briques sur son pénis. Ça ne bandera pas fort!** Et des briques, il en a des tonnes! L'un de ces hommes me disait ceci : «J'ai un horaire variable, et lorsque je travaille de nuit, mon corps ressent le manque de sommeil. L'autre nuit, je me réveillais constamment et je n'ai pu avoir un sommeil réparateur. Le lendemain, nous avions une fête chez des amis, puis une soirée au restaurant et au cinéma. Ma femme apprécie de telles sorties. Pour elle, ces activités agissent comme de puissants préliminaires. Moi, je tombais de sommeil. De retour à la maison, elle a tenté une approche sexuelle. Je savais que je n'étais pas au sommet de ma forme, et en plus, j'appréhendais des problèmes érectiles et éjaculatoires. J'étais dans ma tête. Je pensais constamment à l'effort de me contrôler. Au moment où je lui ai demandé de ralentir le rythme pour me donner le temps de respirer et de me calmer, j'ai perdu mon érection. Bien qu'elle ait compris ma fatigue et la semaine lamentable que je venais de vivre, je sais qu'elle était frustrée et déçue. Maintenant, j'ai peur de recommencer et d'avoir l'air minable. J'ai peur d'avoir peur. Je suis coincé dans un cercle vicieux.»

Ce cercle vicieux fait souffrir les hommes. Ils se sentent totalement démunis, et ça affecte l'ensemble de leur être. Parallèlement, ils sont peu outillés pour résoudre le problème. Ils essaient d'éviter le problème en attendant, en optant pour le laisser-faire. Ils ne veulent pas décevoir, mais c'est justement en ne provoquant rien qu'ils déçoivent le plus. Avec la fréquence des relations sexuelles en baisse, l'anxiété s'installe. Ces hommes ne sont plus dans leur corps, mais uniquement dans leur tête. Et être dans sa tête veut dire se créer des peurs, anticiper l'échec, penser à la place de l'autre, oublier ce qu'ils veulent et se préoccuper de leur performance au détriment de leur plaisir.

Et justement, pour **retrouver ce plaisir**, ils doivent être à l'écoute de leurs sensations physiques et **faire l'amour d'abord pour eux, et ensuite pour l'autre, non l'inverse**. Il faut prendre le temps de s'introduire, de respirer, de rester calme sans bouger et de ressentir le plaisir sans en perdre la tête ; pas comme s'ils conduisaient une voiture de Formule 1. Rien ne presse. Il faut arrêter de se voir comme un « handicapé du rythme » et se redéfinir comme un homme ayant droit à son plaisir et qui fera tout pour l'obtenir. Pour cela, le couple doit modifier son parcours érotique en changeant leurs gestes habituels. Trop souvent ils gardent la pénétration pour la fin, comme avec les Smarties rouges ! En gardant le meilleur pour la fin, ils y associent la fin du parcours. La plupart du temps, ils s'excitent longtemps par des stimulations buccales et génitales afin que leur partenaire y trouve plaisir et orgasme. Comme une escorte de service, ils sont totalement dédiés à l'autre et très excités, de sorte qu'au moment de l'intromission, ils perdent la tête et le contrôle.

Je recommande souvent aux couples de commencer leur relation par une pénétration et de varier celle-ci entre les touchers manuels, les caresses orales et le retour à la pénétration. En changeant de position, on garde sa concentration sur soi, on respire et on prend son temps. Bien que le présent ouvrage ne soit pas consacré au traitement de l'éjaculation précoce, puisqu'il existe une série d'exercices à exécuter seul et à deux, j'encourage une sexothérapie adaptée aux besoins de ces hommes et de leur couple. Le fait d'aborder dans ce chapitre certaines dysfonctions sexuelles par des témoignages veut illustrer à quel point le *puppy* risque de subir de telles conséquences – soit la perte de sa virilité – en ayant renoncé à une attitude gagnante.

Cet homme peut souffrir d'une **anxiété de masculinitude**. Il est dans l'incapacité de répondre aux critères de masculinité dictés par la société. Pour être à la hauteur de ces critères, il faut être puissant, fort et musclé, capable de se défendre, confiant au travail, performant au lit et talentueux dans tous les sports. Il faut également être compétent à la fois manuellement et intellectuellement. Il doit aussi être créatif, savoir séduire et plaire. La fée de la confiance en soi et de l'assurance doit veiller sur son berceau dès la naissance ! Oui, la société est exigeante : elle n'accepte pas que les femmes vieillissent et ne permet pas aux hommes d'être faibles, dépendants, peureux et vulnérables.

Alors comment aider ces hommes à intégrer les deux aspects de leur personnalité pour augmenter la qualité de leur présence auprès des femmes ? Quelle serait la bonne attitude à adopter ? Les défis du *puppy* sont de retrouver l'expression de sa virilité, de reprendre confiance en lui et de se réincarner en tant qu'homme pénétrant. Il faudrait réveiller le cow-boy en lui afin qu'il sorte de son espèce de coma et pour qu'il s'exprime et agisse en toute confiance.

POUR ATTEINDRE CET OBJECTIF, JE VOUS PROPOSE QUELQUES PISTES DE RÉFLEXION

Si vous aviez les pouvoirs d'un superhéros, d'un président d'un pays ou d'un multimilliardaire, que vous permettriez-vous de faire, sexuellement, avec les femmes? De quels types de femmes seriez-vous entouré? Avez-vous déjà rêvé d'avoir un harem? Pensez grand et pensez autrement à toutes les folies dont vous rêvez.

Si vous aviez à faire l'amour pour la dernière fois de votre vie, à quoi cela ressemblerait-il? Rêvassez au contexte avec tous les détails. Surtout, ne perdez pas de vue l'idée que c'est la dernière fois. Alors, autant en profiter!

Si vous retrouviez votre confiance en vous et que votre désir sexuel et vos érections revenaient, à quoi ressemblerait cette journée miracle? Si j'avais à vous filmer en cette journée de rêve, qu'est-ce qu'on verrait de vous? À quoi constaterait-on votre confiance, votre assurance et votre aisance?

Vous êtes à un cocktail lors d'une grande soirée. Vous êtes au bar et attendez votre consommation. À côté de vous se tient un homme. Une femme splendide s'en approche et vous l'entendez lui dire à l'oreille: «Je veux que tu me prennes de force.» Votre voisin accepte la proposition avec enthousiasme. Mais comme par magie, vous devenez invisible et pouvez les suivre. Comment s'y prend l'homme pour répondre aux besoins de la femme? Quels sont les comportements qui démontrent qu'il la prend «de force»? Il ne s'agit pas d'un viol, elle est consentante, mais elle veut de l'intensité. Regardez cet homme. Observez sa confiance, son assurance, l'expression de sa virilité… Comment livre-t-il la marchandise?

Demandez à votre partenaire d'énumérer tous vos comportements qui dénotent une forme de virilité.

Notez tous les moments où vous pourriez vous affirmer davantage en tant qu'homme; verbalement et physiquement. Tout ce qui exprime la virilité en vous: vos commentaires, votre regard et votre posture.

LES DÉFIS QUE DOIT RELEVER LE *PUPPY*

> » Croire en son potentiel masculin en reprenant possession de son corps d'homme.
> » Réveiller l'homme « cochon » et viril en lui.
> » Se donner la **permission d'être plus égoïste** dans ses relations sexuelles.
> » Remettre la sexualité à l'ordre du jour.
> » Se donner le droit de fantasmer et de s'inspirer de ses fantaisies pour pratiquer sa gymnastique érotique à nouveau.
> » Oser faire des demandes sensuelles et sexuelles.
> » Oser exister dans sa relation.
> » Être plus affirmé et moins le « respectueux conciliant ».

L'homme doberman

L'homme doberman représente la virilité à l'état pur. Il est un fier porteur de son pénis. Jamais il ne l'oublie ! C'est l'homme sexuel, sensuel, « cochon », audacieux, expérimenté et quelque peu pervers. Il sait ce qu'il veut et sait qu'il peut avoir toutes les femmes qu'il désire. Il peut évidemment passer pour un salaud de service, car avec lui, après l'éjaculation, point de romantisme, ni de retour d'appel. Aucune promesse : que du plaisir dans l'instant présent ! Tous les endroits l'inspirent : le sexe au bureau, le sexe dans l'auto, le sexe dans les toilettes d'un restaurant ou d'un pub, le sexe dans un champ de fraises, le sexe dans une salle de conférence, le sexe à l'hôtel ou à la plage... Il est spontané, et s'il a une pulsion, il profite de l'occasion. Rien ne l'intimide ou le stresse. Lorsqu'il est excité, il réagit. **Sa confiance est inébranlable : il croit en ses compétences et en ses érections. Il se sait performant et à la hauteur en tout temps.** Qu'il rencontre une dirigeante d'entreprise, une femme médecin, un mannequin ou une actrice porno, aucune femme ne l'impressionne. Au contraire, elles servent de catalyseur pour son excitation. « *Yes !* Une expérience de plus ! » se dit-il. Les défis sont les bienvenus.

Il adore les surprises coquines. Particulièrement lorsqu'une femme initie une relation sexuelle. Ça l'excite au plus haut point. Si en plus elle propose un jeu de rôles, c'est le paradis : l'infirmière cochonne, l'écolière, la femme-chat, la vampire, la meneuse de claque, la policière, la danseuse, la serveuse *sexy*, la secrétaire ou la sirène. Bref, tant que la femme agit à titre de cochonne taquine, de vilaine ou de « mauvaise fille », avec lui, on peut célébrer l'Halloween toute l'année ! Il répond *oui* à toute proposition ! Il est comme un scout : toujours prêt ! Surtout si elle choisit de porter des bottes de cuir ou des talons hauts, des bas résille ou une minijupe très mini et un décolleté plongeant.

Il regarde les femmes droit dans les yeux. Il les voit partout. Même à un feu de circulation. Il est toujours à l'affût. D'ailleurs, il trouve qu'il y a trop de belles femmes en ville, surtout l'été, lorsqu'elles sont légèrement vêtues. Quel voyeur il est ! Il ne peut rester avec des pulsions inassouvies. Il n'éprouve aucune gêne à aller se soulager aux toilettes, et ensuite, hop ! au boulot. Sinon, il ira faire un tour dans un bar de danseuses nues, à moins qu'il décide d'appeler une escorte pour assouvir ses fantasmes audacieux.

Ce cow-boy varie souvent sa façon de faire l'amour. Il aime surprendre et emprunter de nouvelles avenues. Il préfère quitter l'autoroute pour explorer encore et encore tout le territoire. La routine sexuelle : connaît pas ! Il a des ressources d'imagination inépuisables, et ses passions sont constamment renouvelées. Il exploite tous ses sens lors d'une relation sexuelle. Il mord à pleines dents le jardin épidermique de la femme. Il dévore, lèche, goûte, pétrit, masse et caresse chaque partie de son anatomie. Quand il embrasse, il le fait à pleine bouche et pas du bout des lèvres.

Il n'aura pas assez d'une vie pour tout expérimenter. Rien ne l'arrête, et tout l'inspire. Il respire et transpire le sexe. Il est conscient de ses charmes et de son immense charisme.

Il va même jusqu'à manipuler pour arriver à ses fins. Jeune adulte, alors qu'il fréquentait les bars, il repérait la plus belle et partait en chasse tel un prédateur fonçant sur sa proie. Il réussissait à tous les coups. Ses réussites ont contribué à nourrir sa confiance en lui et son assurance. Il connaît son potentiel. Il aime le sexe et sait comment satisfaire une femme. Une ou plusieurs... C'est un polygame-né.

Le sexe hors norme l'interpelle. Et s'il l'essaie, il peut y devenir accro. Que ce soit dans des adresses biens connues, dans des endroits à l'extérieur (parcs, chutes, plages) ou dans des clubs privés, il est à l'affût de ce qui se fait dans le milieu. Le triolisme (activité sexuelle à trois), l'exhibitionnisme (que je définirai dans le cas présent comme le fait de se dénuder et de montrer son érection à un couple déjà en train de faire l'amour), l'échangisme (échange des partenaires pour former deux nouveaux couples qui auront une relation sexuelle), le mélangisme (relation sexuelle à plusieurs par le mélange de tout le monde) sont des mots qui évoquent une musique à ses oreilles, ou d'excellents souvenirs sexuels. Il peut utiliser des drogues sexuelles pour optimiser ses sensations, ou tout simplement pour triper! Certains me disent en entrevue qu'une fois qu'ils connaissent un concept et qu'ils se sentent à l'aise avec, ils ont envie d'organiser des orgies à domicile. Pourquoi pas?

Le doberman a de nombreuses conquêtes à son actif, et son curriculum vitæ sexuel regorge de partenaires et d'expériences en tout genre. C'est ce pourquoi il se sent si compétent. Pour lui, la sexualité doit rimer avec qualité. Les relations sexuelles d'un soir ne l'effraient pas. Il saisit l'occasion. Pourquoi s'en priver? C'est le charme de l'instant présent, et la nouveauté l'excite. La qualité a ses avantages, car bien qu'il privilégie son propre plaisir, il aime satisfaire sa partenaire, parce qu'il se sait compétent et agile pour le faire. Un cunnilingus, une stimulation vaginale avec les doigts, trouver le point G et faire éjaculer une femme: il s'y connaît. Il prend plaisir à voir la femme excitée, ce qui contribue grandement à sa propre excitation. Une femme sexuelle l'allume. Surtout celles qui osent se masturber devant lui. Il ne veut pas baiser avec une passive ou une paresseuse. Il lui faut une femme qui agit, réagit et s'exprime.

Il jubile lorsqu'il est avec une «cochonne». La tigresse et le doberman font une excellente paire. C'est la chimie sexuelle garantie. Quelle complicité, ces deux-là ! C'est comme s'ils partageaient le même cerveau. Tout est permis. Aucune censure. Cet homme aime une femme qui s'offre et s'abandonne dans ses bras. Une femme capable d'être dans son corps et d'apprécier la pénétration. Une femme qui le désire, qui est excitée grâce à lui et qui jouit.

Évidemment, le cow-boy se soucie de son plaisir. Il aime regarder, sentir, goûter, toucher, et bien sûr pénétrer. Il est égoïste : moi d'abord, elle ensuite. Lorsqu'il voit une femme, il sait tout de suite ce qu'elle lui inspire et dans quelle position il voudrait la prendre, la posséder et la dominer. Le *bad boy* a ce qu'on appelle une **agressivité phallique** : une confiance en son assurance et en ses performances. Il est fier d'être un homme et fier de sa virilité. Il agit comme un tank qui entre dans la caverne. Et cela avec une femme accueillante qui apprécie cet engin. Il n'a aucun complexe ni tabou. Il ne fait pas dans la dentelle ou le respect. Ce n'est pas un homme qui attend – il demande ce qu'il veut. Il exprime ses besoins. Il mordille, pince, bouscule, ligote et fouette ; c'est du sexe animal, bestial, sauvage et intense, sans trop de préliminaires. Il faut que la femme ait l'esprit ouvert et soit efficace.

Il aime les trios : dans un isoloir de bar de danseuses avec sa compagne, dans une chambre de motel pour appeler une escorte pour qu'elle se joigne à eux, ou même dans une chambre d'hôtel avec sa partenaire et la meilleure amie de celle-ci. Les travestis l'intriguent et l'excitent, et il souhaite expérimenter une relation sexuelle avec un homme. En résumé, le trio sexuel pourrait être lui et deux femmes, ou bien lui en couple avec un travesti ou un autre homme. Cet autre homme pourrait s'occuper de sa partenaire ou de lui-même. En fait, ça l'excite de voir sa partenaire être prise par un autre homme. Bien qu'il se sente hétérosexuel, les expériences bisexuelles ou homosexuelles sont pour lui des activités sexuelles enrichissantes et intrigantes. Toutes les propositions sont les bienvenues !

Il aime l'idée de la contrainte qu'il impose à une partenaire consentante afin qu'elle soit davantage à sa merci par le ligotage ou le sado-masochisme. Il apprécie les jeux de domination-soumission, ou les dynamiques maîtres-esclaves. Prendre en charge et diriger les opérations le rend heureux et viril. C'est lui qui contrôle !

Il n'est pas l'exclusivité incarnée. Pour lui, la vie est trop courte pour se priver. Je vous l'ai dit, il pourrait facilement passer pour le salaud de service. Avec un *bad boy,* il ne faut pas s'attendre à être l'Élue. Vous ne serez pas LA femme qui fera la différence dans sa vie, ni celle qui le changera. Les « mères Teresa » s'abstenir. Il ne changera pas. Il est le candidat parfait pour avoir un agenda bien rempli, il peut baiser une femme le matin, une autre le midi et une autre le soir. Ou encore, il peut vivre deux relations de front, par exemple une pour la semaine, l'autre pour le week-end. Femmes exigeantes s'abstenir. Elle pose des questions ? Elle n'aura pas de réponses. Elle ne peut qu'accepter ce qu'il lui offre. C'est un excellent menteur. Pour lui, il n'a qu'un but en tête : son plaisir sexuel. C'est un infidèle notoire et sans scrupules. Il se permet tout, tout simplement. C'est son mode de conduite à lui, sa façon de vivre, son *modus operandi.*

Le doberman est un carriériste. Il regorge d'ambition. C'est un batailleur, un compétiteur, un leader, un décideur et un entrepreneur. Il aime avoir le contrôle sur son équipe ou son empire. Il détient un pouvoir économique et fait l'impossible pour arriver à ses fins. Si la montagne ne vient pas à lui, il ira à la montagne. Pour lui, les autres hommes sont tous des rivaux. Un homme ose jouer dans ses plates-bandes ? Il fera tout pour protéger son territoire. C'est un homme de projets, et l'amour ne le brime pas. Il fonce vers

ses objectifs, sa partenaire n'aura qu'à s'adapter. Et si elle
n'est pas en mesure de le faire, elle n'aura qu'à aller voir
ailleurs. Il ne se sacrifie pas. La femme devra le faire. Pour
pouvoir être performant dans son travail et réussir dans
son entreprise, il lui faut faire preuve d'agressivité et d'affirmation : « Je dis ce que je pense, j'exprime sans gêne mes
idées, je clame haut et fort mes opinions, je prends de la
place dans un groupe, j'ai un pouvoir d'influence et je gueule
s'il le faut. Je sais imposer mes limites et dire qu'assez c'est
assez. Je suis convaincant ! »

Il utilise le même savoir-faire dans ses relations. Selon
lui, tout se dit. Si sa partenaire a grossi, se laisse aller, ne
s'abandonne pas assez au lit, n'est pas assez *sexy* et ne le
surprend pas suffisamment, elle va le savoir. Contrairement
au *puppy* patient, respectueux, conciliant et compréhensif, le
bad boy n'est pas là pour la comprendre : il a des exigences. À
ce sujet, on pourrait le comparer à l'anti-madone, car il peut
avoir certains traits narcissiques de demi-dieu chiant à qui
tout est dû. Il s'accorde des privilèges et un statut au-dessus
de tout, sans empathie pour autrui. Il s'aime : « Aimez-moi
puisque je suis extraordinaire. » Il peut l'être sur le plan de la
sexualité, mais aucunement sur celui de ses relations. Il n'a
carrément pas ce qu'il faut pour s'investir dans une relation
amoureuse. Il capitalise sur lui-même et non sur l'autre. Ce
sont ses désirs avant tout, car il n'a pas la conscience nécessaire pour s'intéresser à ceux de sa compagne.

Le doberman a consommé beaucoup de pornographie
dans sa jeunesse et il en consomme encore beaucoup. Il a
emmagasiné plusieurs images de sexe antifusionnel, soit sans
amour. Ce qu'il recherche est physique : pénétration vaginale, pénétration anale, fellation, ou encore double pénétration (vaginale et anale). Tout l'intéresse et le captive. Il souhaite filmer son propre film porno. Rien de mieux pour lui
qu'une femme qui ose se montrer et qui accepte de se faire
prendre en photo *sexy* et coquine. Entre amis, ils s'échangent
des films sur Internet ou se partagent de bonnes adresses

web. Il en a d'ailleurs une collection impressionnante! Pas question de tout jeter aux ordures à l'arrivée d'une nouvelle flamme. Il aime revisiter son matériel dans ses pratiques masturbatoires ou en compagnie de sa partenaire. Pour lui, la pornographie fait partie de la vie. Il ne s'en offusque pas. Il banalise son influence sur sa vie sexuelle et sa manière d'être en tant qu'amant.

Le *bad boy* a dépensé beaucoup d'argent dans les clubs de danseuses et en services d'escortes. Il contribue à l'enrichissement de l'industrie du sexe. Compte tenu de ses grandes pulsions sexuelles et de ses fantasmes, il n'a pas toujours auprès de lui une femme avec qui partager ses désirs. Alors pourquoi se priver? Il aime l'idée de choisir la femme qui lui permettra d'assouvir ses pulsions les plus audacieuses. Pour lui, c'est comme dans un magasin: j'entre, je choisis et j'achète. Dans ses voyages d'affaires, il consommera de la pornographie dans sa chambre d'hôtel, fréquentera le bar de danseuses nues ou visitera le *red light* du coin.

Il se masturbe fréquemment. Certains clients m'ont dit le faire systématiquement au réveil et au coucher. Au moins deux fois par jour, et si le client voit une superbe femme *sexy* au travail, il ira satisfaire ses pulsions aux toilettes. Même s'il a une vie sexuelle active, la masturbation fait partie intégrante de sa vie. Il adore s'exhiber devant sa partenaire et, comme je l'ai déjà mentionné, il s'excite davantage si elle se masturbe devant lui. Il lui confie également ses fantasmes lors de ses pratiques masturbatoires. D'ailleurs, c'est un homme qui parle facilement de ses fantasmes et de ses rêves érotiques.

C'est un éternel célibataire qui va de conquête en conquête au gré de ses fantaisies et de ses libertés. Il charme aisément et a tout pour plaire: un corps musclé, la beauté, et des goûts vestimentaires esthétiques. Ce n'est pas nécessairement une beauté plastique, mais il a un regard de braise intense comme s'il voyait dans le fond de l'âme de la femme ou s'il la déshabillait des yeux. Il flirte sans problème et sait dire à une femme qu'elle lui plaît.

Alors pourquoi s'attacher, quand le sexe est à portée de main ? Pourquoi s'engager auprès d'une seule femme, alors qu'il y en a toujours une plus belle ? Sa compétence va de la séduction à la conquête et à la première rencontre sexuelle. Quelquefois, ça se poursuit, si les deux sont sur la même longueur d'ondes. À son avis, le jeu de la séduction est trop enrichissant pour se stabiliser au sein d'une seule relation. Il veut rester libre afin de pouvoir saisir les occasions lorsqu'elles se présentent. Il tient à préserver sa liberté et son clan de copains. L'amitié est primordiale pour lui. Il veut voir ses amis et fait régulièrement des activités avec eux. Le doberman n'est pas un homme de maison, c'est un homme de sorties, de sports et de projets entre hommes. Il sera le premier à proposer chaque année le rituel du *voyage entre gars* dans le Sud ou un voyage de pêche, à recruter des équipiers pour sa ligue de garage de hockey et à organiser un tournoi de golf. Il est primordial pour lui de réaliser des projets entre hommes, car c'est sa façon de préserver son identité sexuelle : en restant un homme avant tout. «Je suis comme je suis, et aucune femme ne déteindra sur moi», dit-il. Un peu comme celui qui craint de se faire passer la corde au cou, il est toujours sur ses gardes et un peu fuyant face à sa partenaire. Sur cet aspect, c'est un «adulescent» : il veut les avantages de l'insouciance et de l'irresponsabilité de l'adolescence, mais dans un corps d'adulte. Ce n'est que sur ce plan qu'il ressemble à l'adolescent, car sur le plan sexuel, il est bien un homme de son âge, mature et viril, mais il a un comportement adolescent, car à cumuler les conquêtes et à vouloir tout expérimenter, c'est une conception assez juvénile merci !

S'il est ainsi aujourd'hui, c'est qu'il l'a été auparavant. Je vous dresse son portrait typique à l'adolescence : sportif étoile de son école, les jeunes filles en pâmoison se bousculaient dans les estrades pour voir ses performances. Il aimait avoir son groupe d'admiratrices autour de lui en attente d'un sourire. Son père l'encourageait à s'amuser avant de s'engager : «Une queue, ça ne s'use pas, et tu es jeune, alors profites-en avant d'être amoureux.» Sur la recommandation de son père, il collectionnait les filles : toujours une différente à son bras, sans attachement. Les filles pleuraient pour lui et attendaient son téléphone, mais lui en riait auprès de ses copains. Il n'a pas appris à respecter les filles, et il les utilisait plutôt pour se satisfaire lui-même. Intrigué par la sexualité et le matériel pornographique accessible à la maison, il a perdu sa virginité très tôt. Son père en était fier : «Mon fils est viril et hétérosexuel!» Et puisque les filles s'offraient à lui, il pouvait facilement faire du chantage pour parvenir à ses fins. Ainsi, il s'est donné des permissions sexuelles en racontant ses exploits à ses copains, un clan d'adolescents et de jeunes adultes qui s'encourageaient à maintenir de tels agissements. Ils pouvaient visionner de la pornographie ensemble, se faire des séances de masturbation collectives ou se payer une escorte pour le groupe. Très jeunes, ces garçons se sont fait dire qu'ils étaient beaux, intéressants et admirables. Leur confiance en eux n'a pu que grimper en flèche. En contrepartie, ils ont pu subir le divorce de leurs parents et les conséquences de fracas causés par le père : un homme à femmes, un infidèle notoire adepte des danseuses. N'ayant pas eu l'exemple d'un couple parental amoureux qui dure dans le temps, il ne peut pas croire en l'amour et en l'engagement. Complètement désabusé, il se dit qu'il réussira sa vie sexuelle, s'il ne peut pas réussir sa vie amoureuse. À quoi bon s'engager, si c'est pour se terminer?

Sa vie amoureuse sera également marquée s'il a subi une agression sexuelle intrafamiliale (père, oncle, grand-père, cousin, frère) ou extrafamiliale (entraîneur, professeur, gardien, voisin, prêtre) et en est profondément traumatisé. Surtout s'il a eu à cette occasion une érection et sa première éjaculation. Cela peut aussi avoir été vécu par d'autres jeux sexuels de l'enfance avec des garçons (camp scout, camp de vacances, voisinage…) de façon intrigante mais non traumatisante. Cependant, une fois adulte, il peut avoir pris la décision consciente ou inconsciente de vivre son plaisir comme au moment de l'agression : sans.attache, sans amour, sans sentiment, uniquement par la satisfaction génitale. Un frottement et c'est fini. Il dit oui aux conquêtes sans engagement émotif. C'est ce qu'on nomme dans le jargon clinique la *conversion du traumatisme en triomphe*. Je, me, moi ! Plus jamais d'agression, plus jamais de contrainte ! Cette fois, c'est moi qui choisis, c'est moi qui décide. C'est moi qui détiens le contrôle.

Les cas d'agressions sexuelles ne concernent fort heureusement qu'une partie de ces hommes. L'agression entraîne d'importantes séquelles psychologiques et sexuelles (j'y reviendrai dans le chapitre sur le désir). Nous avons vu que l'homme berger peut être le partenaire idéal pour une survivante d'agression sexuelle encore traumatisée et remplie de pudeur sexuelle. L'homme doberman qui survit à une agression accepte le plaisir, mais pas l'émotion, ni l'abandon ou l'investissement. Il ferme volontairement une partie de son cœur. C'est comme s'il voulait se sentir victorieux de son passé éprouvant. Il pourrait également se révolter en ayant des comportements destructeurs causés par l'agression même : usage de drogues, alcoolisme, violence. Une démarche en sexothérapie est tout indiquée pour lui permettre de surmonter son traumatisme et d'utiliser sa sexualité et sa colère à d'autres fins. Sinon, il ne sortira jamais du cercle vicieux dans lequel il patauge, puisque sa stratégie de défense fonctionne, jusqu'à un certain point. À moins qu'il fréquente une femme de grande distinction, parfaite en tout point selon ses critères, envers laquelle il commence à éprouver des sentiments. Mais s'il s'avérait que cette femme flirte et cherche à être aguichante pour d'autres hommes que lui, cela l'insécuriserait. Elle risquerait donc de subir les affres du cow-boy.

Puisqu'il s'intéresse à elle pour plus qu'une nuit, il est fort probable qu'il ressente de la jalousie, de la possessivité et un besoin de contrôle. Il pourrait instaurer un système de surveillance autour d'elle. Comme me le mentionnait l'un d'entre eux en entrevue : « Je doute constamment de ma partenaire. C'est la première fois que je rencontre une femme aussi ouverte sexuellement. Je peux réaliser tous mes fantasmes avec elle. C'est incroyable ! Nous passons des moments vraiment intenses ! Je doute, car elle reçoit des messages textes. L'autre jour, j'ai fouillé dans son sac à main et j'ai lu certains d'entre eux. Un homme lui écrit qu'elle lui manque et qu'il l'embrasse partout. Elle lui répond la même chose et qu'elle repense aux moments passés auprès de lui. Elle lui parle également de sa queue. Je suis incapable de la confronter. Alors j'ai inventé une histoire sur un ami qui la connaît et qui l'aurait vue avec le monsieur X en question. J'ai fouillé sur Facebook pour trouver son identité. Je sais que c'est un homme d'affaires, et sur son profil, il n'y a que des femmes en bikini. C'est un *bad boy*. Je m'y connais. Je sais ce qu'il est capable de faire. Je me demande pourquoi elle l'alimente en lui envoyant des messages textes. Le voit-elle encore ? En plus, elle m'a avoué l'autre jour avoir été la maîtresse de son ancien patron. La semaine dernière, il lui a offert un emploi. Comme j'ai installé un système de surveillance sur sa boîte de courriels, je peux lire tout ce qu'elle reçoit. Il flirte avec elle sans gêne, et elle lui répond qu'elle a hâte de retravailler avec un aussi bel homme que lui. Je m'inquiète. Comment lui faire confiance ? Je sais qu'une femme comme elle plaît aux autres, surtout qu'elle aime plaire aussi. C'est la première fois que j'aime autant. Comment aborder la question avec elle ? Je lui ai demandé l'autre jour de m'écrire un de ses fantasmes. Moi, je lui avais écrit le mien, un tout nouveau scénario juste pour nous deux. Ça lui a pris deux semaines pour me l'écrire et, puisque je lis ses courriels, je constate qu'elle m'a écrit le même fantasme qu'elle écrivait à son ex-patron. Elle ne sait pas que je sais. Ça me met tout à l'envers. Devrais-je la laisser ? Devrais-je continuer de faire comme avec toutes les autres et ne la voir que pour le sexe ? »

Un tel désir peut nous pousser à faire des choses que nous ne ferions jamais dans un autre contexte. Il vit une passion pour une femme qui ne semble pas exclusive avec lui. Il goûte à sa propre médecine, mais il n'a aucune confirmation qu'elle passe aux actes. Il la surveille et interprète ses faits et gestes. Pour en avoir le cœur net, il devrait la questionner pour se faire rassurer. Ce scénario est très représentatif de ces hommes qui connaissent le jeu de la séduction et le projette sur leur partenaire. Ils se disent : « Puisque je sais que je peux le faire, je suppose que tu peux en faire autant. » À la longue, cette méfiance et ces accusations peuvent user un couple, surtout si la femme a un dossier vierge. À force de se faire questionner sans raisons, elle pourrait tout simplement décider de le quitter.

Le phénomène est identique chez les couples gais. En effet, les homosexuels cherchent un partenaire d'une virilité absolue : un immense phallus, un baiseur hors pair et une attitude de conquérant ! Ce sont deux hommes dobermans ensemble. Imaginez le cocktail explosif !

L'un d'eux me disait en entrevue : « J'ai rencontré mon partenaire actuel alors que j'étais déjà en couple. Je cherchais des aventures sans lendemain. Je rêvais de vivre dans un couple ouvert. Mais mon ex ne voulait rien savoir. J'ai donc tout fait en cachette. Et j'ai trouvé chaussure à mon pied : un homme splendide, cochon à souhait et voulant vivre les mêmes expériences que moi. Il n'a jamais été amoureux et n'a jamais vécu avec un homme. Il dit qu'avec moi, la situation a changé. J'ai laissé mon ancien partenaire pour vivre à fond ma passion avec lui. Dès le début, je lui ai dit que le sexe était primordial pour moi et que je m'attendais à avoir un partenaire qui voudrait vivre les mêmes *trips* sexuels que moi en étant dans un couple ouvert. On s'est mis d'accord. L'autre jour, on est sortis danser, et la soirée s'est poursuivie dans un *after hour*. Pour rester éveillés toute la nuit, on a consommé certaines drogues euphorisantes. J'avais beaucoup de plaisir, jusqu'au moment où je l'ai vu flirter avec presque tout ce qui bougeait. Il jouait à l'allumeur. Il se faisait caresser par des hommes plus beaux et plus jeunes que moi. Je me suis rendu compte que j'étais plus attaché à lui que je ne le pensais. Était-ce un effet secondaire des drogues ? Bref, j'ai complètement décroché de mon plaisir. Je détestais ce que je voyais. Moi qui ai toujours été infidèle, je sais ce que c'est que séduire. Là, je suis en couple avec un homme qui sait qu'il a une grosse queue et qu'il est désiré. Il connaît son potentiel érotique et je ne me sens plus en sécurité. Je l'adore et il m'excite à fond, mais j'ai peur qu'il me trompe. Je l'ai tellement fait par le passé que j'ai mon miroir en pleine figure. Ma notion de couple ouvert vient de changer. »

Dans des cas plus sévères, l'homme doberman peut aller jusqu'à la violence verbale, psychologique, sexuelle et physique envers son partenaire. Plusieurs témoignages m'ont confirmé que les choses tournent au vinaigre quand un homme délirant sur sa femme – qui finit par en avoir assez – n'accepte pas qu'elle le quitte. Alors, il la séquestre et la viole pour lui démontrer son emprise et son contrôle sur elle. Il s'agit de la pire façon d'agir pour garder quelqu'un auprès de soi, et de la meilleure pour obtenir un casier judiciaire. Je sais qu'il faut se méfier de l'eau qui dort, et qu'un homme berger peut aussi mal tourner, mais le doberman représente davantage le profil type de l'individu possessif, intimidant, harceleur, agressif et contrôlant. Dans le passé, il ne s'est jamais fait refuser quoi que ce soit, il pouvait avoir toutes les filles désirées et choisir lui-même le sort qu'il leur réserverait. Alors, il se dit que ce n'est pas aujourd'hui qu'une femme décidera pour lui. Ça lui est inconcevable. Je le répète, il peut avoir le profil d'un homme violent.

Certains canalisent très bien leur violence et leur agressivité. D'ailleurs, nous avons tous en nous un certain degré de violence, ce qui est nécessaire pour faire face aux dangers et aux agresseurs qui voudraient s'en prendre aux nôtres. Un *bad boy* sain sait se défouler dans des sports de compétition. Il est le candidat idéal pour entreprendre de faire de la boxe ou des arts martiaux. L'entraînement en salle et le cardio sont excellents pour lui. L'important étant qu'il se défoule et agisse sur son agressivité en l'évacuant d'une façon adéquate.

Quelquefois, son ardeur passe aussi par la sexualité. La soupape du travail et du sport n'étant pas suffisants, il aura recours à la sexualité pour assouvir ses pulsions. Pour le *bad boy*, la sexualité n'existe pas pour combler des besoins psychoaffectifs de rapprochements ou de sentiments amoureux dans un heureux mélange de tendresse, de caresses et d'orgasmes à l'unisson comme le conçoit le berger. Non, cet homme utilise plutôt la sexualité pour combler des besoins antifusionnels (le plaisir par les organes génitaux), mais aussi pour se défendre contre certaines préoccupations. Il a peur de se sentir un moins que rien. Il ne se sent pas bien ? Il veut baiser. Il a des soucis financiers ? Il veut baiser. Ses amis sont loin de lui ? Il veut baiser. Il craint de perdre son emploi ? Il veut baiser. La sexualité l'aide à se sentir vivant et puissant, et le raccroche un instant à la vie et à l'espoir.

Ironiquement, après s'être « vidé » (en éjaculant), il se sent moins « vide » dans sa vie. Vous comprendrez que cet état est éphémère, c'est donc un éternel recommencement. S'il a une compagne et qu'il lui demande sans cesse du sexe, celle-ci, loin d'être dupe, y verra un mal-être et l'encouragera à aller assouvir ses pulsions ailleurs : « Je ne suis pas un réservoir à sperme. Pour moi, la sexualité a un sens ! Je veux être une femme choisie pour elle-même. »

La compulsion sexuelle le guette. Tout comme l'anti-madone, le doberman n'est pas à l'abri du besoin constant de calmer ses tourments par la sexualité, et d'en avoir besoin encore et encore. J'ai déjà mentionné qu'il fait vivre l'industrie du sexe... Ici, cela prend tout son sens ; à moins qu'il ait un « calepin rose » rempli de noms de femmes prêtes à agir comme partenaire sexuelle d'un soir. L'un d'eux m'a avoué ceci en séance de thérapie : « J'ai rencontré LA femme de ma vie. Elle a un corps superbe et pourrait être une danseuse. Malheureusement, je lui ai avoué mon passé sexuel trouble : infidélités, danseuses nues et escortes. Elle est très méfiante depuis. Elle me surveille et a peur que je la trompe. Puisque je tiens à cette relation, je veux cesser de fréquenter les bars de danseuses nues. Oui, je les trouve réconfortantes. Auprès d'elles, je peux être qui je veux, changer d'identité et leur faire croire que je vis une existence incroyable. Je me sens valorisé, j'ai alors droit à une reconnaissance. Une danseuse nue est impressionnable. Je me sens important et en contrôle. Il est facile d'y aller encore et encore. La thérapie me fait réaliser que chaque fois que j'avais un problème, j'y allais : conflits familiaux, problèmes financiers, clients exigeants et difficiles. J'y allais également quand je me sentais *looser* et que je voulais passer le temps parce que je me sentais seul... Il faut que je brise cette habitude et que je m'investisse davantage dans ma relation. »

Cet homme était conscient de son habitude malsaine et voulait trouver un sens à sa vie sexuelle. Souvent, ces hommes réagissent lorsque leur compte en banque baisse de façon draconienne. Un homme m'a d'ailleurs dit être passé à un cheveu de dilapider un héritage entier avec des escortes.

Le *bad boy* croit qu'il y a plusieurs avantages à avoir un niveau de virilité et de masculinité élevé, mais je tenais à illustrer l'envers du décor. Même si ces hommes ne sombrent pas dans la délinquance sexuelle et les perversions, il n'en demeure pas moins que le fait d'avoir des pulsions sexuelles débordantes, si peu de respect pour les femmes et de ne pas croire vraiment aux relations amoureuses stables, les amène souvent à emprunter des chemins obscurs.

Parmi eux existe aussi l'homme satyriasis, dont la passion pour la sexualité prend des allures morbides. Il existe également des hommes nymphomanes qui, comme l'antimadone, souffrent d'hypersexualité hyposélective : du sexe, peu importe avec qui. C'est un équivalent de la compulsion sexuelle, où la quantité (de relations qui apaisent un malaise) l'emporte sur la qualité. Ils utilisent la sexualité pour de mauvaises raisons et risquent fort de contracter une infection transmissible sexuellement. Ces hommes vivent intensément – et même exagérément – leurs désirs sexuels, et ont une piètre opinion d'eux-mêmes. Ils se haïssent et ont honte d'eux. À moins d'être imprégnés de narcissisme jusqu'à la moelle et d'être aveuglés par leur toute-puissance, ils sont à l'aise dans ce mode de vie. Sinon, ils sont egodystones ; ils se sentent coupables, sont rongés par la honte et désirent changer. Ceux-là, nous pouvons les aider. Ils souffrent et souhaitent adopter de meilleures stratégies sexuelles, acquérir une autre attitude.

Le *bad boy* sain se soucie de sa santé sexuelle. Comme il veut faire l'amour longtemps et préserver sa performance sexuelle, il consulte régulièrement son médecin et fait faire des bilans sanguins. Il se protège lors de ses relations sexuelles et, s'il est certain de ne pas vouloir d'enfant, il subira une vasectomie. Ainsi, pas de surprises. Il sait que le vieillissement le guette, et il ne se gênera pas pour envisager toutes les options possibles pour lui permettre de rester compétent sexuellement. Quel que soit le traitement nécessaire, il s'y soumettra sans problème. Ce qui compte, pour lui, c'est de continuer à avoir une vie sexuelle de qualité et de ne pas se sentir handicapé par quoi que ce soit. La retraite sexuelle ? Très peu pour lui. Tout s'arrêtera à sa mort, mais d'ici là, il aura bien vécu. Au diable l'abstinence !

Sans activités sexuelles, la frustration le guette et a une influence terrible sur son caractère et sa tolérance. Le sexe est son carburant, ça le rend zen. Il est parfaitement stéréotypé, car il est de ceux qui veulent d'abord du sexe pour ensuite offrir de la tendresse. Nous n'entendrons jamais le *puppy* dire « ce serait bon une bonne pipe », mais le doberman, lui, le dira.

Pour de nombreuses raisons, le *bad boy* est inapte à l'investissement amoureux. Tout, chez lui, est déficient : son rapport à la sexualité, à la séduction, à sa liberté, à ses droits et à l'éthique personnelle. Il se donne le droit d'agir selon ses pulsions pour arriver à ses fins et combler ses besoins.

Il n'a pas de demi-mesure. Il est profondément égoïste et a toujours vécu de la sorte. Cela comporte néanmoins certains avantages : il se soucie de son propre plaisir sexuel, et c'est le meilleur chemin pour atteindre sa satisfaction. Ce n'est pas en étant au service de l'autre que nous sommes à l'écoute de nous-même. Il a confiance en lui, il reconnaît ses forces et sait comment s'en servir.

La femme érotise la virilité d'un homme capable de prendre des décisions, qui est déterminé, qui fonce et qui réalise ses projets. Le doberman a ce profil. Ce n'est toutefois pas l'homme qui recherche une partenaire, puisque le *bad boy* se sent complet par lui-même : totalement individualisé, indépendant et autonome. Il n'utilise les femmes que pour assouvir ses pulsions. Une seule ne lui suffit pas. Il conçoit la relation de couple comme un enfermement et une privation de ses droits. Il est plus du genre « loft au centre-ville » que « chalet sur le bord d'un lac ». À moins qu'il fréquente une femme comme lui, telle l'anti-madone, où la liaison pourrait durer. Il faut cependant que cette femme soit très ouverte d'esprit, puisqu'il persistera à rechercher des aventures, en plus d'avoir des fantasmes particuliers impliquant d'autres personnes.

Il est l'amant parfait pour une femme déjà engagée, ou comme partenaire sexuel occasionnel pour une femme en quête d'aventures sans engagement. Il ferait une excellente escorte masculine, ou encore un acteur porno tout désigné. Loin de se sentir seul, il se réalise à travers son travail, est entouré d'amis et a beaucoup de projets personnels. Pour lui, ce n'est que dans le dictionnaire que le mot *engagement* vient avant le mot *liberté*.

L'homme doberman a plusieurs défis devant lui pour avoir une bonne attitude sexuelle : il doit trouver un sens à sa sexualité (combler des besoins psychoaffectifs, se départir d'un traumatisme d'agression s'il y a lieu), il doit faire un meilleur choix de partenaire (il n'y a pas que le sexe, il y a aussi la personne, la compatibilité et les affinités), et il doit devenir capable de s'engager et de s'investir amoureusement (pour contrer son insécurité, sa jalousie, sa possessivité et son recours à la violence). Le doberman doit se défaire de sa conception d'enfermement dans une relation, car sexe et amour peuvent cohabiter.

ENTRE LE *PUPPY* ET LE DOBERMAN, QUELLE EST L'ATTITUDE GAGNANTE?

J'ai illustré deux extrêmes de l'expression de la masculinité : le bon gars et le *bad boy*, mais aucun n'existe à 100 %. L'un est d'une douceur rassurante, et l'autre fait preuve d'audace, d'intensité, d'égoïsme et de performance sexuelle. L'un assume pleinement le cochon en lui, alors que pour l'autre, sa sexualité est paralysée. Vous vous êtes reconnu dans une de ces descriptions ? C'était mon objectif. Maintenant, demandez-vous ce que vous voulez faire de votre sexualité. Voulez-vous la vivre intensément ou continuer de la ranger dans un tiroir aux oubliettes ? L'attitude gagnante réside dans une intégration harmonieuse des deux facettes de la masculinité afin de retrouver un pouvoir ultime : la virilité.

À mon avis, l'homme berger a tout avantage à calquer son attitude sur celle du doberman. Malgré les nombreux avantages à être plutôt du type berger, ce dernier risque :

- de se faire ridiculiser par sa partenaire, car il ne prend pas assez sa place d'homme déterminé, assumé, affirmé ;
- de subir des infidélités, car il ne se soucie pas assez de la sexualité de son couple, de la fréquence et de la variété des rapports, et de la satisfaction de sa partenaire ;
- de souffrir de dysfonction sexuelle.

Sa principale qualité est sa capacité d'engagement. Comme il n'était pas le superbe leader sportif de son école qui avait du succès avec les filles, il a dû miser sur la méthode « moi, je saurai comment aimer une femme ». Pendant ce temps, il n'est pas pressé de vivre sa vie sexuelle. Il a d'autres valeurs que celles de la liberté et de l'expérimentation sexuelles. La sexualité a un sens pour lui. Il veut choisir la bonne partenaire, et il est prêt à l'attendre. Une fois qu'il l'a rencontrée, il est prêt à tout pour la garder. Altruiste et conciliant, il est également prêt à faire passer ses désirs au second plan pour préserver cet amour, et à pratiquement tout accepter pour le bien de la relation. Dès la puberté, et ensuite comme jeune adulte, il se sait être dans la catégorie des «bons gars», ceux sur qui on peut compter. Est-ce suffisant pour satisfaire une femme? Pourquoi ne miser que sur ce point? **Que fait-il de l'usage de son pénis et de sa capacité de pénétrer une femme?** Oublie-t-il sa nature érotique masculine? Est-ce la meilleure attitude à adopter que de rester sur ses positions et de patienter sans prendre sa place dans la relation? Non.

Nous avons tous le pouvoir de changer les choses, de ne pas rester sur les mêmes positions. Et à plus forte raison lorsque notre stratégie habituelle ne fonctionne plus. Voilà en quoi l'attitude du doberman peut venir à la rescousse. La bonne attitude consiste à *exister* dans une relation. Il est le porteur du pénis. De la virilité confiante! Il est l'homme de la situation. Pourquoi agit-il comme une souris qui se cache dans son trou pour éviter le gros minet? **Le *puppy* doit prendre davantage sa place et commencer à s'exprimer, à donner son opinion, à dire son mécontentement et à exposer ses limites.** Il ne peut pas tout accepter et être conciliant sur tout. Impossible! Il a sa propre couleur, qu'il doit laisser sortir et déteindre dans la relation, plutôt que de prendre la couleur de l'autre et de s'y adapter. Le berger a avantage à se viriliser. Il doit réveiller le doberman en lui pour se sauver. Il doit se dire: «Moi, qu'est-ce que je veux? Qu'est-ce qui m'excite? Quelle est la position que je préfère? Comment puis-je faire sentir à l'autre que j'ai envie d'elle? Pourrais-je oser davantage?» La femme érotise l'homme viril. Le *puppy* doit OSER AGIR en exprimant SON côté doberman. Il doit croire qu'il est le cochon de service et s'en donner la permission. Il doit sortir de sa paralysie et oser faire ce que le *bad boy* ferait à sa place. Une femme qui érotise la virilité est excitée par un homme qui prend les choses en charge et est conscient de son désir. Il faut qu'il lui fasse sentir l'impact érotique qu'elle a sur lui et qu'il ait envie de lui donner du plaisir et d'avoir du plaisir en retour. Une femme veut un homme qui a confiance en lui. Et **comment le *puppy* peut-il développer davantage sa confiance ? Par l'action**. Au début, il agira maladroitement par **essais et erreurs**, mais au moins, il **embarquera sur l'autoroute de la sexualité**, plutôt que d'avoir le réflexe de prendre la voie de service par dépit. Et il sera en mesure de conduire, au lieu d'être dans un taxi.

À force de penser qu'il est incapable de s'en sortir, il s'en est convaincu, et la meilleure chose qu'une femme pourrait lui dire est : « Surprends-moi ! » ou « Sois spontané. » L'influence première du doberman est justement de savoir penser avec son « gland cerveau », soit en fonction de son pénis. Que veut-il en faire ? Que veut-il ressentir ? Où veut-il aller ? Au lieu de penser à ce que l'autre veut et à quel moment elle le veut, il doit agir dans la spontanéité. Il doit mieux équilibrer le respect et faire preuve d'audace. Le *puppy* doit oser prononcer son *Grrrr*. Et spontanément. Mettez-le au défi ! Il a avantage à ramener ses pensées au niveau de son pantalon. Qu'il pense à ses envies d'abord, et à celle de l'autre ensuite. La détermination, la confiance en ses moyens, l'assurance et l'égoïsme du doberman illustrent la bonne attitude à adopter pour l'homme berger. C'est la meilleure façon de retrouver sa nature érotique, virile et sexuelle. Et la meilleure façon de surmonter le respect statique obligeant à l'abstinence sexuelle.

N'oubliez pas qu'être madone ou *puppy* à 100 % n'est pas une bonne attitude. Ces personnes sont trop handicapées sur plan érotique. Ils boudent tout leur potentiel imaginatif et ce que la nature leur a donné : la capacité de désirer, d'être excité, de ressentir, de fantasmer, d'avoir des orgasmes et de s'abandonner. Vous désirez vous améliorer et chatouiller le changement ? Il vous faut faire preuve de souplesse et d'ouverture d'esprit. Vous n'êtes pas qu'une personne digne, loyale et responsable. Il y a aussi un cochon ou une cochonne en vous. Et il n'y a aucun mal à le laisser exister. Il ou elle est là pour votre bien.

Peu importe l'âge, tout le monde a avantage à se brancher sur sa véritable nature sexuée. D'ailleurs à ce sujet, les membres de la génération Y (les 19 à 29 ans) sont peut-être les plus enclins à vivre en fonction de leurs plaisirs. Pour eux, la vie est une récréation. La société est plus ouverte face à l'homosexualité, à la bisexualité, à l'échangisme et au plaisir sexuel à tout prix. En apparence, ils semblent plus épanouis, bien qu'ils soient parfois blasés d'avoir tout vu et tout expérimenté, sexuellement, sauf l'engagement et l'amour.

Les membres de la génération X (les 30 à 49 ans), quant à eux, sont en pleine conciliation famille-travail. Ce sont des travailleurs autonomes, des contractuels qui travaillent beaucoup. Puisque le marché de l'emploi est instable, ils ne peuvent pas mettre tous leurs œufs dans le même panier ; ils essaient donc de se préoccuper de leur vie personnelle afin d'accéder à certains plaisirs. C'est la génération qui veut tout avoir : une vie de famille, une carrière, des voyages, une maison confortable, du temps pour soi et une sexualité extraordinaire. Mais ils sont essoufflés. Ils représentent la majeure partie de mes clients, qui disent : « Avec la naissance des enfants, on est devenus des « bisexuels » – dans le sens de biannuel –, on ne fait l'amour que deux fois par année. On est fatigués, préoccupés, stressés, et on ne prend plus de temps pour nous. On laisse faire, et rien ne se passe. » Ils ont tout de même l'avantage d'être ouverts au changement, car ils sont prêts à modifier leur style de vie pour faire plus de place à la sexualité.

Enfin, les boomers (les 50 à 65 ans), sont dédiés à leur travail et sont très loyaux envers leurs employeurs, ils occupent d'ailleurs les meilleurs postes. Ils ont le sens des sacrifices, ce que les jeunes de la génération Y ignorent. Ils sont altruistes. Par contre, certains souffrent d'une lacune quant à leur éducation sexuelle et sont coincés dans une censure imaginaire et érotique. Ils manquent d'expérience et ont besoin de permissions et d'encouragements pour retrouver l'accès à l'être intense qui sommeille en eux. Ils devront revisiter leur conception du couple et de la sexualité pour arrondir les angles, afin de dire tout haut ce qu'ils n'ont jamais osé demander, ni osé faire. Chaque génération porte son lot de contraintes et de défis, et celui de l'affirmation de la personnalité sexuelle n'y échappe pas. Tout comme celui de l'ouverture au désir sexuel.

Chapitre 3

Le désir sexuel : une question d'attitude !

Si je devais illustrer la notion d'attitude, je la comparerais à un arbre. Pour moi, la personnalité sexuelle et relationnelle est symbolisée par le tronc de l'arbre. Viennent ensuite, symbolisés par les branches, le désir sexuel et l'envie de mordre dans la vie. Ce sont les dimensions primordiales de l'attitude, de la façon de percevoir la vie et de réagir aux événements. L'implantation d'un tronc fort, droit et solidement ancré réside dans un amalgame des deux archétypes de la personnalité. Ce tronc, gorgé de bons éléments, sera fier de faire croître les branches qui voudront mordre dans la vie. Tel sera votre désir.

Avez-vous le désir facile ?

Dans cette question, le mot *facile* signifie avoir l'œil avisé, être inspiré par un rien et avoir souvent des pensées sensuelles et sexuelles. Est-ce naturel pour vous, ou devez-vous y mettre de l'effort ? Avez-vous déjà eu une baisse de désir au cours de votre vie ? Que viviez-vous, à ce moment-là, dans votre vie professionnelle, conjugale et familiale ? Qu'avez-vous fait pour remédier à la situation ? Êtes-vous allé chercher de l'aide ? Le désir va et vient dans la vie. Tout couple vit des montées et des baisses de « passion », c'est tout à fait normal. Ce qui me préoccupe, c'est votre réaction face à une telle situation. Est-ce que ça vous empêche de dormir ou est-ce que vous vous dites que tout va rentrer dans l'ordre comme par enchantement? Est-ce important, pour vous, de désirer? Comment décririez-vous votre désir? Ressentez-vous du désir présentement? **Que ressentez-vous lorsque vous désirez quelqu'un?**

Le désir fait partie intégrante de la vie. En tant qu'homme ou femme, en couple ou célibataire, quel que soit votre statut civil, le désir est une manifestation de votre nature sexuée. Et cela, bien que nous ne soyons pas constamment en état de désir, car il nous faut bien vaquer à nos occupations – si nous ne pensions qu'au sexe, il n'y aurait pas de percées médicales, ni d'avancées technologiques, sociales ou indus-trielles. La société se doit d'évoluer, mais il faut prendre conscience de notre désir et prendre soin de son état de santé. C'est le moteur de toute existence.

La baisse de libido est un motif de consultation très fré-quent. Et ne croyez pas que ce sont uniquement les femmes, qui en sont atteintes. Les hommes le sont aussi! Messieurs, vous n'êtes pas des extraterrestres si vous consultez pour une panne d'intérêt sexuel. Il est faux de croire que tous les hommes sont nés bons amants, menés par la puissance de leur testostérone et ayant une pensée sexuelle aux trois minutes. C'est faux et archifaux. Hommes et femmes sont parfois aux prises avec un désir sexuel déficient. Lorsqu'ils se présentent à mon cabinet, ils sont désarçonnés et se deman-dent où sont donc passés leurs fantasmes et leurs idées érotiques. Ils s'inquiètent de perdre leur désir, car ne plus désirer, c'est perdre l'appétit de goûter à ce qui est vivant. Ils se sentent vides. Une étincelle de vie s'est éteinte…

Dans mon cabinet, je répète souvent à mes clients que travailler sur le désir sexuel est difficile parce qu'on ne peut pas en présenter un. Le désir est un concept abstrait. On ne peut s'en procurer en magasin. Le désir sexuel existe dans notre tête. C'est elle qui le nourrit et le cultive. Notre cerveau construit le désir. Il n'en tient qu'à nous de l'entretenir, de l'embellir et de l'enrichir. Il est gratuit et dure toute la vie.

LE DÉSIR EST CAPRICIEUX

Dans un couple, il y a parfois du vent et des marées. Le désir va et vient, dans la vie conjugale. Sachez que le désir est capricieux et que, tout comme la nature au fil des saisons, nous subissons des changements. Nous n'y échappons pas ! Mais si nous avons l'impression d'avoir perdu cette envie, il n'en tient qu'à nous de la raviver. Ressentez-vous un manque de désir généralisé ? Personne ne vous allume ? Ou votre manque de désir est-il lié à un événement précis : un accouchement, une querelle, une perte d'emploi, une mise à la retraite, une maladie, un stress important, un déménagement, un deuil, des problèmes financiers, une dépression, de l'anxiété ?

LE DÉSIR SEXUEL EST SOUVENT LA PREMIÈRE CHOSE À ÊTRE PERTURBÉE DANS NOTRE VIE

Pensez à un épisode de grippe ou de gastro-entérite, et je suis convaincue que vous ne serez pas dans un état de désir. Pourquoi ? Parce que le désir est un état d'esprit, une manière de concevoir la vie, une façon de penser. Une attitude quoi ! Votre désir dépendra de la manière dont vous vous comporterez et agirez en fonction de votre personnalité sexuelle. Si vous vous êtes identifiée à la madone, vous aurez plus de difficulté à ressentir du désir, puisque étant d'abord concentrée sur vos nombreuses responsabilités, vous attendrez qu'il revienne de lui-même. Si, par contre, vous ressemblez davantage à l'anti-madone, vous risquez moins de voir votre désir sexuel vous faire faux bond, car il fait partie intégrante de votre nature érotique. C'est votre deuxième peau. Vous fantasmez facilement puisqu'un rien vous inspire. Vous avez une bonne attitude et vous vous percevez comme une femme sexuée qui sait alimenter sa pensée sexuelle. Vous êtes une femme qui connaît l'importance de sa vie sexuelle, puisqu'elle joue un rôle essentiel dans votre épanouissement personnel.

Je tiens à faire une parenthèse sur l'aspect sexuel dans le processus de vieillissement de la femme et de l'homme. En avançant en âge, l'amazone, bien que toujours sensuelle, sait distinguer le sexe de l'amour, et peut faire la différence entre son corps et sa tête. Ce qui enrichit sa vie érotique et qui la distingue de la madone, c'est qu'elle n'a pas besoin d'éprouver de l'amour pour se donner sexuellement. Elle peut avoir du sexe pour du sexe et en jouir. L'évolution est différente pour les hommes. Bien que très conscient des sensations de son corps, et surtout du plaisir que lui donne son pénis, avec l'âge, l'homme doberman intègre davantage la sensualité en érotisant le fait de procurer du plaisir à sa partenaire. Il devient plus émotif face à sa propre sexualité.

Si vous êtes un *puppy* toujours prêt à rendre service, votre désir sexuel pourrait un jour faire relâche. Pour vous, la sexualité arrive à la toute fin de la liste de tâches. Vous n'y pensez pas d'emblée, trop envahi par vos mille et une préoccupations. Par contre, si vous êtes un homme doberman, votre désir est votre seconde nature. Il est LE moteur de votre existence masculine et LA raison qui guide tous vos gestes et toutes vos actions. Comme vous l'avez lu au chapitre précédent, le *bad boy* transpire le sexe. L'anti-madone et le *bad boy* nous aident donc à redécouvrir notre désir, sans qu'il nous faille adopter l'attitude de ces personnages caricaturaux. Ces archétypes nous indiquent la route à suivre vers la bonne attitude, soit celle qui nous permettra d'être en mesure de maintenir notre désir vivant et alerte.

Je tiens toutefois à préciser que pour désirer, il faut y mettre du temps et de l'effort. La route à suivre implique un retour à soi. Il faut savoir faire preuve d'égoïsme. Ce que, par nature, l'amazone et le doberman sont! Alors que la madone et le *puppy*, eux, sont guidés par leur souci d'altruisme. Avant d'initier un rapprochement avec l'autre (toucher, caresser, bécoter, déshabiller, etc.), il faut avoir l'intention de mener ce projet à bien. L'idée embryonnaire naît en soi. La pensée prend forme et existe avant le geste. La motivation, c'est ce qui permet de mettre le pied sur la première marche de l'escalier. Puis, on les monte une à une, guidé par le goût d'atteindre l'étage supérieur, soit le mouvement vers l'autre. Le désir est comme l'envie de gravir l'escalier. Et ça ne peut se faire qu'en étant à l'écoute de ce qui émane de nous-même, très égoïstement.

L'ÉGOÏSTE CAPABLE DE DÉSIRER SE SOUCIE DE SES PROPRES INTÉRÊTS

J'associe le concept de l'égoïsme à celui du désir, car il est tout à fait approprié. Il signifie : « Moi d'abord, pour mieux donner ensuite. »

Ce retour à soi sous-entend de répondre à la question suivante : « De quoi ai-je besoin pour être bien dans ma peau, dans mon corps et dans ma tête ? » La réponse est la clé qui ouvre le coffre-fort de la meilleure attitude pour vous. Plus vous préciserez ce dont vous avez besoin, plus vous déterminerez votre désir. Oui, il faut se donner la peine d'y penser. De cette manière, vous ne perdrez jamais votre nature en la diluant systématiquement avec le dévouement envers autrui. Sinon, faites-le en ayant d'abord pensé à vous. L'homme doberman pense à son profit. Pour désirer, il lui faut développer la *pensée business* : « Moi inc., moi l'entrepreneur. » Votre attitude dépend de vous. Avoir cette pensée dirigée sur votre désir, c'est avoir la bonne attitude. C'est cela qu'il me faut en tant qu'homme, en tant que femme.

Pour moi, la définition du désir va au-delà de la biologie et du système hormonal. Bien que le désir soit souvent perturbé par des périodes de déséquilibre hormonal (grossesse, accouchement, allaitement, problèmes thyroïdiens, menstruations, ménopause, baisse du taux de testostérone, andropause), il est le déclencheur de la pensée érotique et du mouvement vers le partenaire. C'est une attirance, une tentation, le besoin de respirer le même air que l'autre, de se blottir contre lui, de le toucher, de le caresser, de l'embrasser; c'est l'envie de l'entendre raconter sa journée et vouloir partager une activité. Pour moi, le désir va au-delà du simple désir sexuel. C'est comparable au fait de se sentir vivant, d'avoir la joie de vivre et l'envie de rire et de s'amuser. C'est l'attitude du plaisir avant tout. Parler de désir implique automatiquement la notion d'attitude: soit la manière dont on regarde la vie et dont on la conçoit.

Que voulez-vous faire de votre sexualité? Qu'est-ce qu'un couple heureux, selon vous? Que veut dire, pour vous, avoir du plaisir? Quand en avez-vous? Quelle activité vous donne la joie de vivre? Quelle activité réussit à vous faire tout oublier et vous revigore? Quelle est celle qui vous allume, qui vous *turn on* et vous stimule? Pensez-y! Trouvez-en une! Quand sentez-vous que votre tête, votre cœur et votre âme sont en harmonie? Désirer, c'est revenir à soi et se demander ce qu'il faut faire pour retrouver le sourire et égayer nos journées. Le fait de pratiquer cette *activité plaisir* est un premier pas dans la bonne direction. Vers une attitude vachement plus égoïste!

Regardez autour de vous et vous reconnaîtrez rapidement ceux qui semblent détenir le contrôle sur leur désir. Ils ont le regard lumineux, ils se tiennent droit et ils sourient à la vie. Les autres ont le regard sombre, se tiennent le dos courbé et sont constamment préoccupés. Lorsqu'on leur pose la question «Êtes-vous heureux?», ils ne savent quoi répondre. Ils attendent que la solution vienne d'une circonstance extérieure. Au mieux, qu'un miracle se produise. Parce qu'en eux-mêmes, ils se voient sans ressources. J'exagère à peine.

Les gens qui consultent pour une baisse de désir veulent avoir un truc ou une méthode extérieure à eux; une recette. Ils souhaitent que quelqu'un prenne leur problème en charge. Ils veulent que leur désir revienne comme par magie. Pour les couples ayant déjà connu la passion et une sexualité intense où la pulsion érotique atteignait un sommet, il sera plus facile de trouver des moyens et de préparer les conditions gagnantes pour reproduire des instants magiques et retrouver une certaine adrénaline, puisque cela a déjà existé. À ce propos, un homme me mentionnait ceci : «À nos débuts, ma conjointe me faisait un film porno maison filmé avec une caméra de surveillance. Elle enregistrait le tout sur un DVD pour que je puisse regarder les images sur mon ordinateur portable. C'était absolument génial et follement excitant ! Maintenant, nous sommes à des années-lumière de ces moments euphoriques. C'est comme s'il n'était plus nécessaire de nous séduire. Nous venons de passer à travers trois années terribles : deuil, déménagement et traitement contre le cancer… Ouf ! J'espère voir la lumière au bout du tunnel bientôt…» J'ai choisi cet exemple, car il illustre parfaitement des débuts extraordinaires où le désir était aisément au rendez-vous. Oui, la vie nous envoie des épreuves, mais qu'en est-il de la motivation de ce couple ? De son implication ? Ils sont tout de même demeurés les mêmes personnes avec leur nature érotique. L'anti-madone avait séduit son doberman. Ils se sont apprivoisés. S'ils veulent s'en sortir, retrouver leur dynamique sexuelle et revigorer leur relation, ils doivent se reconnecter avec leur nature profonde et leur plein potentiel. Mais cela ne s'exprimera peut-être pas par un film porno maison. Il n'en tient qu'à eux de relever le défi et de trouver ce qui correspond le mieux à leur désir actuel, à ce qu'ils ont envie d'exprimer *ici et maintenant*.

Mon but ultime, en vous parlant des personnalités sexuelles et de la recherche de votre désir, est de vous responsabiliser. Être adulte, c'est être responsable. Vous avez des droits et des privilèges. Faites-les valoir. Telle est la meilleure attitude. C'est la plus grande différence par rapport à l'enfance. Un enfant est totalement dépendant de ses parents. Il n'est pas libre, il n'est pas affranchi. Une fois adultes, nous sommes libres de nos pensées, de nos actes et de nos agissements. Nous ne pouvons plus compter sur nos parents pour penser et agir à notre place. Il nous faut agir

par nous-mêmes. Nous sommes responsables de notre vie.
Je dirais même plus. Nous sommes responsables :
- de notre qualité de vie ;
- de notre qualité de vie érotique ;
- et de notre qualité de vie conjugale.

Il faut être responsable de nos vies comme peut l'être
un chef d'entreprise, un dirigeant qui cherche des outils
à ajouter dans son coffre à outils. Il veut que celui-ci soit
bien garni pour assurer la bonne marche de l'entreprise et
relever des défis. Il ne subit pas et ne se laisse pas abattre,
il affronte, trouve des moyens et réagit. J'aimerais que vous
deveniez un peu plus le chef de votre entreprise. Plus vous
développerez cette attitude, plus vous vous ferez une belle
vie : une vie à votre image, selon vos besoins. Ce n'est pas
le voisin qui vit votre vie, c'est vous.

Permettez-moi une autre précision. Il n'y a rien de pire,
dans une vie de couple, que de voir son partenaire attendre
et ne rien faire pour remédier à une situation problématique. Si votre partenaire souffre d'une baisse de désir et
n'initie plus rien parce qu'il n'a tout simplement plus la tête
au sexe, et qu'il se laisse envahir par une multitude de préoccupations, **insistez et demandez du changement**. Dites-
lui à quel point la situation vous fait souffrir et vous décourage. Que s'il est en couple avec vous, il doit se soucier de
combler vos besoins. Être en couple, ça nécessite de combler des besoins qui sont différents des nôtres.

Évidemment, votre partenaire n'existe pas que pour satisfaire vos besoins, mais il doit s'en soucier. Parce que c'est
vous, et que vous êtes important à ses yeux. **Le désir a besoin
d'un regard admiratif envers l'autre. Vous admirerez
l'autre davantage s'il initie, innove, propose et bouge !
Bref, s'il a la bonne attitude !**

Cela dit, si vous n'admirez plus votre partenaire parce
que vous êtes trop déçu de son absence de réactions et d'implication : réagissez ! Exprimez ce que vous désirez. **Quels**

sont les comportements que je veux voir chez l'autre et qui vont me faire sauter de joie ? Faites-en la liste. Clarifiez votre pensée et vos désirs. Telle est votre responsabilité. Il n'y a rien de pire que de ne rien faire quand vous voyez que l'autre ne réagit pas. C'est comme si vous acceptiez qu'il vous dise que vous n'en valez pas la peine. Personne ne cherche la honte ; on souhaite tous admirer son partenaire. On sait qu'on ne peut changer l'autre, le remettre au monde ou refaire son éducation. Par contre, nous avons tous une capacité d'adaptation. Celle de modifier et d'ajuster certains de nos comportements. Voir cette aptitude chez l'autre est admirable, car s'il veut faire quelque chose, il cherchera les moyens et les outils pour le faire.

Les chutes de désir créent aussi une attente. L'attente que cette énergie disparue revienne comme par enchantement. Pendant cette parenthèse, un vide s'installe entre les membres du couple. Rien ne se passe. Aucune idée, aucun fantasme, aucun rêve érotique et une très faible volonté de changer les choses et d'améliorer la situation. Dans un couple où il y a une discordance sur le plan du désir, lorsque l'un a envie et l'autre pas, un partenaire pousse généralement l'autre à réagir. Il exige du changement parce qu'il veut se sentir désirable et désiré. C'est la dynamique que je viens de vous décrire. Mais dans le cas d'un couple où les deux laissent tomber, le temps passe, les mois et les années s'écoulent sans que rien n'arrive. Les deux conjoints s'endorment petit à petit.

En vieillissant, avoir une bonne attitude signifie également se soucier de sa santé sexuelle :

- consulter un médecin pour faire faire une analyse sanguine complète, dont une analyse du taux d'hormones s'il y a baisse de testostérone chez l'homme, et une analyse du cycle menstruel chez la femme afin de dépister la préménopause, sans oublier l'état de la glande thyroïde ;
- passer un test Pap chez son gynécologue une fois par année, ainsi que des tests de dépistage d'ITS (infection transmissible sexuellement) ;

- faire faire un examen de la prostate;
- faire faire une mammographie annuellement à partir de 40 ans, particulièrement s'il y a des antécédents de cancer du sein dans la famille;
- faire vérifier sa tension artérielle.

Si vous êtes dépressif, soyez à l'aise d'aborder le sujet de la sexualité avec votre médecin. Parfois, ils ne soupçonnent pas l'importance des effets secondaires des antidépresseurs ou des anxiolitiques (médicaments pour régulariser l'anxiété) sur le désir, l'excitation et la capacité à atteindre l'orgasme. Osez aborder le sujet avec votre professionnel de la santé. Il trouvera un meilleur dosage ou une médication mieux adaptée à vos besoins. Responsabilisez-vous pour le bien de votre santé sexuelle, de votre désir et de votre relation. S'occuper de soi et de sa santé, c'est une bonne attitude. Pensez-y!

Toutes les personnes qui consultent pour cette problématique veulent sauver leur relation et éviter la séparation pour «paresse sexuelle» ou «abandon de la cause érotique». Conscientes de leur abdication, elles tentent de trouver une solution afin **de revitaliser et de vitaminer** leur couple, plutôt que d'être continuellement en état de fatigue. La barre est haute, et elles savent qu'elles sont au bas de l'échelle.

Pour certains couples, la relation a débuté par une tiédeur quelconque: sans odeurs, sans saveurs. Un amour tiède et tranquille, sans véritable passion. À vrai dire, ils n'ont peut-être jamais été un « **objet de désir** » l'un pour l'autre. Attention, je mets volontairement le concept d'objet de désir entre guillemets pour ne pas prêter à confusion. Être un objet de désir pour l'autre n'est nullement péjoratif. Prenons la maman et son nouveau-né, ce bébé est toute sa vie, tout son univers. Tout comme le sein qui allaite et nourrit le bébé est considéré par lui comme un objet de convoitise, un objet de désir, puisqu'il lui procure de la satisfaction. Une mère qui comble adéquatement les besoins de base de son enfant sera un objet de désir positif bien investi par son enfant. Il s'agit d'un concept fondamental en psychanalyse. À l'inverse, une mère négligente qui fait fi des besoins primaires de son enfant sera un objet de désir négatif, donc désinvesti par lui. Voilà l'origine de l'expression « objet de désir » : un retour aux sources quant à l'affection reçue dans notre première enfance.

Une fois adulte, cette notion prend tout son sens dans notre positionnement face à l'autre. Sommes-nous en mesure de nous comporter tel un « cul sur deux pattes » ? **Être désirable, désiré et désirant ?** Femmes ou hommes. Pouvons-nous, avec une telle attitude, nous présenter en tant que femme féminine et homme viril ? Avez-vous commencé votre union sur une base sexuelle ou sur une base affective ? Vous êtes-vous charmés, séduits et chassés ?

Étiez-vous de bons amis qui, comme par magie (!), êtes devenus des amants ? Si oui, que s'est-il passé pour que vous changiez de statut ? Comment le désir a-t-il pris forme ? En quoi votre regard sur l'autre a-t-il changé ? Comment, en étant d'abord des amis, êtes-vous devenus des objets de désir l'un pour l'autre ?

Lorsqu'une amitié évolue vers une relation affective, les couples se créent souvent lentement, d'abord par une appréciation mutuelle, beaucoup de complicité et de respect, mais rarement par la manifestation d'un désir ou d'une passion intenses. J'en conviens, cette relation d'amitié-amour contient beaucoup d'ingrédients propices à un réel engagement et à un avenir conjugal durable. Mais ces couples risquent beaucoup plus de souffrir d'une lassitude érotique. Avec ce que vous savez maintenant sur les personnalités sexuelles, qui sont les acteurs d'une telle union ? Si vous avez répondu la madone et son *puppy*, bonne réponse ! Dès le début de la relation, ils sont en carence de désir, cette colle indispensable à l'hétérosexualité, au respect de la nature érotique et à son expression. Tôt ou tard, l'un des deux partenaires jettera l'éponge pour cause d'ennui conjugal. L'un des deux reconnaîtra le manque d'intérêt pour le sexe. Il ne saura pas trop comment exprimer cet état de fait sans blesser l'autre, mais tout ce qu'il cherchera à admettre, c'est qu'ils ne sont pas assez cochons! Ce phénomène est d'une grande complexité pour ces couples: ils doivent devenir un *objet de désir* pour l'autre en agissant en ce sens.

Il est noble de vouloir revitaliser et vitaminer son couple. Mais lorsque vient le moment de parler de la question, cette discussion engendre souvent un réel malaise. Ce sentiment est paradoxal, puisqu'ils sont conscients que le fait de devenir un objet de désir implique d'être désirable et désiré, et d'agir en tant que femme sensuelle et homme viril, mais que cela leur est peut-être inconnu, et donc certainement difficile à concrétiser.

Certaines femmes, quant à elles, ne veulent pas être prises ou considérées comme des objets de désir ou des *girly girls* frivoles, instables et légères, et se refusent par principe l'accès au monde érotique, de crainte d'être démadonisées. Certains hommes ayant peu d'expérience en matière de sexe reconnaissent leur maladresse à faire naître l'homme cochon dominant qui ose une claque sur les fesses de sa partenaire en la pénétrant par derrière avec intensité. Lorsqu'ils voient un homme agir de la sorte au cinéma, ils refusent, par principe, de s'identifier à lui. Pourtant, chez certains de ces hommes, cette volonté existe vraiment et ne demande qu'à être exorcisée pour enrichir l'identité personnelle, sexuelle et affective du *puppy*.

Un tel exorcisme est nécessaire. Il faut le faire pour revitaliser et multivitaminer le désir. Une des stratégies prévues dans un tel cas consiste à établir ce qu'on appelle, dans le jargon thérapeutique, une «**réminiscence d'expériences passées**», soit **puiser dans le passé à la recherche de souvenirs**.

- Est-ce que cette attitude a déjà été présente chez vous?
- Avez-vous déjà eu le désir facile – ce désir surprise et instantané qui agit comme une baguette magique pour transformer un quotidien morose et effacer les rancunes, la morosité et les mésententes?

- Était-ce dans cette relation où vous étiez une déesse assoiffée de l'autre, que cet homme a su faire renaître votre féminité oubliée ?

- Qu'est-ce que cela vous faisait de vous sentir comme un objet de désir ? Vous sentiez-vous revivre pendant ces moments où votre adrénaline était en course folle alors que vous étiez dans l'attente de caresses, trépignant d'impatience pour cet insoutenable délice ?

À quoi vous fallait-il penser pour être une femme désirable ou un homme désiré ? Ne vous fallait-il pas, tout simplement, faire une fouille archéologique en vous-même pour déterrer des trésors et les rapporter dans le temps présent ? Faudrait-il faire la même chose maintenant, puisque votre relation conjugale en a besoin et en vaut la peine ?

Ces souvenirs sont en vous et, bien qu'ils évoquent des réalités qui ont existé à un autre moment de votre vie, dans un autre lieu et avec d'autres personnes, ils sont en vous et sont contrôlés par vous. À vous de les puiser et de les moderniser pour faire surgir de nouvelles idées en fonction de ce que vous vivez présentement. Il est d'ailleurs plus facile de puiser dans l'expérience que d'inventer du nouveau matériel. Ce que nous avons déjà fait, nous pouvons le refaire. Les ingrédients sont connus. La route est déjà tracée.

Pour les couples amis, sans passion et fortement éprouvés par ce vide érotique, l'absence de désir représente un réel défi et sera difficile à solutionner. Cet attrait sexuel n'a jamais vraiment été au rendez-vous, mais il ne faut pas que le couple se décourage, car il y a des moyens pour arriver à cultiver ce désir. Il ne s'agit pas seulement de changer son regard sur soi (pour apercevoir la face cachée de sa personnalité sexuelle, celle qui est restée paralysée), mais de développer une certaine gymnastique érotique mentale. La réminiscence d'expériences passées peut être utile pour démarrer cette gymnastique érotique. Nous verrons plus à fond, au chapitre 4, d'autres enjeux de certaines dynamiques conjugales favorables ou non à l'expression du désir.

La baisse de désir sexuel est un beau défi. Elle encourage à l'introspection. Encore aujourd'hui, dans mon cabinet de sexologie, la baisse de désir fait partie des problématiques personnelles et relationnelles qui m'intéressent le plus, puisqu'elle est multifactorielle, tout comme l'infidélité et ses enjeux, qui sont pour moi les difficultés les plus captivantes et stimulantes à traiter. Elles invitent toutes à la créativité en exigeant un changement auprès de ma clientèle. Qu'est-ce qui ferait émerger un état de désir? Le désir est tellement complexe et variable d'une personne à l'autre, qu'aucune recette miracle n'existe. Ce qui éveille une sensation pour l'un et le titille peut être un éteignoir pour l'autre. Complexe, le désir est un état d'esprit et une attitude globale sur l'appétit de vivre. L'ensemble de ma sexothérapie pour le traitement de la baisse de désir est un travail sur l'attitude: devenir créatif par le fantasme, l'imaginaire et la visualisation de certains contextes érotiques ou coquins qui permettent de saisir les occasions conjugales en ouvrant la porte de l'intimité pour bien asseoir le désir et se donner le goût d'agir.

La perte d'intérêt envers la sexualité et l'intimité du couple nous renvoie à l'école de la vie, en nous faisant **redevenir l'élève de notre sexualité**. Elle implique un regard différent sur nous-même avec, en plus, l'impératif d'enrichir notre personnalité sexuelle par ses deux facettes en les ajustant en fonction de notre réalité.

- Qu'est-ce que ressentir du désir? En ai-je au moins une idée?
- Qu'est-ce que cet état me procure, sur les plans physique, psychologique et génital?
- De quoi ai-je envie? Qu'est-ce qui me fait réagir et vibrer? Qu'est-ce qui m'allume et me fait me sentir vivant?
- Quels seront le contexte et l'ambiance nécessaires à l'éclosion de mon désir?
- De quel type de partenaire ai-je envie? Quel est celui qui me procurerait le plus de plaisir et de sensations?

- Qui, dans mon passé, a réussi un tel exploit ? Pourquoi cette personne précisément ? Grâce à quoi ? Que vivais-je, à cette époque ? Quels étaient mes besoins ? Mes attentes ? Ma personnalité ? Comment ai-je fait pour me permettre de me trouver dans cet état d'esprit et dans cette prédisposition physique ? Dans cette capacité à m'abandonner ?

Devenir *l'élève de sa sexualité* implique de se donner la peine de répondre à ces questions en se regardant autrement afin d'en apprendre encore sur soi. Redevenir fasciné par soi, ça vaut la peine ! Quand tout baigne, on ne prend pas le temps de se questionner, mais quand la baisse de désir exige une pause, une redéfinition de soi-même est nécessaire. C'est comme de devoir rédiger son propre manuel d'utilisateur. Qu'est-ce que ça me prend pour fonctionner ? En comparaison, lorsqu'on fait un voyage sur une longue distance, il faut établir un itinéraire pour savoir quelles routes emprunter, où manger, où dormir, quels arrêts faire pour prendre des photos, quelles sont les attractions touristiques incontournables, quels sont les produits locaux à se procurer, etc. Le désir nécessite le même processus, et nous sommes tous capables d'y accéder si nous nous en donnons la peine !

La bonne attitude visée réside dans la recherche de la satisfaction de nos besoins. L'ingrédient à ne pas oublier est la détermination qu'on mettra à satisfaire nos besoins, ceux qu'on cherche à faire valoir et à exprimer par la suite. Il faut d'abord avoir la volonté de les connaître.

Vous croyez avoir perdu votre désir ? Vous en êtes responsable. À un moment de votre vie, vous avez abandonné la partie et vous avez cessé d'y croire. Dans votre tête, le petit hamster est devenu paresseux et il engraisse, car il ne fait plus sa gymnastique érotique. Il a cessé de courir dans sa roue à idées et à projets. Il a perdu le goût de le faire. Il reste confortablement installé sur sa chaise longue en attendant un miracle. Vous aurez compris que la mauvaise attitude est la procrastination, la passivité, la résignation, la crainte de ne pas être capable et la peur de ne pas réussir. Les gens croient qu'il vaut mieux un malheur connu qu'un bonheur inconnu.

Vus de l'extérieur, les gens qui éprouvent une baisse de désir semblent former des couples heureux et harmonieux. Ils ont l'air bien ensemble, se respectent, s'entraident, collaborent et sont des parents hors pair. Ils forment une belle équipe! La vie continue, mais leur vie sexuelle est sur la glace. Les voisins ne peuvent soupçonner que rien ne se passe sous la couverture. Pourquoi avoir laissé tomber? Pourquoi avoir perdu le goût de séduire? Pourquoi se comporter en colocataires plutôt qu'en homme et en femme? Où en est l'hétérosexualité: dans le coma ou juste tenue pour acquise? Qu'est-ce que ça prend pour retrouver le goût de faire l'amour? Que faut-il que l'autre dise ou fasse pour stimuler davantage? Réfléchissez-y. Faites comme le hamster qui entre dans sa roue. Partez et marchez lentement, mais entrez dedans. Premier pas de la gymnastique érotique: se poser des questions!

Ensuite, regardez votre mode de vie et questionnez-le. Correspond-il encore à vos besoins? Avez-vous du plaisir ensemble, des projets, des activités communes? L'objectif principal d'un couple est d'avoir des projets à court, moyen et long termes: ce soir, le week-end prochain, la semaine suivante, les mois à venir. N'allez pas trop loin en planifiant d'avance votre retraite en motorisé. Revenez à une réalité plus près de vous. Celle du quotidien. Parce qu'à regarder trop loin, on s'éloigne de notre réalité présente. Regardez-la attentivement. Agissez. C'est ce qui nous garde vivants et qui donne du sens à notre union. Agir ensemble, c'est se projeter vers un avenir planifié. C'est le chemin idéal vers le désir. Surtout si les deux membres du couple sont motivés et intéressés par le projet. Et non si l'un des deux est le «gentil organisateur du Club Med» qui doit motiver l'indécis. Le projet qui se veut énergisant devient alors énergivore et source de frustrations, quand on fait cavalier seul. L'euphorie de la concrétisation du projet doit se faire à deux, avec une motivation commune. C'est la meilleure attitude qui soit !

Les membres d'un couple me disaient qu'ils se kidnappent l'un l'autre chaque dimanche pour faire une activité. Pour rompre avec leur routine de l'épicerie, de la planification des repas de la semaine et des achats divers, ils ont décidé de stimuler leur créativité pour surprendre et étonner leur partenaire. Tout, pour eux, devient une source d'inspiration. Que ce soit l'actualité, des idées évoquées par d'autres ou ce que le partenaire rêve de faire depuis belle lurette, il faut le mettre en pratique, et maintenant. Que ce soit pour aller au planétarium ou au Biodôme, aller visionner un film en 3D, aller glisser, louer un chalet, acheter des raquettes pour en faire au parc un soir de semaine, essayer un nouveau restaurant, visiter un marché et préparer une recette à deux, faire du tourisme en ville ou planifier une escapade à New York, ce *kidnapping autorisé* les sort de leur zone de confort et de leurs repères habituels. Le fait de vivre l'activité les anime, crée un souvenir et les encourage à poursuivre l'aventure. Cette motivation déclenche une excitation. C'est la meilleure attitude possible. Je ne suis pas en train de vous proposer de tourner un film pornographique maison. Pour retrouver le désir, il faut revenir à la base vivante du couple. Le plaisir d'être ensemble : bougez ensemble, même debout et habillé. Il faut avoir le goût de se retrouver comme deux adolescents découvrant le monde en mangeant des hot-dogs et en allant au ciné-parc… N'oubliez pas les séances de *necking* !

Ces activités planifiées augmentent le degré de satisfaction relationnelle, une condition *sine qua non* au désir. Mais attention, l'idée n'est pas de faire des sorties pour faire des sorties. Le but est d'enclencher une gymnastique érotique qui se cultive dans le mouvement et dans l'action. Oui, les sorties vous tirent du cadre confortable et sécurisant du « on ne fait rien et on reste à la maison ». Au cours de votre activité, vous échangez, vous écoutez, vous émettez vos opinions, vous vous regardez, vous riez et vous vous mettez sur votre trente-et-un pour l'autre. Il se peut que vous soyez étonné par l'autre ou par un aspect qui vous était inconnu jusqu'à présent. Tant mieux, c'est génial de se redécouvrir ! C'est un excellent pas dans la direction du désir : l'activité et les échanges qui s'ensuivent contribuent à l'augmentation de la satisfaction relationnelle. Celle du plaisir passé ensemble.

Autant le désir a besoin de moments de contemplation passés simplement à se regarder, à discuter ensemble et à s'écouter, autant le désir aime le manque. Complexe, je vous l'avais bien dit ! Quel genre de semaine passez-vous ensemble ? Avez-vous des horaires de travail compatibles et êtes-vous toujours ensemble, ou l'un de vous deux a-t-il un horaire rotatif et avez-vous peu de temps à passer ensemble ? Est-ce que l'un de vous doit voyager pour son travail ?

On dit que le sentiment amoureux se bâtit autour du temps passé ensemble, parce que c'est sécurisant et confortable, mais également parce que le désir carbure aussi parfois à la distance et au manque. Le fait d'avoir le même horaire peut être pratique pour l'organisation d'une vie de famille, mais les horaires différents ont leur charme. Je crois qu'il n'y a rien de mieux que de vivre avec une personne qui travaille selon un horaire variable (les infirmières, les policiers, les pompiers, les ambulanciers…). Le mot variable sous-entend l'absence de routine prévisible. C'est dans ce genre de contexte que l'un manque à l'autre, et inversement. On a davantage le goût de se réserver du temps de qualité. On prend le temps de planifier à l'avance les plages horaires communes et les soirées en tête-à-tête. Idéal non seulement pour les personnes indépendantes, mais aussi pour avoir la possibilité de désirer à distance. L'autre jour, lors d'une consultation conjugale, l'homme disait : « Je dois quitter quelques jours pour offrir une formation dans le cadre de mon travail. Je suis toujours mal à l'aise d'avoir à partir et

de laisser ma femme seule avec les enfants à la maison.
Je me sens coupable comme si je partais en récréation et
que je n'assumais pas mes responsabilités de père.» Et sa
femme de répondre : «Mais moi, je suis heureuse quand tu
t'en vas. Je me fais une joie de m'organiser du temps seule,
et je suis parfaitement capable de gérer temporairement la
vie de famille. J'aime te voir en pleine préparation, alors que
tu mets tes effets personnels dans ta valise. J'aime penser
à toi pendant ton absence, et je suis emballée à l'idée de
te retrouver. J'aime cette respiration conjugale. Ça change
notre routine et me permet d'être autre chose que ta colocataire ou celle qui paie la moitié de l'hypothèque, tout en
étant la mère de tes enfants. Cette distance me ramène à
moi comme amoureuse, comme ta blonde, ta femme. Ça me
fait t'apprécier davantage.» Autant sa culpabilité illustre sa
loyauté envers sa famille, autant son départ est pour elle
un ingrédient important à son désir. Une fois qu'il a verba-
lisé ses inquiétudes, et qu'elle l'a rassuré, il peut partir en
paix, car il la sait ni démunie ni débordée, et pleinement la
femme qui espère son homme et qui prend aussi le temps
de fantasmer.

Cette distance est une composante de la gymnastique
érotique. L'éloignement change la structure conjugale habituelle et nous permet de voir l'autre de loin. Il n'y a rien de
pire que la fusion, où nous ne formons qu'une seule entité.
Il est dommage de ne pas avoir de recul face à l'autre pour
voir son individualité. La distance nous porte à réfléchir
à notre désir et à fantasmer, soit se faire une image d'un
certain futur, si l'autre est parti pour un voyage d'affaires :
«Qu'est-ce que l'autre fait, avec qui passe-t-il ses soirées,
à quoi ressemble sa chambre d'hôtel et que mange-t-il au
restaurant ? Et si j'étais là, que ferions-nous ?» Ces questions agissent à titre de déclencheur du désir et des fantasmes, et non d'une surenchère de scénarios d'horreur et
de jalousie. Cette insécurité causée par la situation qui nous
échappe – puisqu'on ne contrôle pas tout à distance –, est

stimulante pour le désir. Elle rappelle les débuts d'une relation de couple alors qu'on ne se connaissait pas bien.

La distance et le manque de l'autre sont deux sphères importantes du désir. De même que l'insécurité du fait de ne pas savoir comment l'autre meuble son temps et qui il fréquente. Cette sensation nous tient en haleine et nous fait penser à l'autre en nous empêchant de le tenir pour acquis. La prévisibilité est une position confortable. Tout le contraire de l'insécurité. Je ne parle pas d'angoisse et de paranoïa, mais d'une insécurité due à un mystère que nous ne pouvons pas contrôler. Ce sentiment dont on veut se débarrasser au début d'une relation parce qu'on cherche à clarifier notre statut conjugal pour enfin (!) passer à une autre étape : celle de la sécurité, de l'engagement, du confort et de la routine. Mais abolir l'insécurité, c'est anéantir nos désirs, notre intensité érotique et nos fantasmes. L'insécurité nous positionne sur le bord de notre chaise, prêt à agir et à réagir. C'est là tout le paradoxe. Lorsque j'entends des femmes me dire qu'elles veulent de la stabilité, j'ai le goût de leur répondre qu'elles doivent profiter de la période instable et angoissante pour bien installer et confirmer leur désir. C'est une belle période de créativité où l'on veut être tout sauf ennuyeux pour l'autre. On fait des projets. Oui, c'est un constant recommencement, mais c'est la beauté de la chose. Une fois la stabilité bien ancrée, on ne met plus d'énergie à établir des projets. On surfe sur la routine et la petite vie tranquille. L'instabilité est stimulante, inspirante et donne le goût d'innover. La femme infidèle a mille et une idées pour la prochaine rencontre érotique avec son amant. Elle ne connaît pas son mode de vie et ne partage pas son quotidien. Elle sait qu'elle le reverra. Quand exactement ? Elle ne peut jamais le prévoir précisément. C'est cette absence de routine qui est inspirante. Inquiétante, certes, angoissante sans doute, mais stimulante. Elle vibre déjà à l'idée de cette prochaine rencontre et prend le temps de fantasmer sur ce qu'elle aimerait vivre. Cette instabilité la fait se montrer sous son plus beau jour, parce qu'elle doit vivre pleinement l'instant lorsque l'occasion se présente.

La question du désir, dans la dynamique du couple infidèle, implique des ingrédients comme la distance, le mystère, l'insécurité. Le fait de ne pas cohabiter, le manque de connaissance de l'autre et l'absence de structure conjugale ou de routine pendant les moments passés ensemble alimentent l'incertitude face à l'autre, inquiète et intensifie les rencontres érotiques. Je reviendrai plus à fond sur l'infidélité au chapitre 5, car il s'agit d'une problématique riche en complexité et d'un haut lieu de glissement vers une mauvaise attitude…

Il est difficile de désirer ce qu'on a déjà. C'est possible, mais moins intéressant, puisque nous avons l'accessibilité et la disponibilité. Un homme me mentionnait ceci : « On dirait que mon *chum* ne me désire plus. J'ai su, par ses amis, que lorsqu'il était célibataire, c'était une bombe sexuelle cumulant les conquêtes, mais depuis quelque temps, je le sens paresseux envers moi. Si je ne parlais pas de sexe, il n'en parlerait pas de lui-même. Je suis peut-être trop envahissant pour lui. Je suis son premier copain stable avec qui il habite. Peut-être que ça change des choses dans son désir. » Effectivement, si cet homme agit comme s'il était un buffet chinois où tout est accessible à volonté, donc en offrant beaucoup de lui-même, son partenaire se sert une fois, mange, digère et attendra avant de se resservir. L'autre est devenu trop disponible. Peut-il agir autrement et se voir davantage comme un restaurant à la carte, avec des heures d'ouverture et de fermeture ? C'est une métaphore, mais je suis convaincue que vous en saisissez toute la portée.

Souvent les célibataires se servent de la sexualité génitale pour combler des besoins psychoaffectifs de réconfort et de reconnaissance par la présence de l'autre. C'est d'ailleurs ce que plusieurs mentionnent : « Je ne cherche pas de partenaire sexuel, mais si au moins je pouvais souper en bonne compagnie, dormir collé et faire des projets pour la fin de semaine… » C'était peut-être le cas de son conjoint avant son arrivée dans sa vie. Or, la cohabitation et la sécurité du couple stable procurent cette présence au quotidien. Plus besoin de passer par l'acte sexuel pour satisfaire des besoins affectifs. On y a accès. Et la paresse s'installe.

Voilà pourquoi j'affirme qu'il est difficile de désirer ce qu'on a déjà. Il faut casser le sentiment d'être tenu pour acquis pour redevenir vivant sur le plan du désir. Redevenir un objet de désir pour l'autre, alimenter le mystère et la distance pour que le mouvement se fasse sans pilote automatique, et toujours garder en tête notre personnalité sexuelle dans son ensemble.

Les femmes qui veulent stabiliser rapidement le statut de leur nouvelle relation sont grugées par l'insécurité. Elles veulent réduire la distance avec l'autre en créant une espèce de fusion, pensant y trouver enfin le confort, alors qu'elles se tirent dans le pied royalement. Elles anéantissent l'ingrédient fondamental de leur désir et nuisent à tout leur potentiel érotique. Quel dommage ! Deux siamois ne peuvent se désirer. Ils sont continuellement ensemble et se tapent sur les nerfs. Comme si l'autre était son second poumon lui permettant de mieux respirer. La fusion est le désir de ne constituer qu'une seule personne. N'oublions pas que le désir aime l'unicité et la spécificité de chacun des partenaires, c'est ce qui agrémente et enrichit la relation. Leur essence aura les couleurs propres à chacun. C'est essentiel. La distance entre les deux, l'espace qui nous éloigne, le mystère qui nous entoure, bien qu'il nous rende insécure, est le carburant par excellence. Servons-nous-en à bon escient pour ne pas se fondre l'un dans l'autre. Voir la différence de l'autre et s'en enrichir est un autre pas dans la gymnastique érotique. C'est comme se comparer à un restaurant à la carte avec des heures d'ouverture et de fermeture. C'est imposer ses limites. C'est imposer sa façon d'être et de faire. C'est aussi mieux exister dans la relation.

Une autre croyance populaire veut que la meilleure façon d'exister dans une relation réside dans la fréquence des relations sexuelles. L'idée de la fréquence sexuelle établie à trois fois par semaine a longtemps été entretenue dans la conscience collective. Et je dirais même qu'elle persiste encore. On croit que ce nombre magique permet la satisfaction sexuelle, que c'est une fréquence acceptable qui garantit au couple une qualité de vie érotique. Qu'est-ce que ça sous-entend ? Qu'aux deux jours il y a un *désir* de rapprochement ? Le désir n'arrive pas tout seul. Il doit y avoir des gestes, des paroles, un comportement, une attitude pour que le couple fasse place à l'intimité aux deux jours dans sa vie trépidante. L'homme et la femme de ce couple s'organisent, font preuve d'une volonté, d'une motivation et d'une implication personnelle. Pour progresser, ils pensent à l'intimité et se conçoivent de manière érotique. Je sais, vous allez dire que trois fois par semaine, c'est utopique. Et vous avez raison. J'emploie ce nombre à titre de référence, puisqu'il revient souvent dans les sondages. De façon plus réaliste, les sondeurs devraient poser leurs questions sur « la fréquence sexuelle souhaitée et rêvée » et non sur la fréquence sexuelle réelle.

En fait, je crois que le nombre de relations sexuelles ne révèle pas tout. Nombreux sont les gens qui font l'amour par obligation, par devoir conjugal. « Je le fais pour lui faire plaisir, parce que moi, je n'en ai pas envie. » Un chiffre n'est pas un indicateur du bonheur d'un couple. Vous serez d'accord avec moi qu'il vaut mieux faire l'amour avec son partenaire lorsqu'il en a envie que l'inverse. Bien que le nombre de relations sexuelles n'indique pas l'épanouissement relationnel, il illustre tout de même la volonté de s'occuper du « nous ». Il démontre le nombre de fois que l'on se réserve du temps pour le plaisir et qu'on ferme la porte de notre chambre afin qu'elle devienne un havre de paix, un lieu culte bien à nous pour célébrer et se faire du bien en redevenant amant et maîtresse, deux êtres désirables et désirés. Je sais, le sexe ne rapporte ni argent, ni gloire, ni diplôme, ni bonus de fin d'année, mais il apporte davantage sur le plan des sentiments amoureux. Il contribue à notre **compte d'épargne affectif**.

Bien avant de connaître le nombre de relations sexuelles qu'il nous faut pour être de bonne humeur et pour régulariser nos degrés de tension personnelle et de frustration, ainsi que notre besoin de nous rapprocher de l'autre afin de confirmer notre sentiment amoureux et notre désir d'atteindre l'orgasme, il nous faut connaître les ingrédients nécessaires à notre capacité de désirer. C'est l'attitude qu'il faut rechercher. Il ne faut pas tâcher de faire son devoir conjugal parce que les sondages disent que trois fois par semaine nous épargnent une séparation.

Ce désir est fragile. Il est facilement mis de côté. Voilà pourquoi c'est un motif fréquent de consultation dans nos sociétés de haute performance, de marché du travail précaire et compétitif où l'on nous demande de fournir davantage d'efforts pour un moindre salaire, et souvent sans reconnaissance ou sécurité d'emploi, et où on demande à notre partenaire de nous fournir une satisfaction relationnelle et sexuelle. Tout cela chez la même personne. Et il nous faut prendre du temps pour nos enfants, nos amis et nos proches. S'occuper de nos loisirs et faire face à nos responsabilités. Existe-t-il un magasin qui vend du temps ? Pas encore. Il nous faut constituer nous-mêmes notre banque de temps à travers un compte d'épargne affectif.

Nous subissons de la pression de partout. Et les gens, dont certains sont plus influençables que d'autres, peuvent subir une baisse de désir. Certains me disent : « Je suis tellement enseveli sous les engagements, les responsabilités et tout ce que j'ai à accomplir, que je ne sais plus de quoi j'ai envie et ce qui me fait plaisir. » Alors si la sexualité n'est pas primordiale à notre existence, ces personnes la relégueront aux oubliettes. Mais je garde toujours espoir, car lorsque ces personnes se présentent devant moi, à mon cabinet, c'est que la situation a assez duré et qu'ils veulent agir pour changer les choses. Ils veulent retrouver leur désir. J'examine toujours la place accordée au volet intime dans leur vie personnelle et relationnelle.

Imaginons un pichet d'eau et de multiples plantes à arroser. Le pichet d'eau est notre niveau d'énergie et notre capacité d'investissement. Les plantes représentent les divers aspects de nos vies. Les gens en manque de désir arrosent toutes les plantes avant celle de leur sexualité. Pas étonnant que le pichet soit vide à la fin de la tournée horticole. L'idée n'est pas de mettre cette plante en premier, mais plus proche dans le parcours. Car si on arrose cette plante, elle nous donnera l'énergie nécessaire pour arroser les autres.

Éprouvez-vous toujours du désir pour votre partenaire, malgré toutes ces années ensemble, ou en avez-vous plus pour toutes les autres personnes que vous croisez dans la rue ? Tel est le paradoxe de la nouveauté. Souvent, les gens en couple envient les célibataires et leur liberté sexuelle, et les célibataires envient les gens en couple parce qu'ils ont une présence affective et sécurisante à leurs côtés. On n'est jamais heureux de ce qu'on a !

Pour cultiver un sentiment amoureux, il faut de la sécurité, de la prévisibilité, du confort, une habitude de vie et une routine. Un couple, c'est comme des pantoufles. C'est un chalet, une couverture douce, un feu de foyer et un chocolat chaud. On est bien. Mais ce contexte est tout sauf érotique. Je le répète, le désir aime l'insécurité, le mystère et la distance. On ne se connaît pas et on ne vit pas ensemble. On ne sait pas si nous formons officiellement un couple, d'où l'insécurité. Mais quel tremplin pour se maintenir en haleine ! Il est si facile de désirer et d'espérer ce qui nous manque. La véritable question est : **comment désirer ce qu'on a déjà ?**

Les couples veulent souvent reproduire les sensations de leurs débuts. Mais les débuts sont les débuts ! On apprenait à se connaître et à se découvrir. Le mystère planait entre nous, on ne savait jamais quand serait le prochain rendez-vous, puisque aucune routine n'était établie et qu'on ne vivait pas ensemble. Alors on s'invitait chez l'un ou chez l'autre. On ne dormait jamais au même endroit et il fallait planifier les fins de semaine en fonction de nos autres engagements.

Au début, on avait une vie à soi, des amis, un appartement, des habitudes personnelles, et on ne voyait notre partenaire que lorsqu'on était à notre meilleur. On pensait à l'autre, car notre statut n'était pas clairement défini : «Est-elle intéressée à une relation stable? Veut-il seulement vivre une sexualité passagère avec moi? Suis-je le seul dans sa vie? Voit-il encore son ex? Aime-t-elle ma personnalité? Est-ce qu'il me trouve intelligente? Est-ce que je la fais rire? Est-ce qu'il aime ma demeure? Trouve-t-elle que je cuisine bien? Quelle est l'opinion de ses amis à mon égard? Voudra-t-elle faire du ski avec moi? Veut-il voyager avec moi? Pourrais-je dormir à ses côtés? Suis-je un bon amant? Puis-je avoir un orgasme avec lui? Aime-t-elle mon corps? Suis-je en mesure de m'abandonner? Est-ce qu'elle a envie de me faire de la place dans sa vie?»

Toutes ces questions des débuts où tout est à découvrir chez l'autre facilitent l'état de désir, en plus d'une attitude curieuse et du souci de se montrer à son meilleur. L'objectif est de faire une différence dans la vie de l'autre et de se montrer en confiance et plein d'assurance. C'est la vie, c'est l'énergie et c'est le désir. Vouloir y croire et tout mettre en œuvre pour cela, quelle bonne attitude! Au fil du temps cependant, la paresse découlant du confort nous prend dans ses filets. On perd cet élan de vie, on laisse aller et on laisse faire. Notre pichet d'eau est vidé par les nombreuses plantes qui ne cessent de s'ajouter à notre routine. **On dit être fatigué ou trop occupé. La fatigue est souvent un prétexte qui veut dire bien plus en réalité.** On se dit fatigué, donc non désirable et surtout incapable de désirer. C'est ce qui arrive au fond quand on est déçu de quelque chose au sein de la relation ou en nous-même. Car si on rencontrait soudainement une nouvelle personne, l'énergie vivante du désir reviendrait comme par enchantement. Bizarre, vous ne trouvez pas? Un petit examen de conscience s'impose. Ce que je veux expliquer, c'est que la capacité de désirer est en nous. Il nous faut découvrir la bougie d'allumage. Retrouver notre envie de fantasmer, se créer une banque d'images plaisantes dans notre tête, tels un album photos ou des diapositives qui inspirent une sensation ou l'envie d'une caresse.

Que signifie se mettre en état de désir ? Cette question m'est souvent posée, à mon cabinet, par des personnes qui s'interrogent sur leur capacité à entrer en relation et à vivre une intimité. Voici ce que l'une d'elles me disait : « J'arrive à la trentaine et je n'ai jamais connu d'homme. J'ai peur de l'intimité, de ne pas pouvoir faire confiance pour m'abandonner, peur que l'homme ne se soucie pas de moi et ne pense qu'à son plaisir, qu'il me brusque et ne respecte pas mon rythme. L'autre jour, à une fête d'amis, un bel homme m'a frôlé le bras. Je me suis braquée instantanément et je me suis retirée. Qu'est-ce qui m'arrive, pourquoi j'agis ainsi ? »

Cette femme reconnaît parfaitement l'ensemble de ses peurs. Elle regarde la vie à travers des lunettes de « film d'horreur », et non avec une paire de lunettes roses. Les lunettes roses permettent de préciser ce qui est souhaitable, agréable, aimable, confortable et stimulant. L'œil qui regarde à travers des lunettes roses est un œil de désir. Désir et peur sont deux concepts apparentés. Comme le sont le pouce et le majeur, deux doigts de la main n'ayant pas les mêmes fonctions. Désir et peur sont cousins. Souvent, ce qu'on désire le plus peut nous faire très peur. Cet exemple l'illustrait parfaitement.

Une cliente me consulte pour l'aider et l'encourager à aller vers ses désirs. Elle souhaite rencontrer un homme et vivre pleinement sa sexualité. Son désir est toutefois enseveli sous la peur. La peur est son réflexe de prudence. Elle pense à un éventuel partenaire, et sa résistance surgit. Pour qu'elle puisse se mettre en état de désir, elle devra remplacer ses lunettes noires par des lunettes roses. Elle doit s'ouvrir à l'autre, plutôt que de se fermer et de se réfugier dans la peur.

Pour aller de l'avant, elle doit changer sa façon de voir et d'accueillir les choses, c'est-à-dire modifier son attitude et se responsabiliser envers ce qui lui plaît, l'attire et l'enchante. Elle doit se concentrer sur ce qui lui donne de la joie de vivre, sur ce qui la rend femme et sur ce qui la fait se sentir belle, séduisante et désirable. Cette femme n'avait jamais envisagé la vie ainsi, puisqu'elle se faufilait constamment «entre la peinture et le mur».

Cette attitude de «personne invisible» se rencontre aussi chez les hommes qui manquent de confiance dans leurs techniques de séduction. Ils ressentent à la fois un confort à rester invisible, puisqu'il ne se passe rien de risqué, et un inconfort, parce que justement rien ne se passe. Même chose pour les hommes méfiants envers les femmes et maladroits dans leurs tentatives de séduction. Être invisible. Cet état est paradoxal, étant à la fois inconfortable et confortable.

- Confortable, puisque la personne n'a pas à séduire ou à agir en tant que personne séduisante. Elle n'a pas à être dans son corps pour se reconnaître un pouvoir de séduction (ce qu'elle aime de son corps). Elle ne développe pas sa beauté érotique et ne cherche pas à toucher l'autre ou à l'embrasser. Elle n'a pas à interagir ou à user de son charme. Elle reste sur la voie de service de l'autoroute à regarder d'autres couples se former, alors qu'elle demeure célibataire.
- Inconfortable parce que la situation reste inchangée. La personne continue à se demander ce qui cloche chez elle, ou même si elle est intéressante. Elle doute d'elle-même, entretient ses peurs et entretient une faible estime d'elle-même. Elle regarde les autres personnes vivre leur vie, faire l'amour et fonder une famille avec envie. Pour elle, le temps semble s'être arrêté.

Pour se mettre en état de désir, il faut vouloir regarder droit devant. En règle générale, une femme dans la trentaine vit son désir en l'exprimant. Elle sait ce qui lui plaît et elle le démontre. C'est la bonne attitude que d'agir en toute confiance et de savoir ce qui nous allume. La peur paralyse ce processus, même si elle a son utilité, car elle nous permet d'être prudents.

Rappelez-vous vos visites au parc d'attractions, lorsque vous étiez enfant. Je suis convaincue que vous vous empressiez de monter dans tous les manèges. Vous étiez plein d'entrain et de joie de vivre. Vous ne teniez pas en place et couriez d'un manège à l'autre. Vous étiez totalement absorbé par votre plaisir. Bravo, si à l'âge adulte vous avez le même entrain face aux manèges ! Si tel est votre cas, vous avez gardé votre cœur d'enfant et vous comprenez le sens du plaisir ! Cependant, vous êtes peut-être de ceux qui regardent les manèges différemment : « Celui-là me donnera la nausée et celui-là un mal de tête ; je déteste quand ça tourne et je suis sûr que je vais avoir peur… » Enfant, on regardait avec les yeux du cœur : on voyait le plaisir à l'état pur. C'était à l'image de notre enthousiasme. Adulte, notre cerveau a eu toute une vie pour produire des peurs qui nous alertent et nous ralentissent. Assurément, cela amoindrit notre plaisir.

La peur de l'échec est très fréquente chez les gens qui souffrent d'une baisse de désir. À force de se concentrer sur tout ce qu'ils ont à faire, ils perdent de vue ce qui les excite, les captive et les stimule. Un homme me disait justement ceci : « Je suis trop dans ma tête. J'ai peur d'initier quoi que ce soit, car ma dernière relation n'a pas été mémorable. Je suis plus fragile à cause de cette bévue, et en plus, je veux trop bien faire. Je me préoccupe beaucoup plus d'hier que de demain. Je suis conscient de ne pas être suffisamment dans le moment présent. Je ne réussis pas à être spontané. Je réfléchis beaucoup trop. L'angoisse m'envahit alors que mon désir le plus cher est de retrouver mon énergie et mon enthousiasme d'avant. Le moment où j'aimerais le plus me coller à ma partenaire est au réveil. C'est spécial, pour moi, la beauté du matin, et c'est très favorable au rapprochement. Mais je ne provoque rien. Parfois, je sens que mon état progresse, mais je crains toujours de perdre des points et de glisser sur un serpent comme dans le jeu de société Serpents et échelles. »

C'est une erreur que d'attendre le moment idéal et de se priver d'initier une situation. Ce cas clinique est représentatif de plusieurs autres. La peur nous rend immobile. Elle nous empêche d'agir et nous paralyse. L'envie d'atteindre la perfection est également une erreur. La sexualité en général, et surtout le désir, ont d'emblée un aspect brouillon et ne sont pas propices à la recherche de la perfection. **Si vous attendez d'avoir amplement le temps, l'occasion parfaite, le lieu idyllique, l'ambiance cinématographique et d'être propre et fraîchement épilé… vous allez attendre longtemps.** Le moment ne viendra peut-être jamais.

Cet homme doit profiter de son moment de prédilection, soit au réveil. Il doit joindre le geste à l'idée de se rapprocher. Là, il fait le chemin inverse du cerveau à son corps en restant uniquement dans sa tête et en maudissant sa mauvaise performance passée. S'il se concentre sur son envie de se blottir contre le corps doux et chaud de sa partenaire, la caresse viendra. Son corps se lovera sur celui de l'autre, sa main commencera à se balader sur son corps, il sentira une chaleur se diriger vers son bassin, ce qui provoquera une érection.

Tout arrive à point lorsqu'on affirme son désir et que nos pulsions sont bien confirmées. Si nos désirs sont flous, obscurs, la route vers une meilleure attitude sera semée d'embûches. Le geste ne sera pas très assuré non plus. Il faut revenir à la base et préciser nos envies.

- Comment est-ce que j'aime être touché?
- De quoi ai-je envie, comme caresses?
- Quelles sont mes zones les plus sensibles?
- Est-ce que j'aime être embrassé?
- Qu'est-ce que je préfère sentir, sur son corps?
- Comment est-ce que j'aime l'embrasser?
- Qu'est-ce que son corps m'inspire?

Répondre à ces questions est une gymnastique érotique favorable aux fantasmes. Je me représente des images positives et plaisantes, et c'est ainsi que j'installe mon désir. Je l'assois et je lui permets de se déployer dans ma vie parce que je veux bien regarder à travers des lunettes roses.

Les gens qui n'ont pas le désir facile oublient souvent leur beauté érotique. J'ai décrit cette notion au premier chapitre de ce livre, en traitant de l'archétype féminin de l'anti-madone. Celle qui détient un pouvoir de séduction et reconnaît avoir du *sex-appeal* est une femme incroyablement inspirante par l'énergie sexuelle qu'elle dégage. Cette assurance la rend orgueilleuse et fière. Il émane d'elle une profonde sensualité. De l'érotisme. Son corps et sa génitalité sont totalement intégrés, investis et mis en valeur. L'amazone recherche le regard des hommes et s'épanouit grâce à lui. Son magnétisme est envoûtant, comme celui d'une sirène : belle et dangereuse à la fois ! Sa beauté devient alors comme un appât, une force d'attraction. **La beauté érotique est un pouvoir, et il se place aux côtés de pouvoirs comparables, dont la richesse, la célébrité et le prestige.** La beauté attire, elle donne une valeur à la personne. L'homme qui possédera cette femme se sentira un surhomme : un homme doberman suprême !

La beauté érotique est aussi une affaire d'homme. Le doberman en est conscient, et il transpire le sexe ! La beauté érotique va au-delà de la beauté physique et intérieure. Elle expose notre charme. C'est le regard concupiscent postorgasme qui fait prendre conscience des sensations corporelles et du plaisir ressenti par la stimulation des organes génitaux. Il s'agit du regard qu'exprime l'acuité des cinq sens.

Cependant, lorsqu'on perd notre désir, on perd également notre beauté érotique. Bonne nouvelle, on peut la retrouver ! Je vous propose une méthode infaillible pour reprendre possession de cette qualité sublime, celle qui contribue allègrement à votre désir. Celle qui rallume l'étincelle, la joie de vivre, la conscience de votre identité. Avez-vous envie d'essayer ? Alors, pratiquez-vous avec les exercices suivants.

La beauté érotique par le regard allumé

Partout où vous allez, regardez les gens : à l'épicerie, au centre de rénovation, au centre commercial, au bureau de poste, à la banque et dans les files d'attente. Prenez le temps d'observer les gens. Vous n'êtes pas en train de recruter une personne fiable pour arroser vos plantes pendant une absence prolongée, ni une personne digne de confiance pour prendre soin de votre animal de compagnie. Votre regard doit parcourir les visages en vue de trouver la personne la plus « érotisable » pour vous. Regardez-les tous attentivement. Amusez-vous à observer les corps, les postures, les gestes, les attitudes. Qui se distingue du lot ? Lequel des hommes, ou des femmes, selon le cas, que vous voyez embrasseriez-vous ? Quelle personne aimeriez-vous caresser et dévêtir sur-le-champ ? Mesdames, permettez-vous de déshabiller un homme du regard ! Et vous messieurs, quelle femme vous inspire ?

Vous seul saurez que vous avez ces pensées, mais immanquablement, votre regard changera. Vous aurez le regard clair, allumé et brillant. Vous vous sortirez la tête hors de l'eau, au lieu de passer inaperçu et d'être invisible pour les autres.

Faites ce petit détour mental pour le plaisir de vous mettre en état de désir et de vous incarner en tant qu'homme ou femme, pour observer les autres hommes, les autres femmes. Imaginez. La plupart des gens ne pensent pas à ça. Ils font leurs courses en vitesse, concentrés sur leurs tâches. Cet exercice sur le regard qui voit et qui choisit mentalement un objet de désir, vous fait faire un détour constructif, agréable et vivant. Le but est de vous faire porter une paire de lunettes de désir !

La beauté érotique par le podium

La beauté érotique évoque aussi le mannequinat et les défilés de mode. Le podium des beautés. Je fais référence ici aux défilés de Victoria's Secret, la boutique de lingerie américaine.

Selon moi, ce genre d'événement va au-delà de la simple présentation de lingerie. Elle est entièrement une question d'attitude : tout est dans la façon de porter le vêtement, de se tenir et de parader en toute confiance. Les mannequins se savent irrésistibles et terriblement *sexy*, elles en sont conscientes, et ça se voit. Si, en plus, elles sont heureuses et épanouies dans leur vie personnelle, ça irradie de leur regard. Voilà les répercussions de cette conscience féminine. Vous serez d'accord avec moi, rien n'est plus laid qu'une femme qui semble inconfortable dans ses talons hauts, boudinée dans sa robe et embarrassée par son décolleté. Même chose pour un homme qui déteste porter un complet et une cravate. Tout le monde perçoit son inconfort et son désir de retrouver sa vieille paire de jeans confortable. C'est tout sauf élégant et inspirant. Mais une femme qui semble être née avec des escarpins aux pieds et qui pourrait courir avec des chaussures à talons aiguilles, ça change tout. Voyez-vous où je veux en venir ?

Trouver la top modèle de Victoria's Secret en vous ! Entraînez-vous à défiler dans la maison. Imaginez une ligne droite et marchez lentement un pied devant l'autre, les mains sur les hanches et la tête droite. Variez la position de vos mains et l'inclinaison de votre tête. Concentrez-vous sur votre déhanchement, et ce, même s'il ne vient pas de façon naturelle. L'idée est d'intégrer le nouveau mouvement en vous disant que vous êtes la star de la soirée et que vous faites tourner les têtes ! Vous détenez le pouvoir absolu. Ensuite, faites-le vêtue de lingerie fine, en vous imaginant avec les plus beaux hommes de la planète qui vous observent et vous désirent. Regardez-vous dans le miroir. À quoi ressemblerait la photo qu'un photographe prendrait à ce moment ? Comment serait l'image captée ? Vous êtes aussi cette femme-là. Une femme en pleine possession de son corps.

Inspirez-vous d'un modèle féminin dans votre cercle d'amies ou parmi les personnalités publiques. Repérez une femme qui a de la grâce, du charisme et qui semble bien dans sa peau et épanouie sexuellement. Une femme qui sait jouer de son charme et titiller le regard des hommes. Plus vous développerez cette conscience de votre potentiel, plus il vous sera facile de regarder l'autre sexe, de lui sourire, d'interagir et de fantasmer. Ainsi, vous existerez. Vous ferez partie de l'événement. Sans peur et en toute confiance.

La beauté érotique signifie aussi de bien porter ses vêtements et de se trouver *sexy*. Regardez les autres et inspirez-vous-en. Usez de votre charme. Servez-vous de votre *sex-appeal*. Savoir qu'on est irrésistible est un ingrédient clé du désir. Il vous faut retrouver la femme fatale et l'homme viril en vous. N'ayez crainte, ces personnages sont bien réels et existent en chacun de vous.

Par ces personnages, on apprécie davantage notre corps. Savoir qu'il peut ressentir, caresser, embrasser, enlacer, pénétrer et jouir est motivant. Notre corps est désirable, et il désire lui aussi. Saisir la beauté érotique de notre corps est la bonne attitude à avoir. Peu importe notre âge, il n'en tient qu'à nous de l'entretenir.

Bien sûr, je vous entends réagir au premier exercice proposé, celui d'observer les gens autour de vous. Si vous avez le *look* « j'ai eu la gastro toute la semaine, je me sens moche et laide », vous n'aurez pas vraiment envie de regarder autour de vous. Vous voudrez terminer l'exercice au plus vite afin de quitter l'endroit sans être aperçu, mais lorsqu'on regarde, il faut accepter d'être regardé. Et pour cela, il est préférable de prêter attention à notre apparence avant de sortir de chez soi. On ne sait jamais sur qui on peut tomber…

Se savoir bien mis et en confiance nous permet de rester digne. De regarder droit devant soi, sans gêne. Certains diront que je suis superficielle en parlant de la tenue vestimentaire, mais l'apparence physique est la première chose que l'on voit chez l'autre : son hygiène, son apparence en fonction de son âge, son goût et son style. Cette apparence physique peut susciter l'attirance, si l'on perçoit chez l'autre une façon toute particulière de porter un vêtement ou d'exhiber une certaine aisance physique ou une grâce naturelle. Je le répète, tout revient à l'attitude, mais un vêtement peut contribuer à l'aisance.

Une beauté érotique cherche un homme qui a la même attitude

Depuis la nuit des temps, la femme érotise la virilité. Elle a désiré le meilleur chasseur de mammouths, le plus habile tailleur de silex, et le mâle alpha. Elle veut un homme respecté et admiré. Celui qui a confiance en ses aptitudes et en ses compétences. Un homme déterminé à regarder de l'avant.

À une certaine époque, j'aurais décrit cet homme comme un capitaine de navire. Un capitaine qui sait naviguer et amener la femme vers la découverte d'autres horizons. Mais maintenant que la femme est de plus en plus autonome et qu'elle occupe des postes de direction comportant autant de responsabilités que ceux des hommes, elle veut pouvoir compter sur lui, malgré son autonomie et son autosuffisance. Elle aspire à rencontrer un homme ayant un ego assuré et une virilité équilibrée. Elle veut atterrir dans un endroit adéquat, tout comme une montgolfière qui revient au sol après son parcours. Ce qui pourrait la mettre en état de désir est de savoir que l'homme devant elle a les aptitudes d'un capitaine : viril, confiant, mature et surprenant. L'homme a donc tout avantage à éveiller le doberman en lui.

Et je dirais même davantage, car pour atteindre un niveau supérieur de sensualité et de conscience de sa *mâlitude*, j'ai envie de comparer cet homme à un danseur de tango, où le rôle de l'homme y est bien défini : c'est lui qui guide la femme ! Par sa posture, ses pas et la position de ses mains sur le corps de la femme, il est celui qui mène le bal et dirige la femme en toute confiance. Cet homme qui sait danser a des mouvements de bassin souples, et tout bouge en lui, telle une femme qui parade sur un podium. Son corps vibre au son de la musique. Ne dit-on pas qu'un bon danseur est un bon amant? Quoi de plus évocateur que des mouvements de bassin savamment exécutés?

La beauté érotique se développe dans le regard porté sur les autres et dans la conscience de notre corps érotique. Cette nouvelle attitude enrichit notre capacité à désirer. Je mentionnais au début de ce chapitre que le désir est avant tout un état d'esprit. Qui dit état d'esprit, dit capacité à imaginer, à fantasmer.

Se mettre en état de désir, c'est comme se préparer pour une fête

Lors d'un événement spécial, on veut savoir qui sera présent, s'il s'agit d'une soirée chic ou détendue, et surtout ce qu'on doit porter. Dans notre tête, la fête débute bien avant l'événement lui-même. Tout réside dans l'expectative et dans le fait d'avoir hâte d'y aller. C'est la même chose avant un spectacle. Si vous avez acheté vos billets plusieurs mois à l'avance, vous serez impatient d'y assister, et la semaine avant la date de l'événement, vous aurez de plus en plus hâte. Lorsqu'on souhaite qu'une rencontre charmante aille plus loin et qu'un rapprochement se produise, on érotise l'attente. On ne la subit plus en se morfondant.

ÉROTISER L'ATTENTE, C'EST ÊTRE ENVAHI PAR UNE FRÉNÉSIE

Comme les enfants qui, dès le 1er décembre, attendent Noël avec impatience, on érotise l'attente du moment tant désiré. Enfant, ma marraine m'avait acheté un calendrier de l'avent. Je m'en souviens comme si c'était hier. Chaque soir de décembre, j'avais terriblement hâte d'ouvrir la petite porte du jour pour manger le chocolat qu'elle cachait. J'érotisais – en quelque sorte – l'attente du grand jour. Même chose le soir du réveillon, alors que ma mère et moi nous rendions ensemble à l'église. Puisque chaque année mon père tardait à se préparer, ou était atteint d'un malaise, ou sortait avec nous, mais prétendait avoir oublié quelque chose à la maison, il nous rejoignait donc toujours plus tard. Quelle n'était pas ma surprise, au retour de la messe, de découvrir mon bas de Noël débordant de bonbons et de surprises venant du père Noël. Année après année, « j'érotisais » l'attente pendant la messe. J'avais hâte de découvrir mon trésor à mon retour. Plus vieille, j'ai compris le subterfuge de mon père, qui voulait insuffler la magie de Noël dans la famille.

Se mettre en état de désir signifie aussi d'avoir la capacité de réfléchir à ce que l'on souhaite vraiment. C'est aussi ça, fantasmer : se projeter dans un futur pas trop lointain et en visualiser les images, le contexte.

Laissez-vous aller en répondant sans aucune censure à la question suivante : quelle serait pour vous la vie sexuelle parfaite, sans embûches, sans problèmes, sans soucis, sans pudeur et sans peur ? Songez à cette vie sexuelle parfaite dans les moindres détails, mais surtout à une vie où vous vous sentiriez parfaitement heureux. Quels en seraient les ingrédients essentiels ? Comparez cette vie sexuelle parfaite à votre vie sexuelle actuelle. Quelle est la différence entre les deux, entre le réel et l'idéal ? Quels sont vos sentiments, face à cette différence ? Êtes-vous frustré, déçu, peiné ? Avez-vous tout de même des avantages, malgré certains aspects déficients ?

Cette question vous étonne ? Sachez qu'avant de changer, il faut faire le point sur les bénéfices et avantages de notre situation, puisqu'ils freinent le changement. Constatez-le par l'exemple suivant. Un couple se présente à mon bureau, l'homme éprouve des problèmes érectiles et les deux en souffrent. La femme se sent frustrée de ne pas être pénétrée, et l'homme souhaite reprendre confiance en sa vigueur. Ils sont réticents à essayer des palliatifs ou des produits pharmaceutiques (Viagra, Sildénafil, muse, pompe, injections ou Cialis). Pourquoi ? Tout simplement parce que la femme résiste aux moyens artificiels, car elle désire que son homme s'érotise grâce à elle, parce que c'est elle. Et son conjoint n'a pas envie de devoir prendre un comprimé chaque fois qu'il désire atteindre une rigidité.

C'est alors que je pose la question suivante : « Quels sont les avantages de votre situation actuelle ? » Les deux sont stupéfaits et n'en signalent aucun. C'est d'ailleurs pour cette raison qu'ils consultent. J'insiste alors pour qu'ils trouvent une réponse à ma question, parce que je veux les confronter à leur paradoxe : il y a un problème qui perdure, mais ils sont toujours ensemble. Visiblement, ils forment un couple stable et ont une relation harmonieuse. C'est alors que la dame me dit : « J'aime vraiment ce que nous avons créé ensemble pour pallier l'absence d'érection, car nous sommes plus sensuels, affectueux et câlins. On se fait des massages et on s'embrasse davantage. Si mon conjoint retrouvait ses capacités érectiles, perdrions-nous ces gains ? Perdrions-nous en sensualité ? Je ne veux plus être privée de sensualité pour ne pratiquer que la pénétration. J'ai aussi peur que si je résiste alors qu'il insiste, qu'il menace d'aller voir ailleurs… »

Les avantages et bénéfices sont une part importante de toutes les problématiques sexuelles. Ils signifient que nous pouvons maintenir le problème pendant longtemps, si une partie du problème nous convient et est acceptée. Ce couple doit penser à une vie sexuelle rêvée incluant la pénétration, mais en tenant compte également de tous leurs nouveaux apprentissages. Ils ont su être créatifs pour conserver leur sexualité malgré tout. Il est normal de résister à l'idée d'utiliser un comprimé pour devenir un superbandeur, par peur de perdre le reste. Je comprends parfaitement l'épouse. Mais à maintenir la peur du changement, rien ne se passe. La capacité de désirer implique une ouverture du champ de conscience. C'est réfléchir soi-même à ce à quoi on aspire, et partager nos réflexions avec l'autre. C'est se rassurer l'un et l'autre, car on souhaite tous être heureux et satisfaits ensemble. Lorsqu'on résiste, on se ferme. On s'enferme dans nos idées noires et nos peurs du changement, alors que nous avons tout à gagner en fantasmant sur nos conditions gagnantes et optimales pour une vie sexuelle enrichissante. L'ouverture et la souplesse d'esprit sont les bonnes attitudes à adopter.

Le désir sexuel passe par l'expectative, l'érotisation de l'attente, la maîtrise de notre beauté érotique, mais aussi par le fantasme. C'est là la principale source d'inspiration et l'aphrodisiaque par excellence. Et c'est gratuit en plus ! Diriez-vous que vous êtes une personne inspirée et que vous avez une imagination débordante ?

L'inspiration signifie la capacité de saisir chaque occasion. Prendre une idée et la faire évoluer dans sa tête, à sa façon. Certains diront que c'est une forme de curiosité. Plusieurs auteurs, scénaristes, paroliers et humoristes s'inspirent des gens qu'ils voient. Ils s'attablent à un café, écoutent les conversations, observent les gens et y puisent leurs idées. **L'inspiration est un souffle créateur qui nous anime.**

Une idée spontanée et soudaine est ce qui influence un geste, un élan. Comme le ferait un conseil ou une suggestion. Eurêka ! Pour mousser votre désir, je vous demande de faire la même chose. L'inspiration enclenche notre gymnastique mentale érotique.

Demandez-vous ce que vous feriez, si vous étiez à la place de l'actrice dans un film, parce qu'elle embrasse un acteur que vous appréciez particulièrement. Ou encore, ce que vous feriez à la place de l'acteur, parce que l'actrice est particulièrement excitante et que, selon vous, c'est la femme de vos rêves. Si vous aviez à jouer dans un film, ce serait lequel ? Quelle scène en particulier et pourquoi ? Vous savez, comme lorsqu'on se dit : « Je ne peux pas croire qu'elle est payée pour faire semblant de faire l'amour avec lui ? Moi, j'entrerais dans l'écran et je vivrais sa scène avec joie ! » Allez-y ! Prêtez-vous à ce jeu et amusez-vous !

Avec cet exercice, vous ne regarderez plus de films ou de séries télévisées de la même façon. Vous vous l'approprierez et vous l'intégrerez dans votre vie. Vous la ferez vôtre afin qu'elle devienne une parcelle de fantasme que vous cultiverez dans votre jardin secret en tant qu'ingrédient de votre désir. Vous pouvez vous constituer un *panel* d'acteurs ou d'actrices que vous désirez et faire une séance de *casting* sur une île déserte, avec toute une réserve de condoms et en espérant que personne ne vienne vous rescaper. Avez-vous déjà pris le temps de penser à un tel scénario ? Quels seraient les comportements que vous vous permettriez d'avoir sur cette île ? Dans le fond, la question cruciale est celle-ci : que feriez-vous si vous étiez le maître du monde ? Un multimilliardaire ? Que feriez-vous si vous n'aviez plus peur de rien, ni d'aucune conséquence ou atteinte à votre réputation ? Vous prendriez le taureau par les cornes et passeriez à l'action sans craintes ni doutes. Juste confiant et pleinement conscient de votre pouvoir personnel. Vous êtes le capitaine de votre âme. Et votre âme donne un sens aux choses, aux gestes et aux gens dans votre vie. Vous n'avez qu'à trouver le sens que vous voulez donner à votre sexualité. Faites-vous cette réflexion en vous-même : fantasmer est à la portée de tous. C'est le seul voyage gratuit et libre de taxes et d'impôts qui peut rapporter beaucoup !

Les gens en panne de libido freinent leur inspiration. En fait, ils ne sont plus inspirés du tout. Pessimistes, ils croient que ça ne vaut plus la peine. Voyez ce qu'une femme m'a dit sur le sujet : « J'ai passé plusieurs années à rêvasser et à me créer des scénarios dans ma tête. C'est peut-être ma faute, parce que je n'en glissais mot à mon mari. Vous dire comment j'ai pu être déçue, dans l'attente qu'il se passe quelque chose. Par contre, lorsque je me suis décidée à lui en parler, nous avons vécu un moment magique. Jusqu'à ce que je réalise que si je n'initiais rien, il ne se produisait rien. Mon mari, un homme d'habitudes, créait sans s'en rendre compte un rituel avec nos relations sexuelles. Elles avaient toujours lieu le samedi matin. Zéro innovation. Quelle déception, lorsque je me suis réveillée… Le jour où j'ai réclamé un changement parce que je voulais plus d'intensité et de variété dans ma vie de couple et dans ma vie de femme, mon mari s'est ressaisi. Mais je me rends compte que bien qu'il me surprenne quelquefois, mon inspiration est partie. Je l'ai trop fait. J'ai trop attendu. On dirait que j'abdique et que je me referme. Je me décourage, même si je devrais être plus optimiste. Le doute l'emporte. Oui, mon conjoint réagit, mais ce n'est pas assez. Je me souviens de ma vivacité d'esprit et de mes scénarios loufoques. Je sais que nous pouvons faire plus. J'ai peur qu'y croire encore me laisse un goût amer de déception et de désespoir.»

Des moments de découragement, nous en avons tous. C'est pourquoi j'ai choisi cet extrait d'entrevue. Il n'est pas facile d'être dans un perpétuel état d'inspiration et de désir. Nous sommes comme les cotes en Bourse, pas toujours à la hausse, souvent à la baisse. Mais il ne faut jamais perdre de vue notre capacité de fantasmer, de créer et d'imaginer. Je parle de votre existence et de votre qualité de vie. Ce n'est pas le voisin qui vit votre vie, c'est vous. En tant que capitaine de votre navire et PDG de votre entreprise, reprenez-vous en main !

Dans ce cas-ci, la femme se doit de souligner toute l'importance de son objectif à son partenaire et d'insister pour obtenir plus d'intensité et de variété. C'est ce dont elle a besoin, là, maintenant. Plus elle précisera ses envies, souhaits et désirs, tout en persistant dans son affirmation et ses demandes auprès de son conjoint, plus elle sera dans un état de désir. Elle veut voir en l'autre le capitaine de son navire, celui qui sait où l'emmener et qui prend les choses en main. Il n'en tient qu'à lui de suivre la parade. Je comprends que le doute s'installe, surtout lorsque la situation perdure, mais il faut revenir aux conditions gagnantes afin de voir si le couple a le potentiel qu'il faut pour effectuer un changement. Le doute et la déception sont des attitudes défavorables à l'expression du désir. Soyons positifs !

Il faut devenir plus égoïste. Revenir à soi. À ce propos, un homme me disait ceci : «Depuis que ma conjointe est malheureuse à son travail, il ne se passe plus rien entre nous. Son désir est à zéro. Elle parle constamment de ses angoisses. Je veux bien l'aider. À mon avis, elle devrait quitter son emploi, mais elle n'est pas prête à faire le pas. On m'a élevé à ne pas brusquer les gens en cas de désarroi. Il suffit juste de les écouter et d'être présent. Alors, je la respecte, et j'attends. Je sais qu'elle n'a pas envie de sexe. Je ne veux pas agir comme un macho fini qui insiste pour avoir des rapprochements, alors qu'elle n'en a rien à foutre. J'ai déjà une faible confiance en moi et je stresse facilement. En ce moment, je me sens encore plus diminué parce que je me soucie d'elle. Je sens que je régresse dans ma virilité. Que faire ? »

Respecter, c'est vertueux, mais absolument catastrophique pour le désir

Voilà un bon exemple d'altruisme : «Je suis si soucieux de l'autre que j'en oublie qui je suis.» Bien sûr, cette femme s'attend à ce que son partenaire soit compréhensif. Mais il le serait bien plus s'il lui proposait de se préoccuper de leur couple, de leur séduction et de leur désir. «J'ai envie de toi, qu'est-ce que je peux faire pour te donner envie aussi ? » À moins qu'elle soit sourde, muette, aveugle, quadraplégique et grande brûlée ; là, je pourrais comprendre. J'exagère la situation afin que vous compreniez où je veux en venir. Même quand une femme est en chimiothérapie, elle demeure une femme et lui un homme. L'intimité est possible. Différente, mais envisageable. Vous avez le pouvoir de la créer à votre façon. **Ne vous tassez pas, vous laisseriez un boulevard à l'ennemi** : la peur d'agir. La sexualité procure une énergie qui irradie sur l'ensemble du corps et sur nos humeurs. En continuant de préserver ses moments d'intimité, cette femme sera peut-être énergisée pour affronter les défis de son travail et prendre de meilleures décisions.

Voilà une des nombreuses raisons pour lesquelles cet homme doit redevenir égoïste. En cessant d'être le *puppy* consciencieux qui espère et attend, parce que selon lui, le sexe n'est pas une priorité, l'homme égoïste voit clair et regarde sa partenaire avec des yeux de désir, lui faisant des compliments et la faisant sentir désirable et désirée. Il se met en position d'homme désirant, désirable voulant aussi être désiré. D'abord, il ressent ses sensations. Ensuite, il les partage. Rappelez à l'autre ce que vous appréciez le plus de son corps, tel un fétiche. Vous tripez sur ses seins, parlez-lui-en. Regardez-les, commentez-les, touchez-les. Ses fesses, caressez-les. Dites-lui à quel point elle a un beau petit cul dans sa paire de jeans ! Oui, ça se dit ! Chaque fois que vous passez un commentaire de la sorte, vous ramenez à l'autre la conscience de sa nature érotique, puisque votre regard en est un de convoitise.

Lorsque le doberman parle, il veut être entendu par une anti-madone. Il bouscule le rythme. L'homme qui respecte trop est passif, et c'est quand on bouscule les choses qu'elles se produisent. Il faut déranger son confort et sa routine. On dérange pour le mieux ! On agit sur son destin en redevenant le capitaine du navire, le capitaine de son âme. L'égoïste prend la place qu'il doit occuper et demande à l'autre de faire la même chose. On ne manque pas d'empathie, d'écoute attentive et de compréhension pour autant. Tous ces éléments demeurent présents. Mais j'y ajoute une qualité de présence pour préserver l'individualité de chacun et la préciosité du désir.

Tout au long de ce chapitre, nous avons vu que le désir sexuel est fragile et facilement bouleversé par les aléas de la vie quotidienne et notre état de santé. Il est aisément relégué aux oubliettes. Il est de notre ressort de l'entretenir. Nous sommes responsables de notre désir. Laisser faire et attendre qu'il revienne est la pire attitude qui soit. La vie, ce n'est pas comme au cinéma où tout revient comme par magie. Nous devons réfléchir à ce qu'il nous faut pour le réveiller et agir. Qu'est-ce qui nous allume vraiment?

La notion d'imaginaire est essentielle pour favoriser le désir. **Fantasmer, c'est la faculté de se représenter des images mentales plaisantes et susceptibles de provoquer une excitation génitale.** C'est s'autoérotiser mentalement. Le fantasme implique toujours l'existence d'un désir conscient ou inconscient. Par le fantasme, le désir se précise. Pour certains, ce sont des scénarios précis qui existent depuis l'adolescence. Pour d'autres, ce sont des images, comme si une diapositive apparaissait dans leur tête et se renouvelait constamment en fonction du vécu et des expériences sexuelles. Voilà pourquoi il est essentiel de vous inspirer des gens qui vous entourent, mais aussi des séries télévisées, du cinéma et de la littérature. Certains auteurs l'ont fait pour vous en écrivant de la littérature érotique, des contes coquins ou des histoires cochonnes. Ces récits sont efficaces sur le plan de l'imaginaire, puisque, à leur lecture, vous pourrez créer vos propres images et même bonifier vos séances de masturbation. Car, en effet, masturbation et fantasme vont de pair. C'est quand on pense à quelque chose qu'on s'en donne le goût! Les femmes aiment lire les passages qui présentent le contexte, l'ambiance, l'atmosphère et ce qui annonce un baiser. Tout ce qui fait monter la tension érotique. Les hommes, plus visuels, choisissent souvent la pornographie imprimée ou véhiculée sur Internet.

L'idée est de choisir ce qui sera efficace pour vous sur le plan des fantasmes, en stimulant l'imaginaire de la madone afin qu'elle soit davantage une anti-madone. Alors, si je vous posais encore la question suivante : «Si vous aviez à faire l'amour pour la dernière fois de votre vie, à quoi cela ressemblerait-il?» Laissez-vous aller à imaginer... Profitez de l'occasion pour penser uniquement à vous. Pour imaginer une relation sexuelle selon vos critères et vos besoins. Vous avez tous les pouvoirs. Vous pouvez exiger ce que vous voulez. Il n'y a aucune limite. Oseriez-vous faire ce que vous n'avez jamais osé auparavant ? Oseriez-vous faire ce que vous n'avez jamais osé vous permettre ? Nous avons tous un côté « humanitaire » en nous. Un côté « citoyen responsable », mais aussi un côté sombre qui nous guette. Un aspect moins noble, plus intense et moins politiquement correct. Oseriez-vous explorer cette voie ? Y a-t-il une expérience sexuelle que vous rêvez d'essayer, mais que vous n'oseriez jamais faire en cent ans ? Et si l'occasion se présentait ?

Si vous voulez aller plus loin, mettez vos réflexions sur papier et décrivez la journée qui serait idéale pour vous. Celle où tout serait merveilleux, côté sexuel, du matin jusqu'au soir. Avec qui vous réveilleriez-vous ? Où seriez-vous ? Que mangeriez-vous pour le déjeuner ? Quelles seraient les activités de la journée ? Et les moments réservés à la sexualité ? À quoi ressembleraient-ils ? Allez-y, écrivez. L'écriture est une excellente façon de conscientiser votre pensée. Elle prend forme pendant que vous êtes en train d'écrire vos propres fantasmes pour votre scénario parfait, avec une fin parfaite. Vous avez le contrôle sur les éléments et le déroulement.

Un autre exercice, plus précis encore, est celui de la photo. Imaginez que vous perdez tout dans un incendie, à l'exception d'une photo. Il faut que ce soit précieux et significatif, puisque c'est la seule chose qui est sauvée. Sur cette photo figure ce qu'il y a de plus érotique pour vous. À regarder l'image, une réaction d'excitation se fait instantanément sentir dans votre corps. Que peut-on y voir ? Une partie d'un corps ? Une personne ? Une pièce de la maison ? Une position sexuelle ? La dernière relation sexuelle vécue ? Le visage du partenaire au moment de son orgasme ? Voir l'autre se masturber devant vous ? Prenez plaisir à réinventer cette photo et à l'actualiser tous les six mois, car l'érotisme change et varie en fonction de notre vécu et de nos sources d'inspiration. Une telle photo précise votre désir. C'est une façon de le ramener à sa plus simple expression en un clin d'œil !

Le fantasme est associé à l'idée de satisfaction sexuelle

Vous vous souvenez de mon analogie avec le bébé en train de téter le sein de sa mère, alors que je vous expliquais la notion d'objet de désir ? La satisfaction y est très apparentée. Lorsque le bébé tête, il étanche sa soif, il est donc repu et satisfait. Il avait faim, on l'a nourri, et sa satisfaction l'apaise, le réconforte et l'endort paisiblement. C'est à ce stade de notre vie que nous expérimentons la notion de satisfaction. De même que celle de la frustration, lorsque nous ne pouvons obtenir cette satisfaction. Toutes les femmes ne pouvant atteindre l'orgasme témoigneront de cet état d'insatisfaction et de frustration. Tout individu aux prises avec un partenaire ayant besoin de moins de sexe vous dira à quel point il est frustré. Nous devenons très irritables lorsque nous sommes frustrés, car tout le corps est tendu, et la colère s'amplifie. Parfois même, une violence émerge.

La satisfaction, de son côté, est comparable à l'état de satiété une fois la faim assouvie. C'est la complétude, le bien-être, le bonheur et l'extase. Comment définiriez-vous vos moments de satisfaction sexuelle ? Qu'est-ce que ça vous prend pour l'atteindre ? Je me répète, mais lorsqu'on parle de fantasmes, on en parle en utilisant le symbolisme de la carte routière : quelle est la route à prendre pour atteindre notre destination ? Y aura-t-il des détours à faire, ou aime-t-on mieux s'y rendre le plus rapidement possible ? Aime-t-on contempler le paysage ?

LE FANTASME ILLUSTRE GÉNÉRALEMENT LE PROBLÈME ET LA SOLUTION

Pensons à un fantasme très populaire chez les femmes, celui du «viol». Attention, je précise qu'il ne s'agit pas d'une agression sexuelle. Personne ne cherche à subir des horreurs et à être traumatisé ! Ici, ce n'est pas la souffrance, qui est érotisée, mais bien le fait d'être prise de force et de dénier la responsabilité du plaisir. Dans le fantasme, une certaine douleur est imaginaire, alors que dans la réalité, elle est incompatible avec le plaisir. Le fantasme illustre le problème. Dans ce cas-ci, l'homme ne peut contrôler ses pulsions sexuelles. Il est fou de désir pour elle. Il n'a qu'une seule envie, la posséder. Le désir que la femme suscite chez cet homme est à ce point violent que celui-ci est prêt à renverser normes et obstacles pour parvenir à ses fins. La solution à ce problème est le consentement à accueillir son excitation, qui n'est pas en fait une pulsion de contrôle, mais plutôt le résultat du fait qu'on l'ensorcelle. La femme lui donne droit de passage. Il n'y a rien d'autre à faire que de recevoir cette fougue, cette intensité. Cette virilité est d'ailleurs fortement inspirante et érotisante. On aime voir un homme qui a la bonne attitude : une certaine confiance pour prendre les commandes sur ce qu'il veut faire et sur ce qu'il sait faire. Voir un homme si convaincu nous prédispose à l'excitation et à la jouissance. Voilà la magie du fantasme.

C'est la même chose avec le fantasme tout aussi populaire, mais chez les hommes, d'avoir une relation sexuelle avec deux femmes. Il semble que les hommes soient généralement plus polygames que les femmes au niveau de leur imaginaire. Le problème est la rivalité, la jalousie et le malaise que ça pourrait créer au sein du couple. La solution qu'apporte le fantasme, puisqu'il est utopique, est que les femmes sont complices et coquines, voire cochonnes. Elles se donnent du plaisir entre elles et savent quoi faire pour stimuler l'homme. Quant à lui, il assure, côté érection, pour satisfaire les deux femmes qui désirent être pénétrées.

En règle générale, les femmes qui fantasment le plus ont l'impression d'avoir des désirs sexuels plus fréquents que la plupart des autres femmes. Ce sont des femmes plus affranchies face à certaines normes sociales, plus libertaires face à la masturbation et aux relations extraconjugales, qui prennent l'initiative des relations sexuelles et déclarent que leur activité sexuelle est souvent motivée par un besoin strictement physique.

Les hommes qui ont le plus régulièrement des fantasmes ont des attitudes sexuelles plus permissives, font régulièrement des rêves érotiques, sont plus souvent excités à la vue d'une femme nue, d'un film pornographique ou d'une scène d'homosexualité féminine, ils ont eu leur première relation sexuelle jeune et, par la suite, de nombreuses partenaires sexuelles.

Votre imaginaire érotique est votre trésor à idées. Un jardin secret dont vous seul êtes le gardien. Nul besoin d'en dévoiler le contenu intégral à votre partenaire. Faites d'abord les exercices pour vous-même, sans aucune censure ou résistance. Vous verrez par la suite ce que vous choisirez de partager avec votre partenaire et les questions que vous voudrez lui poser. L'exercice peut être fort enrichissant pour votre couple, mais mon but premier est de faire le lien entre le fantasme et le désir sexuel. Une fois votre désir réveillé, vous pourrez en faire ce que vous voudrez.

La notion d'imaginaire est délicate à aborder au sein d'une relation. Poser une question, c'est être prêt à entendre la réponse. Bien souvent des gens se demandent : « Est-il normal de penser parfois à une autre personne que notre partenaire lorsqu'on fait l'amour ? » Évidemment, la réponse est oui. L'érotisme est favorisé par la variété, qui est une source d'inspiration. Ce qui n'est pas normal, ou plutôt ce qui est inquiétant et pathétique, c'est de devoir *toujours* penser à une autre personne pour être adéquatement excité afin de vivre une relation sexuelle avec notre partenaire.

Vous pourrez aller jusqu'à vous poser la question suivante : « Si vous étiez obligé de choisir, préféreriez-vous que votre partenaire fasse l'amour avec vous en pensant à un autre, ou fasse l'amour avec un autre en pensant à vous ? » Cette question amène bien sûr moult sujets de discussion ! Mais elle peut vous propulser vers de beaux échanges sur la source de votre excitation. Certains couples aiment se parler, durant l'amour, en s'imaginant faire l'amour avec une autre personne ou avec un autre couple. Ils aiment s'exhiber, se faire surprendre, se faire filmer, se raconter leurs expériences passées, etc. Les possibilités sont infinies.

J'ose espérer que ce volet sur les fantasmes vous a stimulé. Le fantasme est comparable au rêve. Plusieurs personnes croient ne pas rêver, mais il s'agit d'avoir papier et crayon sur la table de nuit et de s'imposer d'inscrire systématiquement ses rêves pour que ceux-ci apparaissent à la conscience. La même gymnastique mentale est en opération avec le fantasme. À force de reconnaître les opportunités, de regarder les gens autrement, de cibler des occasions rêvées et de vous inspirer, vous fantasmerez souvent et facilement. Et votre désir sexuel ne s'en portera que mieux ! La madone deviendra un peu plus anti-madone, et le boy-scout deviendra un peu plus un homme doberman.

Survivre à une agression sexuelle, ou lorsque notre vie sexuelle commence par un traumatisme

Bien qu'habituellement un fantasme sexuel soit une image plaisante suscitant du plaisir, il peut virer au cauchemar et être anxiogène. C'est le cas pour les survivants d'agressions sexuelles. Pourquoi sont-ils appelés des *survivants* ? Parce que les expériences traumatisantes vécues laissent des traces indélébiles. Lorsqu'un adulte et un enfant apparentés ont des rapports sexuels forcés, on parle d'inceste. Il peut survenir entre une mère et sa fille, un beau-père et sa belle-fille ou son beau-fils, une mère et son fils (une forme d'inceste extrêmement tabou), un beau-frère et sa belle-sœur, un grand-père et sa petite-fille, un oncle et sa nièce, un cousin et sa cousine, ou entre frères et sœurs. Certains agresseurs usent de chantage, de manipulation ou de violence, d'autres pas. Mais l'inceste a toujours des conséquences déplorables. J'ajoute à la liste des agresseurs, certaines personnes en position d'autorité : entraîneurs de sport, soldats, moniteurs de camps de vacances, professeurs, prêtres, voisins, amis de la famille, chambreurs et j'en passe. Dans ma pratique privée, comme sexologue clinicienne, j'ai fait le choix de travailler avec les victimes, et non avec les agresseurs. Je préfère laisser la délinquance sexuelle à mes collègues. Les agresseurs qui se présentent en thérapie y sont généralement forcés ; ce n'est pas une démarche volontaire, puisque c'est souvent un ordre de la cour qui les y oblige. Et souvent, ils ne sont pas très motivés à changer les choses. Je préfère donc aider les victimes, même si elles sont souvent découragées et désespérées de voir un jour la lumière au bout du tunnel. Car elles sont motivées à reprendre leur sexualité en main et à exorciser leurs démons. Les principales séquelles sont nombreuses. J'ai pu en observer certaines dans ma pratique.

- Une confusion dans les repères. Qu'est-ce qui est acceptable ou ne l'est pas, en matière de pratiques sexuelles ? Les victimes n'arrivent pas à le déterminer. Puisque l'agresseur s'est servi de son corps sans sa permission, la victime a du mal à établir ses limites, tant sur le plan personnel que sur le plan sexuel.

- Des problèmes dans la relation à l'autre sexe qui touchent les rapports de séduction : approche, *sex-appeal*, délai que la victime s'autorise avant de faire l'amour avec un nouveau partenaire, droit de refuser un geste sexuel, ignorance de sa propre sensualité, non-intégration de son corps, malaise avec sa nudité.

- La notion de sexualité en tant que privilège est inexistante. Être avec un partenaire qu'on a choisi, ou qu'on désire, et ne faire l'amour qu'avec lui, voilà le vrai sens de l'intimité, et cette intimité est un privilège, mais cela peut échapper aux victimes.

- Le souvenir des agressions demeure très présent : les parties du corps qui ont été touchées pendant l'agression restent hypersensibles, et le partenaire ne sera pas facilement autorisé à les caresser.

- Une énorme culpabilité a surgi et est difficile à oublier. La victime se reproche aussi souvent d'avoir tardé à dénoncer l'agresseur, ou d'avoir éprouvé du plaisir lors des stimulations génitales (lubrification, érection, éjaculation, orgasme). Cela n'était qu'une réaction purement physiologique et mécanique, mais la victime se sent responsable des agressions, croyant avoir « attiré » l'agresseur par sa beauté, son innocence ou le choix de certains vêtements.

- Une vie affective compliquée, car les victimes ont du mal à accorder leur confiance, à se choisir un partenaire adéquat et à s'abandonner au plaisir sexuel. En outre, les femmes éprouvent des difficultés à déterminer leurs besoins et leurs préférences sexuels, puis à les communiquer à leur conjoint. Résultat, elles le laissent maître de leur sexualité.

- Des doutes au sujet de sa propre orientation sexuelle, si l'agresseur était du même sexe que la victime et qu'il lui a donné du plaisir. Certains survivants disent aussi s'être sentis aimés.

- L'acceptation de son impuissance ou de son silence, lors des agressions, reste un cap difficile à franchir, même si la victime sait qu'elle était en situation de survie, étant soumise à l'autorité de l'agresseur. Les pulsions sexuelles de l'agresseur lui ont été *imposées* sans son consentement et contre sa volonté. La victime était totalement impuissante. Personne ne pouvait la protéger. Une situation angoissante qui entraîne une méfiance extrême.

- Des problèmes de santé mentale : les victimes peuvent connaître la dépression, avoir des idées suicidaires, s'automutiler, avoir des troubles de l'alimentation comme l'anorexie et la boulimie, souffrir d'anxiété, de psychose et de bipolarité. La maladie mentale est parfois une fuite « saine » qui protège de la souffrance, tout comme des périodes d'amnésie posttraumatiques, pour éviter de revoir des scènes trop douloureuses.

- La psychosomatisation : l'endométriose, les vaginites à répétition ou la vestibulite vulvaire sont des troubles de la douleur difficiles à expliquer sur le plan médical, mais dont on pense que la douleur est causée par les agressions «restées dans le ventre». Il peut s'agir de troubles gastro-entérologiques comme le côlon irritable, la colite ulcéreuse, etc. Les dysfonctions sexuelles comme la baisse de libido peuvent aussi être psychosomatiques.

- Une grande difficulté à exprimer la colère, la révolte, la rage et le ressentiment face à l'agresseur. Oui, les victimes ressentent une grande injustice face au traitement trop clément qu'on réserve aux agresseurs – sentence, détention, thérapie, réinsertion sociale –, mais il existe des centres d'aide aux victimes, dont le Centre d'aide aux victimes d'agression sexuelle (CAVAC) et Indemnisation des victimes d'actes criminels (IVAC). Cela n'est pas suffisant, selon l'opinion de plusieurs. Même s'il existe des endroits comme Pinel, à Montréal, ou Robert-Giffard, à Québec, et qu'une équipe de sexologues travaillent à ce que les agresseurs développent de l'empathie envers leur victime et reconnaissent l'ampleur de la souffrance causée par le traumatisme, et même si, au cours de la thérapie, une confrontation agresseur-victime peut être organisée pour permettre aux victimes de poser des questions et d'exprimer leurs émotions sur l'horreur vécue, non pas avec leur agresseur, mais avec un autre, les séquelles demeurent bien vivantes. D'où l'injustice, selon les survivants.

Je comprends que certains survivants aient besoin de lire la biographie d'autres victimes pour savoir ce qu'il leur a fallu faire pour s'en sortir. Car la voie de la guérison existe. Une sexothérapie peut réellement aider à redevenir un être sexué et à reprendre son pouvoir personnel.

Je ne vous apprends rien en vous affirmant que la sexualité est rarement facile pour une survivante de l'inceste. Et son conjoint, souvent confondu avec l'agresseur à cause de ses attributs masculins, souffre parfois en silence. Comment arriver à érotiser le pénis et l'érection alors que cet attribut a déjà été une arme employée contre elle ? Une arme qui a infligé tant de souffrance... Un engin qui a exigé des gestes si humiliants, si dégoûtants, dans ce contexte. Un pénis égoïste qui impose sa loi. Rien, mais absolument rien ne peut alors aider l'amazone en elle à s'épanouir. La femme demeurera une madone terrorisée.

Afin que cette femme consente aux caresses et au plaisir, le conjoint doit se montrer patient et lui rappeler qu'il est l'amoureux et non l'agresseur. Le *puppy* est souvent choisi comme partenaire, dans ce type de relations où il y a crainte d'agression. **C'est un homme qui ne bouscule pas l'ordre établi, qui met sa virilité en veilleuse et se coupe de son pénis en le rangeant sur une tablette de la garde-robe, parce que trop dérangeant.** C'est un homme qui respecte, qui n'agit pas selon ses besoins, mais qui se soumet plutôt à ceux de sa partenaire. Ainsi, il se place en protecteur de la victime. Mais à ne rien brusquer, il maintient le traumatisme vivant. L'agression prend toute la place. J'en conviens, un doberman n'a vraiment pas la cote auprès d'une survivante d'agression. Et d'ailleurs, il n'a pas d'intérêt pour une femme qui n'est pas encore pleinement une femme à la beauté érotique assumée.

Pour réinstaller le désir dans l'intimité d'un couple, il faut un boy-scout patient, sensuel, tendre, rassurant, qui prend plaisir à donner du plaisir. Un homme qui accepte de s'adapter au rythme de sa partenaire, qui n'initie pas les rapprochements et attend que l'envie vienne d'elle. C'est déjà un grand pas qui est franchi, pour une survivante, que de se replacer dans le temps réel. Un espace-temps où elle a le droit de dire non et où elle est pleinement consentante pour accueillir le plaisir d'un homme de son âge, qu'elle a choisi et qu'elle aime. Elle doit se le rappeler pour éviter les fantasmes anxiogènes, c'est-à-dire des *flash-backs* de l'agression.

EXORCISER LA COLÈRE POUR GUÉRIR

Que ce soit par l'écriture, par la destruction de photos de l'agresseur ou par la pratique de sports (comme la boxe ou les arts martiaux), ou encore en criant, en gueulant ou en cognant sur un sac de sable – j'achèterais volontiers une «cour à scrap» pour permettre aux survivants d'agressions sexuelles de venir démolir la voiture de leur choix. Bien sûr, la dénonciation devant les tribunaux et la condamnation à la prison est une excellente façon de dire au monde entier que ça suffit et que justice doit être faite, mais pour guérir l'esprit, c'est autre chose. Souvent, la colère persiste. **Tous les fantasmes d'horreur sont permis**, s'ils peuvent libérer de la colère. Je permets l'expression de tous ces fantasmes sans censure. **C'est extrêmement libérateur de se trouver des moyens – réalistes ou non – de vengeance.** Le film *Hostel,* par exemple, parle de tourisme morbide en Europe de l'Est, où des touristes paient pour pouvoir torturer et tuer quelqu'un. Je recommande souvent ce film aux survivants d'agressions, même si, je l'avoue, il est difficile à regarder. Je leur demande toutefois ceci: «Si tu avais tous les droits, qu'infligerais-tu à ton agresseur? Et si je le retrouvais et te le confiais en l'installant dans une salle avec tous les équipements de torture possibles?» La situation est similaire, dans le roman *Les 7 jours du Talion,* de Patrick Sénécal, où un père, durement éprouvé par la mort sordide de sa petite fille, se fait justice lui-même en torturant l'assassin qui lui a enlevé son enfant.

Le but de l'exercice permet à la victime de visualiser son plein pouvoir pour se délivrer d'une situation où elle n'en avait aucun. Dans le jargon clinique, nous disons que c'est **la conversion du traumatisme en triomphe.** Quel que soit le moyen choisi pour évacuer la colère qui dort, ce sera une victoire. Une victoire pour reprendre sa vie en main. Et pour l'actualiser selon les besoins actuels. Croire en l'amour, croire au plaisir. Se donner le droit d'y goûter à sa manière, à sa façon et à son rythme. Regarder de l'avant et se donner le droit d'éprouver la joie de vivre. C'est ça, la bonne attitude!

Oui, en sexothérapie on peut reparler des scènes d'agression, mais c'est comme brasser un chaudron de merde. À force de brasser, ça pue encore plus. Et si on mettait plutôt un couvercle dessus et qu'on préparait du nouveau à brasser ? Je ne banalise pas le traumatisme, mais je ne lui donne pas toute la place non plus. La bonne attitude, dans ce cas, est de revenir au temps présent et de regarder la situation en face. Quelles sont les conséquences, les résistances et les blocages ? Et surtout, ai-je envie de m'en libérer ? Voilà la principale question à se poser. Il est possible de s'en sortir, si on regarde droit devant. Maintenant, on a la possibilité de choisir, de décider et d'orchestrer sa vie.

Quelquefois, une distance s'impose par rapport à sa famille d'origine, surtout si l'agresseur en fait partie. J'entends souvent, de la part des victimes, une incompréhension sur le fait que leur mère se soit placée du côté du conjoint pédophile, ou que leurs sœurs acceptent encore de le côtoyer. Les victimes sont scandalisées par le fait que personne ne prenne parti pour elles. Surtout dans les cas où la mère est complice de l'agression parce qu'elle a fait l'autruche en fermant les yeux et en refusant d'admettre l'horreur qui se passait sous son toit. Elle ignorait volontairement les signaux de détresse de son enfant terrorisé (échecs scolaires, cauchemars, isolement). La dénonciation d'une agression heurte toujours l'équilibre d'une famille. Mais il faut le faire pour sauver sa peau, ou à tout le moins pour épargner d'autres victimes potentielles. Un égoïsme s'impose. Le geste de la dénonciation libère la victime du joug de son bourreau. Le message est clair : « Ça suffit ! Plus jamais d'agression ! Plus jamais de contrainte ! »

Si on dit que l'enfance est placée sous le signe de la dépendance, l'âge adulte signifie la liberté d'action, l'individualité et la responsabilité. L'enfant est totalement dépendant de ses parents. Il ne peut pas signer un bail ou aller faire son épicerie. Il doit attendre que ses parents le fassent. Une fois adulte, il peut tout faire par lui-même. Vivre où il veut, manger ce dont il a envie. Et j'ajouterais vivre la vie sexuelle dont il a envie et qui lui procurera du plaisir. Je suis libre de ressentir et de choisir un partenaire adéquat et en qui j'ai confiance. Je suis libre d'aimer. Je suis donc responsable d'agir pour panser mes plaies et redécouvrir mon désir. J'ai le droit de fantasmer. Il n'en tient qu'à moi de m'exercer !

Je sais, cela peut paraître facile à dire. En réalité, le processus est long et pénible. Les idées noires reviennent sans arrêt, surtout pour les survivants qui entament une thérapie individuelle ou qui participent à des groupes de soutien. L'horreur peut revenir les hanter, parce qu'ils choisissent de parler et d'entendre des témoignages. Mais il faut passer par cette route pour exister à nouveau, pour guérir de l'amnésie posttraumatique. Il reste que parler d'un sujet pénible peut rouvrir les plaies, surtout si la cicatrice fait encore mal.

Le partenaire de vie peut être déstabilisé par les pulsions de colère, les sautes d'humeur ou les besoins d'isolement de la victime. Ce sont des moments de solitude nécessaires pour évacuer le monstre en soi. Crier, gueuler, se défouler, écrire et pleurer seront des moyens utilisés pour se guérir et s'en sortir. Pour se libérer enfin du traumatisme. Voilà une attitude gagnante ! Faire face, pour mieux exister.

Pour se donner du pouvoir, il faut réfléchir sur ce qui nous allume, sur ce qui nous *turn on*, nous enthousiasme et nous fait rire. Cela peut être un souper bien arrosé entre amis, à rigoler toute la soirée, ce peut être planifier un voyage, se baigner dans la mer, jouer avec son chien, rénover, magasiner, aller au cinéma, lire un livre captivant, pratiquer des sports, écouter son émission préférée ou prendre un bébé dans ses bras… Et j'en passe.

Réfléchissez à ce qui vous allume. Je parle ici du désir au sens large du mot. Ensuite, passez à l'action en tentant de faire ce qui vous rend vivant. Plus vous vous sentirez vivant, plus vous serez susceptible d'être dans un état de désir. Le désir nécessite que l'on soit animé et allumé par quelque chose. Lorsque vous serez prêt, révisez les étapes permettant d'accéder à la beauté érotique. Reprenez possession de votre identité sexuelle en étant une femme désirante, désirable, désirée, ou un homme tout aussi désirant, désirable et désiré. Bousculez les conventions établies dans votre relation conjugale. Si vous voulez laisser le monstre au troisième sous-sol, il faut interrompre le respect entre vous et sortir de sa zone de confort. Regardez-vous avec les yeux du désir, et commentez ce que vous voyez. Complimentez votre partenaire. Manifestez votre désir par des gestes concrets. Embrassez-vous, caressez-vous. Parlez de votre désir de rapprochement et du «où, quand et comment le faire». Vous n'êtes pas des amis, vous êtes des amants. Considérez-vous ainsi. Traitez-vous en fonction de cette réalité. N'oubliez pas, vous avez le contrôle sur la situation. Vous seul pouvez agir. Plus personne ne peut vous imposer quoi que ce soit. Vous êtes devenu un adulte qui vit en couple avec un autre adulte. Terminés, les rapports d'autorité ! Plus aucune hiérarchie. Vous êtes le maître de votre sexualité, vous ne subissez plus les pulsions d'un autre.

Redevenez le capitaine de votre âme en choisissant des images mentales qui seront plaisantes pour vous. Refaites l'exercice que je vous ai proposé plus haut par la visualisation de la relation sexuelle que vous souhaiteriez avoir, si c'était votre dernière, celle où vous voudriez combler vos désirs les plus fous, et surtout l'exercice de l'image captée sur pellicule. Abordez le sujet à deux. C'est une excellente façon de parler de votre sexualité de manière positive. Puisque cet ouvrage n'est pas entièrement dédié aux survivants d'agressions sexuelles, ni au syndrome de stress posttraumatique, je vous recommande une sexothérapie, pour faire un travail clinique adapté à vos besoins.

J'ai choisi d'aborder les agressions sexuelles dans ce chapitre parce que le désir y est généralement absent, ou alors très fragile. La pire attitude à avoir est de subir sa sexualité, de maintenir le traumatisme vivant et de ne jamais rien brusquer dans sa relation. Bref, de ne pas vouloir s'en sortir.

C'est pourquoi la meilleure attitude est de faire face à ses peurs en cultivant ses désirs. L'optimisme revient, et le pouvoir personnel refait surface. Il est si bon de savoir qu'on a le pouvoir d'agir et d'influencer le cours des événements. Qu'on peut désirer, fantasmer, devenir pleinement une femme et un homme. Être une personne entière avec toute sa dignité !

RÉCAPITULATIF

VOUS ÊTES RESPONSABLE DE VOTRE DÉSIR. PRENEZ-EN BIEN SOIN.

› Sur une échelle de 1 à 10, où se situe le niveau de votre désir ?
› Savez-vous quoi faire pour le faire augmenter ?
› Comment considérez-vous votre désir ? Comment se porte-t-il ?
› Comment vous qualifiez-vous en tant qu'amant ? Comment qualifieriez-vous votre performance sexuelle ?
› Vous et votre partenaire êtes-vous siamois ou différents ? Fusionnés ou différents l'un de l'autre ?
› Quel est votre degré d'insécurité face à l'autre, si vous ne savez pas tout de lui. Car se permettre d'être encore étonné, c'est laisser la place au mystère…
› Quel est l'état de votre désir ? Voulez-vous en prendre soin ? Avez-vous envie de le réveiller ?
› La gymnastique érotique, c'est amener votre esprit à plus de lubricité !
› Il faut savoir ce qui nous allume et à quel moment on désire le plus notre partenaire.
› La beauté érotique tient du regard qu'on porte sur les autres et sur soi. C'est ce qu'on appelle le *sex-appeal*.
› Être un objet de désir, c'est être désirant, désirable et désiré. Il est souhaitable de considérer l'autre comme un objet de désir.
› Portez-vous vos lunettes roses, lorsque vous regardez votre partenaire ?
› Savoir faire une introspection, ou comment éveiller la face cachée de notre personnalité sexuelle.
› Êtes-vous le capitaine de votre âme ?

> Est-ce que vous voulez faire les efforts nécessaires pour changer et adopter une attitude positive, confiante, déterminée et responsable? Une fois dans l'action, êtes-vous davantage motivé et déterminé à continuer d'agir?

> Il est aussi important de prendre soin de sa santé sexuelle.

> Qu'est-ce qui vous procure de la satisfaction?

> Pourquoi ne pas faire une relecture de votre passé en vue de reproduire les moments magiques de passion au présent et au futur?

> Si vous êtes une victime d'agression sexuelle, il faut revenir au moment présent, prendre une part active à votre qualité de vie, à vos décisions, à vos choix, à vos actions, pour vous libérer du traumatisme.

Ces points de repère vous aideront à ne pas oublier la marche à suivre pour garder un niveau de désir sexuel optimal, ce fabuleux état d'esprit qui rend le regard coquin et qui réveille l'amazone et le doberman en vous.

Chapitre 4

Les dynamiques relationnelles : chaque couple a sa logique

Anciennement, lors des cours de préparation au mariage, les intervenants mentionnaient aux gens qu'il est bizarre de constater que **ce qui nous attire** vers un partenaire **est** précisément **ce que nous mépriserons** chez lui ensuite ! Comme par exemple : « J'aime que tu sois actif, sportif et plein de projets. » Des années plus tard, on reprochera à l'autre ses nombreuses absences et son manque d'implication dans la relation. Ou encore : « J'aime que tu sois stable, travaillant et calme », pour ensuite clamer haut et fort que notre partenaire est ennuyeux comme la pluie. Songez à ce qui vous a attiré chez l'autre, au tout début de votre relation. Est-ce que ce trait de personnalité est encore érotisant, ou est-ce devenu un irritant ?

J'ai posé cette question d'entrée de jeu pour vous faire sourire, mais pour vous faire comprendre **qu'un couple évolue. On change beaucoup au fil du temps.** Je rencontre souvent dans mon bureau des couples en détresse dont les partenaires sont ensemble depuis plus de vingt ans. Ils se sont connus à l'école et, maintenant rendus au début de la quarantaine, ils ne sont plus ce qu'ils étaient. Tout en nous évolue : nos besoins, nos responsabilités, nos opinions, notre jugement, notre maturité et nos connaissances.

Beaucoup de changements se produisent dans la vingtaine : le départ de la maison familiale, la poursuite des études postcollégiales, la vie en appartement, les comptes à payer, la cohabitation, l'engagement, la sexualité, l'amour, l'entrée sur le marché du travail et souvent, le début d'une vie de famille. La vingtaine représente le défi de l'individualisation. Agir par soi-même et ne comptez que sur soi. Couper le cordon qui nous lie aux parents. Pour en savoir plus à ce propos, je vous recommande mon livre précédent[2], où j'analyse plus à fond le thème de l'individualisation. La vingtaine représente les balbutiements d'une vie de couple. On s'interroge sur notre choix de partenaire : quelqu'un pour baiser ou quelqu'un à aimer vraiment ? Tout comme pour la sexualité, qui s'apprend sur le tas, **on apprend à être en relation une fois dans la relation**, et c'est à ce moment qu'on s'aperçoit que chaque union est différente.

Même si nous sommes en lien avec les autres depuis notre enfance, la relation intime et amoureuse est particulière. Le partenaire devient tout aussi important pour nous que le sont nos parents, et grâce à lui nous poursuivons notre développement psychosexuel où il fera bon vivre une intimité affective, verbale et physique. L'engagement est choisi et désiré. Un amoureux n'est pas un colocataire, mais bien un partenaire de vie.

De nos jours, plusieurs façons d'être en relation s'offrent à nous. La plus commune est celle des conjoints de fait. C'est celle qui a encore la cote, et pas que pour une question économique, mais pour son côté pratique aussi : l'accès à une intimité physique au quotidien. Mais est-ce la manière idéale de vivre ? Je vois des constructions de maisons neuves offrant souvent deux chambres des maîtres.

---

2. Sylvie Lavallée, *Au lit toi et moi nous sommes six*, Montréal, Publistar, 2010.

Autrefois, faire chambre à part était douteux, de l'avis des thérapeutes. Il signifiait un évitement de l'intimité. Alors que de nos jours, avec les nombreux troubles du sommeil qu'on connaît – apnée du sommeil, ronflements, grincements de dents, somnambulisme, levers fréquents, besoin de musique, besoin d'avoir la fenêtre ouverte, permettre au chien ou au chat de monter dans le lit –, ce que les gens veulent, c'est trouver le sommeil et avoir une bonne nuit de repos pour que le cerveau et le corps se régénèrent. La qualité du sommeil favorise la concentration, régularise nos humeurs et optimise notre désir sexuel. Je pense à ceux qui subissent les ronflements de leur partenaire, qui les empêchent de s'endormir et qui perturbent leur qualité de sommeil. Ils en viennent souvent à consommer des somnifères, sans oublier la frustration accumulée du fait que le partenaire n'agit pas pour remédier à la situation. La colère fait obstacle au désir. Faire chambre à part est donc parfois fort utile, et ce n'est pas systématiquement indicateur d'un problème conjugal. Surtout si le couple est inventif et se crée des moments de rapprochement en s'invitant l'un l'autre. Dans un tel cas, ils tirent des avantages de la situation.

Faire maison à part est un autre phénomène courant de nos jours. Les amoureux forment un couple, mais chacun vit chez soi. C'est très populaire chez les familles recomposées, pour lesquelles c'est un «accommodement raisonnable», ces familles, ne voulant pas imposer à leurs enfants la promiscuité avec une autre famille qui a ses habitudes, ses règlements et son intimité propre, optent pour le meilleur des trois mondes : la vie à la fois en solo, en duo et en trio. La meilleure attitude qui vaille est celle où l'on se respecte. Celle où nous sommes à l'écoute de nos besoins, et non de ceux qui sont dictés par la société qui privilégie la vie en couple. Oui, les agents immobiliers et les marchands de meubles et d'électroménagers sont ravis. Mais c'est avant tout votre affaire si vous avez besoin d'autonomie et d'indépendance.

Avoir chacun sa maison est utile lorsqu'un des partenaires a besoin de son espace-temps, de son espace physique et mental bien à lui. Je l'avoue, cette situation convient bien aux romantiques, puisqu'il leur faut s'inviter pour se voir. Ces personnes aiment que l'autre leur manque un peu. Il s'agit d'une **situation favorable au désir, car si vous vous souvenez bien, le désir a besoin de mystère, de distance et d'insécurité**. Dans la catégorie «maison à part», on trouve de tout. On ne sait pas ce que fait l'autre, on ne vit pas avec lui, et c'est insécurisant : «À qui il parle, qu'est-ce qu'il fait, à quoi il pense, quelles sont ses occupations, ses tracas, ses préoccupations ? »

Je vous entends dire que la situation convient aussi à tous ceux qui craignent l'engagement. Si vous voulez mon avis, après la dépression, la peur de l'engagement est la deuxième maladie du siècle. Ces personnes savent que la routine tue la passion, et que les petits gestes du quotidien nous rendent prévisibles, tenus pour acquis et nous font oublier de faire des efforts de séduction. Se complaire dans une zone confortable est un glissement dangereux vers l'ennui et la monotonie. En refusant la cohabitation, ils évitent les problèmes. Oui, il peut y avoir une part de peur de l'engagement parmi ces gens, mais la plupart des couples faisant «maison à part» sont capables d'engagement. Ils se choisissent et élaborent des projets d'avenir ensemble. Ils sont fidèles. Quelquefois même, sont mariés. L'habitat distinct est une question de choix. C'est un désir, et non une peur. Ils souhaitent préserver leur espace ainsi que leur unicité, leur intégrité et leur identité. Ils veulent également préserver leur désir par la convoitise et l'expectative de la prochaine rencontre. Tout cela maintient un enthousiasme, mais aussi un désir de conjugalité, d'intimité, de désir, de convoitise, d'expectative et d'enthousiasme, mais aussi du plaisir ! La meilleure attitude réside dans la négociation du lieu de ces deux maisons : duplex, maison bigénérationnelle, même ville, même quartier, à combien de kilomètres l'une de l'autre ? Oui, il faut avoir le budget, mais ces personnes sacrifient souvent du superflu pour se permettre ce choix. Ce qui garde un couple vivant est la capacité de se traiter sur un pied d'égalité. Affirmer ses besoins, c'est mener une négociation en vue d'obtenir une entente satisfaisante pour les deux parties, une négociation où la collaboration converge vers le même but. **Exister pour soi-même, c'est déterminer ses objectifs.** Pas ceux de la société, ni ceux de notre famille. C'est ça, s'affranchir. Et vous, êtes-vous totalement libre de penser par vous-même? Êtes-vous affranchi de votre famille d'origine et de ce qu'elle vous a inculqué? Reconnaissez-vous vraiment vos besoins?

Habiter ensemble ou non et faire chambre à part ou non font partie des décisions qu'un couple doit prendre. À chacun son style. En y réfléchissant, il me vient une autre réflexion: doit-on être semblables ou différents? Est-ce que les personnes de même genre se lient plus volontiers, ou les contraires s'attirent-ils? À cette question, je réponds qu'il faut une **homogamie** pour qu'un couple dure. Qu'est-ce qu'une homogamie? C'est le plus de similitudes possibles entre deux personnes: même tranche d'âge, éducation similaire, même ville ou région, même parcours scolaire, même niveau socioéconomique et mêmes intérêts culturels et sportifs... Vous comprenez l'idée? **Plus vous avez de points en commun, meilleure se portera votre relation**, car les risques de conflits s'estompent. Par contre, il est vrai que voir son contraire est érotisant, par exemple, une fille de bonne famille avec un *bum*. Les relations sexuelles sont intenses et bonnes, mais à long terme, les conflits seront au rendez-vous, puisque rien ne tempérera les situations conflictuelles, tout, chez eux, étant aux antipodes. Ce que je vois le plus souvent, dans mon bureau, c'est **une personne visuelle avec une auditive**. Une personne visuelle est une personne qui carbure à coups de projets. Il faut que ça bouge, que les plans se concrétisent, avancent et progressent. Le visuel veut que les choses soient rangées, classées et triées. On opère, ça presse! Un auditif fait plutôt «de la chaise longue». Il ralentit

l'autre et l'invite à la détente : « Hey, qu'est-ce qui presse ? »
Il faut cet équilibre au sein d'une relation, car deux visuels
seraient aux prises avec une surenchère de stress, et deux
auditifs seraient tellement inactifs que rien ne se mettrait
en place. Lorsqu'on reconnaît cette disparité, on est enrichi
par cette différence de caractère ; mais attention, l'homogamie doit être au rendez-vous, cependant il faut apprécier que l'autre soit tel qu'il est. Chacun agit pour la bonne
marche de la relation, du couple. À ce propos, il n'y a pas
que les visuels et les auditifs, il y a l'économe et le dépen-
sier, le sportif et le pantouflard, l'aventurier et le sédentaire.
Nous ne pourrions pas vivre avec notre clone. On se taperait
littéralement sur les nerfs ! Même avec une homogamie de
base, certaines différences sont présentes pour le bien de la
relation. Et sur cette base, tout peut être construit.

Quel est votre rôle au sein de votre couple ?

Nous sommes à l'ère de la *superwoman*, celle qui domine
son univers avec succès : une machine ambitieuse au travail, une maman attentionnée, une bonne cuisinière, une
citoyenne impliquée dans sa communauté, une amie présente pour son entourage et, par-dessus tout, une cochonne
au lit ! Attention messieurs, vous avez de la pression, vous
devez vous aussi tout faire : être habile de vos mains, être
financièrement solide, travaillant, intelligent, drôle, assez
viril pour déchirer la robe de votre partenaire, mais assez
galant pour lui en acheter une autre le lendemain, et vous
impliquer dans les tâches ménagères tout en étant un père
présent et attentionné. Vous l'aurez compris, l'idéal est une
femme à la fois madone et anti-madone, et un homme qui
sait être un *puppy* lorsqu'il le faut, tout en ne perdant pas
le mordant du doberman. **Nous sommes devenus ridicu-
lement exigeants l'un envers l'autre.**

Au chapitre précédent, portant sur le désir, j'ai mentionné une nouvelle exigence : une satisfaction relationnelle et sexuelle, et cela auprès d'une seule personne. Nous voulons tout, tout de suite. Lorsque j'entends les célibataires qui me consultent me décrire leur fiche personnelle sur un site de rencontres, ils demandent la totale, mais s'étonnent, à la lecture des autres fiches, que tout le monde en exige autant : poids santé, *look* d'enfer, style recherché, musculature développée, jeunesse, sans enfants, à l'aise financièrement, ouvert sexuellement, sportif, cultivé, passé résolu – manipulateurs et dépendants s'abstenir... Ouf! Quelles exigences envers nous-mêmes et les autres...

Plusieurs femmes se laissent prendre au jeu et font tout pour devenir elles-mêmes des **superwomen**. Elles mettent leur grain de sel partout et veulent mener tous les dossiers importants de front, sans en lâcher un seul, et ne croient qu'en leur jugement et leurs capacités. Puisqu'elles prennent tout en charge, elles ne font plus confiance au conjoint et deviennent de vraies **Germaine**. Elles gèrent et mènent la relation conjugale, familiale, économique et sociale... Elles contrôlent tout. Certaines ont vu leur mère agir ainsi : tout assumer des tâches ménagères, administrer le budget familial et prendre les décisions importantes. Lorsqu'on a une mère leader, le père est souvent absent, conciliant, passif et tolérant. Vu de l'extérieur, on pourrait penser qu'il subit cette femme-patronne, mais souvent, ça fait son affaire. Ce que sa conjointe fait, il n'a pas à le faire. Elle est responsable pour deux.

Au Québec, nous vivons dans un système fortement matriarcal où c'est encore la femme qui détient le pouvoir domestique. C'est la femme qui prend le congé de maternité et, bien que l'homme ait droit à un congé parental bonifié depuis quelques années, c'est loin d'équivaloir à tout ce qui incombe à la femme. L'allaitement est pratiquement imposé, sinon elle passe pour négligente et mauvaise mère. Elle se sacrifie sur le plan professionnel et salarial en mettant sa carrière et la possibilité d'une promotion en veilleuse pour l'éducation des enfants. On lui reproche son égoïsme si elle décide de laisser son enfant à la garderie pour aller travailler, puisqu'elle choisit le travail avant son enfant. Dans notre société, la madone est encensée. Paradoxalement, on reproche à la femme de se faire entretenir par son conjoint et d'être lâche si elle ne retourne pas au travail ; on lui dit qu'elle gaspille son savoir et ses études en ne travaillant pas et en ne rapportant pas d'argent. **La société a le jugement facile envers les femmes : jamais correctes, jamais adéquates, jamais assez... Qu'est-ce qu'on veut ?**

Même s'il est très louable que la femme demeure à la maison pour s'occuper de l'enfant jusqu'à son entrée à l'école, elle fait là un énorme sacrifice professionnel. Malgré son geste admirable, quel employeur lui permettra de réintégrer le marché de l'emploi après cinq ans d'arrêt ? Est-elle encore à jour dans ses connaissances ? Dans ses compétences ? Difficile à prévoir. Plusieurs femmes se sentent coupables de retourner au travail ou d'avoir le goût de retourner au travail afin de pouvoir se réaliser autrement. Elles se sentent coupables, une fois au travail, parce qu'elles pensent à la maison, et à la maison, se culpabilisent parce qu'elles pensent qu'elles devraient être au boulot.

La société est exigeante. Si en plus on doit avoir une éducation avec de hauts standards de réussite, et que notre mère se comportait comme le général en chef et qu'elle dirigeait la maisonnée d'une main de maître, nous avons tous les antécédents pour devenir la parfaite Germaine ! D'après vous, est-ce que la Germaine a une bonne attitude ? Qui est en couple avec une Germaine ? Il ne peut pas y avoir deux coqs dans la même basse-cour, alors quelle sera l'attitude de l'homme dans ce couple ? Avant de répondre à cette question, je dois aborder cet intéressant phénomène de société afin d'aider la femme contrôlante à améliorer sa vie personnelle et conjugale.

L'expression « Germaine » décrit la femme qui aime avoir le contrôle sur son environnement. Pas dans le sens de la domination, mais dans le sens de la gestion ou de la direction, à la manière d'un chef d'entreprise. En couple, cette expression réfère à une certaine dynamique relationnelle de type **professeur-élève, maman-fiston, patron-employé, général-soldat.** L'attitude de la Germaine consiste à toujours donner son avis, à s'immiscer dans la vie d'autrui, à décider, à organiser. En bref, elle gère et elle mène!

Je dois faire un petit aparté sur ces femmes qui veulent changer la garde-robe de leur conjoint. Certaines femmes ayant plus de leadership savent ce qui a du style ou non. Elles entreprennent une véritable métamorphose de leur homme. «Viens magasiner avec moi, car je sais ce qu'il te faut.» Je l'avoue, certains hommes manquent de style. Mais cette démarche doit demeurer ludique et être axée sur le désir de séduire l'autre, et non de se faire prendre en charge. Si tel est le cas, on glisse de l'autre côté de la médaille: la Germaine contrôlante se réveille et considère l'homme tel un petit garçon dépourvu de goût et inapte à magasiner seul. Bonjour l'effet de surprise! Et quel déplaisir, pour la femme Germaine, que de devoir prendre en charge l'homme: «Que serait-il sans moi? Il me faut tout lui apprendre.» Bonjour le découragement! Si vous désirez être avec un capitaine, laissez-lui le gouvernail de temps en temps. Et vous, messieurs, soyez sensibles à ce qui plaît à votre conjointe, faites votre possible pour avoir une belle apparence et une bonne hygiène. Acceptez la critique constructive, magasinez avec elle et écoutez ses conseils judicieux, et ensuite, mettez vos limites et passez à autre chose. Elle n'est pas votre mère, mais votre partenaire. Vous désirez rester un objet de désir, faites attention à votre réflexe de vous laisser prendre en charge. Mesdames, vous pouvez conseiller sans vous imposer. Suggérer, sans tout faire pour l'autre. **Je ne le répéterai jamais assez: existez dans votre relation!** Vous avez le droit de manifester vos goûts et vos opinions en matière de tenue vestimentaire. En définissant vos influences, demeurez dans votre zone de confort, tout en changeant certains articles judicieusement sélectionnés.

J'entends certaines femmes dire qu'un changement est nécessaire, et que c'est pour le mieux. Je sais. Pour préserver votre désir sexuel et garder intacte l'admiration que vous éprouvez envers votre partenaire, le fait de le regarder à travers vos lunettes roses est important. Cependant, allez-y mollo avec les exigences. N'imposez rien, proposez ! Ainsi, il y aura une collaboration et vous éviterez le rapport maman-fiston. Oui, les femmes aident les hommes à s'habiller en fonction de leur âge et de leur corps. Elles peuvent moderniser un *look* désuet. Et c'est tant mieux. Mais sachez messieurs que vous avez le même droit envers elles. Vous aussi pouvez demander à ce qu'elle porte davantage de lingerie fine, de robes, de talons aiguilles, et qu'elle soit plus aguichante ou *sexy*. Vous avez le droit d'agir comme un doberman.

Plusieurs femmes ont vu leur mère se comporter de cette façon. Par souci constant d'efficacité, elle gérait le budget familial, les repas et les achats, l'éducation des enfants, les vacances, l'entretien de la maison et, de ce fait, toute l'organisation familiale. Le père, de son côté, veillait à tout à l'extérieur de la maison, sans plus. Malgré tous les avantages résultant de ce type de fonctionnement, bien des femmes se demandent pourquoi elles ont aussi adopté ce rôle au sein de leur couple.

Au royaume de l'efficacité, la Germaine est reine. Le ménage qu'elle dirige est extrêmement bien organisé et jamais improvisé. La Germaine est une femme proactive qui fait des projets qui se matérialisent. **Elle se perçoit comme la seule adulte de la maison.** L'une des conséquences découlant de ce modèle est **l'infantilisation du conjoint**. Peu à peu, la femme perd confiance dans les capacités de son compagnon à faire les choses, à les faire correctement ou aussi bien qu'elle ! Inquiète et hyper prévoyante, elle vit dans l'anticipation de ce qui va arriver. Et se sentant responsable de tout, y compris de son conjoint, elle souffre d'épuisement. En outre, elle ressent beaucoup de frustration par rapport à elle-même, se demandant pourquoi elle en fait autant sans pouvoir lâcher prise. La Germaine connaît souvent une baisse de désir sexuel. La somme de travail à abattre la laisse sans répit, sans espace pour fantasmer et sans disponibilités. Chez celles qui ont des douleurs à la pénétration, la colère et les frustrations vis-à-vis du conjoint sont souvent en cause. **En effet, comment s'abandonner aux caresses d'un amant qui est perçu comme inutile ?** Inconsciemment, elles se demandent comment il est possible de se laisser pénétrer par un tel homme dépourvu de virilité, de masculinité et d'initiative ? Inconcevable. D'où les contractions musculaires et les douleurs. **Si la femme Germaine ne se plaint pas verbalement, son vagin le fera à sa place.** Et bien que l'attitude dirigeante et entreprenante de la Germaine soit une belle aptitude sociale, sur le plan relationnel et sexuel, c'est nul et souvent voué à l'échec. La frustration s'accumule chez les deux partenaires, parce que entre vous et moi, si elle a des douleurs, c'est qu'elle veut bien en avoir. Il n'en tient qu'à elle d'agir autrement, et il n'en tient qu'aux hommes d'oser enfin prendre leur place et de s'affirmer ! À tout mener et gérer, elle perd le sens du plaisir et de l'instant présent.

Se sentant fautif, l'homme laisse de plus en plus de contrôle à sa conjointe par commodité, parce qu'elle est efficace, compétente et que les choses se règlent rapidement avec elle. Résultat ? Il en vient à se fier totalement sur elle et à développer une dépendance envers sa conjointe dans toutes les sphères de leur ménage. Un cercle vicieux s'installe…

La femme lui lance : « Je suis frustrée parce que tu n'innoves plus. » L'homme lui répond : « Je n'ose pas innover parce que tout ce que je fais m'est reproché. »

La femme se plaint : « Qu'est-ce que tu attends pour agir comme un homme ? » L'homme réplique : « Arrête de me traiter en sous-fifre, arrête d'agir comme si tu étais mon patron et surtout, arrête d'agir comme si tu étais ma mère. »

Ces plaintes n'expriment pas le véritable enjeu. C'est le cercle vicieux du double message. Le problème que plusieurs hommes vivent auprès d'une Germaine est la dys-fonction érectile. En effet, celui qui ne se sent pas à la hauteur des attentes et des exigences multiples de sa conjointe se sent inadéquat aussi au lit. **Par son attitude, la Germaine dépouille son conjoint de sa virilité.** Mais à l'origine, possédait-il vraiment une virilité marquée ? Avons-nous affaire à un *puppy* ? C'est souvent le cas. Au-delà de la dysfonction érectile, l'homme peut souffrir d'une baisse draconienne de libido, ne se sentant pas désirant, désirable et désiré. Trop préoccupé à satisfaire madame, il en oublie sa propre cadence, et encore une éjaculation trop rapide ! Elle le rend trop nerveux.

Et s'il décide de prendre une médication pour remédier à son trouble érectile, un paradoxe s'installe. Les remarques de la Germaine pourront aller dans un sens comme dans l'autre : « Tu es pathétique, tu te fies sur la petite pilule pour avoir des érections parce que t'es même plus capable de bander par toi-même ! » Ou encore : « J'en reviens pas que tu te laisses dépérir avec ton problème. Tu n'es même pas capable d'aller voir le médecin pour trouver des solutions et t'occuper de ta santé sexuelle ! » Le dénominateur commun de ces deux réflexions est la violence psychologique sous la forme du mépris. Attitude typique de la Germaine.

La femme dominante s'intéresse à un homme pouvant être dominé. Mais en réalité, elle cache son ultime désir d'être en présence d'un mâle alpha suffisamment dominant pour la soumettre à sa volonté virile et même perverse ! J'exagère à peine… Je fais souvent l'observation d'une **hétérosexualité inversée** : l'homme joue à la femme, la femme, phallique, se prend pour l'homme. L'homme est castré et la femme a un « vergin », une verge et un vagin à la fois. Certaines femmes possèdent une psychologie masculine et ont davantage de cran que leurs consœurs. Sur le marché de l'emploi, cette attitude les rend fortes et leur fait gravir les échelons leur permettant d'occuper des postes de direction. C'est très bien ainsi, mais attention à ce qu'elles ne reproduisent pas cette attitude auprès de leur partenaire. **Agir en homme alors qu'elle n'en est pas un lui jouera de vilains tours une fois sous les couvertures**, car depuis l'origine des temps et au fil de l'évolution de l'espèce humaine, la femme érotise la virilité : c'est une affaire d'homme. Un *puppy*, c'est bien, mais un doberman, c'est mieux!

Au fond, les femmes contrôlantes rêvent d'avoir à leurs côtés un capitaine qui saurait prendre la barre du bateau pour les conduire à bon port, même en pleine tempête. Mais force est de constater qu'elles sont incapables d'attribuer cette compétence à leur conjoint, par résistance, insécurité ou, inconsciemment, par transfert des caractéristiques de leur propre père (perçu comme irresponsable). Ce que ces femmes redoutaient le plus en amour, elles ont contribué à le construire. De là découle leur choix d'un homme malléable, facile à diriger. Or, pour que leur homme devienne cet amant excitant, attirant et surtout admirable, il faudrait lui faire de la place, lui offrir la gestion d'une partie des tâches du quotidien.

Serait-ce possible pour elle de choisir un vrai capitaine ou un doberman qui contesterait son contrôle en revendiquant sa place d'homme et qui la confronterait sur ses manies et ses agissements? Il lui faudrait un homme qui peut se prendre en charge tout seul. Autonome et en parfait contrôle de sa vie et de la situation. Elle serait alors obligée d'agir autrement dans la relation. En est-elle capable?

Bien que ces femmes rêvent d'un capitaine, se sentent-elles à la hauteur d'un tel homme? Peut-être pas, puisqu'elles choisissent un homme qu'elles peuvent dominer. Posez-vous la question… Souvent, ce qu'on désire le plus peut en même temps nous faire très peur!

Les femmes contrôlantes hésitent souvent à changer. Il s'agit certes d'un énorme défi à relever pour elles, mais ce défi est incontournable si elles veulent retrouver le sens du plaisir et une vie sexuelle excitante. Les Germaine doivent trouver de nouvelles façons d'interagir avec leur partenaire.

MATIÈRE À RÉFLEXION

La femme contrôlante pourrait...

- Prendre conscience de son habitude à prendre le contrôle dans son couple. Peut-elle trouver l'origine de ce comportement ? À quoi fait-il référence ? D'où vient ce vieux réflexe de vouloir tout faire à sa manière ? Un regret nostalgique du temps où nos mères étaient à la maison ? L'obligation de devoir réussir à la fois sa carrière et sa vie de famille ? Quels sont les avantages à détenir le contrôle ? Les inconvénients ?
- Reconnaître toutes les répercussions de la gestion de tout et la somme de temps qu'elle y consacre : épuisement, soucis, insomnies, stress, évitement de l'intimité, évitement des plaisirs, dysfonctions sexuelles. Sans oublier l'énorme sentiment de culpabilité, lorsqu'elle manque à sa tâche.
- Reconnaître qu'elle se sent utile dans la relation et que tenir ce rôle a pour effet de la rassurer. Son besoin est grand d'être aimée, valorisée et reconnue pour tout ce qu'elle fait.
- **Accepter le fait que son conjoint n'est ni un enfant à charge, ni un incapable, ni un lâche.** Même s'il est peut-être apathique, il n'est pas un dépendant affectif. Il est plutôt une personne qui a besoin de l'initiative de l'autre. Il attend d'être guidé. Ce type d'homme a tendance à s'unir à une femme possédant les qualités qui lui font défaut.

Un homme trop conciliant aurait intérêt à s'interroger sur ce qui suit.

- Sa tendance à se fier sur sa conjointe, à s'adapter constamment à son style, à suivre ses directives, ainsi que sa difficulté à prendre des décisions.
- Les raisons qui l'ont amené à abdiquer, à laisser sa conjointe prendre toute la place et à renoncer à sa virilité.
- Le fait qu'il ne mette pas ses limites et n'insiste pas pour prendre sa place.
- Ses peurs. Il n'est pas avec une personne qui détient une autorité, mais avec une femme adulte égale à lui.

- Ses désirs. Il doit les cultiver, oser entreprendre, croire en lui, se faire confiance, relever des défis. Il est le porteur du pénis. Il détient la virilité. Il doit oser défendre ses points de vue, persévérer et se faire entendre.

Le couple doit prendre conscience des choses suivantes.

- Qu'il existe une lutte de pouvoir entre eux; l'un est dominant et l'autre dominé, ce qui génère moult conflits et frustrations. Cette dynamique se reproduit dans tous les aspects de la vie conjugale, prive le couple de plaisirs partagés et empêche l'intimité véritable. L'ennui conjugal les guette. À force de combattre, on finit par lâcher les armes et on s'enfonce dans une monotonie frustrante, ennuyeuse.
- **Les partenaires doivent reconnaître qu'ils sont dans un cercle vicieux:** pour arrêter d'agir comme une Germaine, la femme doit cesser de traiter son conjoint d'incompétent, et il doit arrêter de se croire inadéquat dans tout.
- **Les partenaires doivent maximiser la gratitude envers l'autre**, car c'est démontrer son appréciation de l'autre. «Je te remercie pour ceci… Je te félicite d'avoir fait cela… Merci pour ceci… J'apprécie vraiment cela…» Il faut mettre des lunettes roses et se faire des compliments. La femme qui ne veut plus être une Germaine doit dire des mots gentils, comme: «Je suis contente parce que… Je suis heureuse de ce que tu as fait… Ça me touche, ce que tu as dit…» C'est ainsi qu'on se crée un cercle vertueux. **On arrose les fleurs, pas les mauvaises herbes.** L'homme se sentira fier et sera encouragé à poursuivre son implication.

CONTRÔLE: LES SOLUTIONS DE RECHANGE
Voici des mesures concrètes pour que les Germaine aient une meilleure attitude.

- **S'imaginer qu'un miracle se produit et que demain sera la plus belle journée de votre vie.** Vous n'avez plus aucun problème, et votre vie de couple ira pour le mieux. Qu'est-ce qui sera différent ? Comment allez-vous savoir ce qui est différent ? Qu'est-ce que vous allez voir ? Qu'allez-vous entendre ? Comment allez-vous réagir ? Qu'allez-vous ressentir si le problème n'est plus là et qu'une solution a été trouvée ? Qu'est-ce qui va vous prouver que le problème a été remplacé par une solution ? Quelle différence doit émaner de l'intérieur, et comment sentirez-vous ce changement ? Serez-vous plus calme, plus zen, plus décontractée et plus confiante ? Qui vous indiquera qu'un miracle s'est produit ?

- **Définir quels comportements, chez l'autre, la rendraient heureuse :** initiatives dans les tâches domestiques (préciser lesquelles), prise en charge de la comptabilité ou des travaux plus lourds, de l'éducation des enfants, des prochaines vacances, du prochain week-end, du choix des activités, des propositions sexuelles, etc. Quand son partenaire fera cela, que fera-t-elle alors de différent ? Ainsi, on précise la situation idéale que chacun désire atteindre.

- **Trouver des moyens concrets** pour favoriser des comportements positifs.

- **Demander au conjoint de la rappeler à l'ordre**, au besoin. Lorsqu'une femme exerce un contrôle sur son conjoint ou qu'elle le traite comme un enfant, ce dernier peut utiliser, avec humour, une phrase du genre : « Serais-tu en train de m'installer sur la chaise haute ? Es-tu en train de me mettre une suce dans la bouche ? »

- **Reconnaître les capacités et les qualités de son conjoint** et les identifier une à une. À force de se plaindre de l'autre, on ne lui voit que des défauts. On le regarde à travers des lunettes noires. Remettez vos lunettes roses !

- **Faire des compliments à son conjoint**, l'encourager à prendre des responsabilités et des décisions, et apprendre à être fière d'être avec lui. Un homme mis au défi est encouragé à entreprendre des projets et se sent plus viril.

- **Autoriser son conjoint à occuper sa place** en cessant de le voir comme un bon deuxième, et en s'ouvrant à la souplesse. Les choses ne seront peut-être pas faites comme vous le désirez, mais au moins ce sera fait. De grâce, ne passez pas derrière lui pour recommencer ce qu'il vient de faire !

- **Découvrir le plaisir d'être deux**, de partager, de ressentir, de se sentir pleinement femme en présence de son homme, de vivre d'égal à égal, de profiter de sa féminité.
- **Redevenir un couple hétérosexuel** avec des rôles sexuels bien définis et stéréotypés : une femme est une femme, un homme est un homme.

Il existe également des Germaine que je nommerais les anti-madones frustrées sexuellement. Ces femmes, voulant essayer de casser une habitude relationnelle malsaine, soit s'amouracher d'un homme qui fuit l'engagement, choisissent un *puppy*. Au début, la relation fonctionne, c'est le repos de la guerrière. Enfin, elle est avec un homme qui s'investit dans la relation : enfin un bon gars ! Mais rapidement elle s'aperçoit qu'il manque de virilité. Et elle se dit qu'un bon gars, c'est ennuyeux et que ça manque de personnalité. L'homme *puppy* a une virilité endormie. Il est conciliant, effacé et facile à contrôler. Mais ce sont des comportements qui incitent la Germaine qui sommeille en elle à se réveiller. Puisque l'homme n'est pas suffisamment un homme, des luttes de pouvoir peuvent s'installer, et la femme pourra rêver secrètement d'une liaison torride avec un vrai mâle, un doberman cette fois !

Ça vous étonne ? Souvenez-vous de ce que j'ai mentionné au premier chapitre, sur la personnalité sexuelle des femmes. Lorsqu'une amazone est en couple avec un *puppy*, un homme travaillant, loyal, stable et amoureux de cette femme flamboyante, divertissante et à la beauté érotique excitante, le *puppy* en perd ses moyens. Ébloui, il oublie qu'une fois dans la relation, il devra livrer la marchandise « virile » et exister en tant qu'homme. S'il n'y arrive pas, cette négligence frustrera l'anti-madone.

La Germaine en elle s'exprimera alors par une violence psychologique : mépris, condescendance, infantilisation, colère, bouderie, chantage, manipulation et menace d'avoir une liaison. Si sa frustration est disproportionnée, elle pourrait devenir violente physiquement. J'ai souvent entendu des clients avouer avoir été battus par leur conjointe. Ces aveux sont pénibles et très humiliants à dévoiler. L'inconscient collectif clame haut et fort qu'un homme est plus fort qu'une femme. Alors imaginez le sentiment que peut ressentir un homme battu... «Avec son profond mépris envers moi, elle m'a poussé à bout. Oui, j'aurais pu la frapper, mais j'ai décidé de ne pas le faire. On ne touche pas à une femme. Même si elle, elle se permettait de me cracher dessus et de m'anéantir complètement... »

Ce que la société ignore au sujet de ces hommes c'est qu'ils sont dans une dynamique conjugale malsaine. Ils sont coincés. La femme détient le plein pouvoir et retire à son conjoint le peu de pouvoir qu'il lui reste. Elle le castre et l'infantilise. Il ne sert donc plus à rien, sexuellement. Elle lui reproche son manque d'initiative (même si c'est elle qui lui a coupé les ailes), son manque de virilité (même si elle est masculine pour deux) et son manque d'envergure (même si par son mépris, elle l'empêche d'exprimer ses idées et de faire des projets). Les deux partenaires sont responsables de ce cercle vicieux. **La mauvaise attitude, ici, est de refuser de croire en l'autre, de ne pas lui laisser de chance et de ne pas croire en ses possibilités. La mauvaise attitude est de tout prendre en charge et de tout assumer pour ensuite reprocher à l'autre de ne pas prendre sa place. La mauvaise attitude est d'adopter un rôle parental avec son conjoint.**

Une autre attitude typique de l'homme est de laisser faire pour qu'il n'y ait pas de chicane. S'effacer pour être un parfait caméléon conciliant afin de plaire. La dynamique est la même chez les conjoints dont la femme est une survivante d'agression sexuelle. Il efface sa masculinité à un point tel qu'il s'en couperait le pénis afin de ne rien perturber chez sa partenaire traumatisée. Il se couperait le pénis, l'arme de l'agresseur, pour ne rien déranger. Il est prêt à s'oublier complètement, en tant qu'homme, en se démasculinisant, en abdiquant devant la vraie rencontre sexuelle, et en occultant ses besoins et ses envies d'homme viril et pénétrant. C'est le *puppy* avec la madone suprême. Peu de choses se passent. Toute la place est laissée à la peur, au traumatisme. Ni un ni l'autre n'est assez fort pour provoquer un changement dans la dynamique. Au fond, ces femmes, tout comme les Germaine, fantasment sur l'homme doberman. L'homme viril qui a l'audace nécessaire pour la sortir de sa zone de confort afin de la guérir de son traumatisme veut lui faire franchir une étape : la faire exister enfin comme femme. Elle le souhaite, en rêve, mais est-elle prête à le recevoir ? Il est facile de se plaindre, mais c'est difficile de casser des habitudes. L'absence de changement chez ces femmes les maintient dans une zone de confort. La déception et la frustration sont connues, et donc plus confortables que l'inconnu. Elles se sont familiarisées avec ces émotions. Pour changer, elles devraient rompre le cercle vicieux en ciblant leurs besoins et en se choisissant un partenaire adéquat.

Une amazone frustrée sexuellement m'a déjà avoué qu'elle se ratatinait comme un raisin sec, puisque sa libido était inexploitée. Elle était pleine de rage envers son homme, qu'elle jugeait passif et lâche. Exaspérée au point de vouloir le frapper pour qu'il comprenne sa frustration, le conflit montera d'un cran si en plus elle le menace d'aller voir ailleurs « Je vais me trouver un amant qui, lui, me baisera comme un dieu. » Le conjoint jette l'éponge en disant : « Vas-y ! » Il n'en peut plus, la coupe est pleine.

Pour cet homme, la situation a atteint ses limites, il ne peut plus acheter la paix. Il autorise sa partenaire à avoir un amant. Pour la femme, cet abandon la décourage au plus haut point. Il a jeté de l'huile sur le feu. « C'est ça, tu ne te bats pas pour moi ? » dit-elle. Voyez-vous le cycle de violence ? Elle est frustrée, il tente d'apaiser la situation. Elle le trouve passif, il la trouve trop exigeante. On provoque l'autre afin qu'un changement se produise, mais en vérité, sont-ils faits l'un pour l'autre ? Amazone et *puppy* : est-ce un bon ménage ? Est-ce qu'ils se conviennent ? Ont-ils des désirs compatibles ? J'en doute. Lorsqu'il y a une différence notable de libido dans le couple, plusieurs choix s'offrent : soit on comble ses besoins ailleurs (nous le verrons plus en détail au chapitre suivant), soit on fait des demandes adéquates au partenaire, en faisant état de nos besoins, et on négocie un terrain d'entente. Si les deux souhaitent vivre leur vie sexuelle ensemble, ils doivent faire un bilan de vie en se demandant en quoi le partenaire est significatif, à ce moment de la relation, et pour quelles raisons il a été choisi. Qu'est-ce qui plaisait chez lui ? A-t-il été choisi pour réparer des blessures du passé ? Certaines femmes souffrantes à cause de leur passé conjugal veulent changer complètement de style d'homme. Du *bad boy,* elles passent au boy-scout. Facile en théorie, mais difficile en pratique...

Le phénomène est comparable au doberman en couple avec une madone. Pourquoi l'a-t-il choisie ? Pour éviter l'humiliation d'être avec une femme volage et infidèle ? Une chose est certaine, lorsqu'on sélectionne une personne plus tranquille inspirant la confiance et la sécurité, on souffrira tôt ou tard d'un manque de passion conjugale. Il faudra assumer son choix. L'adrénaline ou le confort ?

Le confort est acceptable puisqu'il établit le sentiment amoureux. La pire chose est de subir l'autre, de s'obstiner à vouloir le changer, le modeler à notre façon, le ridiculiser. Cela signifie ouvrir la voie à la violence psychologique.

La meilleure attitude est de réfléchir à notre choix de partenaire, de l'assumer et de se le remémorer. Nous sommes en couple avec cette personne, il doit bien y avoir une raison. Est-ce que cette raison est toujours valable ? Oui ? Alors tout est possible ! Quel est le changement désiré ? En quoi chacun peut-il faire un effort pour préserver la relation et satisfaire les besoins de l'autre ? C'est la situation idéale.

La négociation plutôt que la lutte de pouvoir. Personne n'a à être infantilisé. Personne ne mérite d'être humilié. Personne n'a à agir comme seul et unique conciliant des deux. Personne n'a à devenir un caméléon pour satisfaire l'autre. Et personne n'a à détenir le contrôle total de la relation. Le couple est régi par deux adultes. N'oubliez pas votre statut, votre personnalité et votre identité. Faites-vous valoir! Existez dans votre relation. Affirmez-vous. Osez le faire.

Une femme devenue une supermaman n'est guère mieux

Je dois le dire, je lève mon chapeau à toutes les mères, puisque le plus gros défi, pour une femme, est d'être une mère tout en restant une femme. Pour assumer ces deux rôles, elle a besoin d'un conjoint viril pour lui rappeler son rôle de femme au sein du couple, en lui disant qu'elle est avant tout un objet de désir. Bien que certaines femmes se fâchent et disent que leur homme ne pense qu'à ça, en vérité ils agissent pour le bien de la relation. Il faut stopper la grossesse extra-utérine, la fusion extrême avec l'enfant. La grossesse est terminée et le cordon ombilical a été coupé. Il est un être unique à part entière. Oui, il dépend entièrement de nous, ses parents, mais pas uniquement de la mère. Je soupçonne quelques femmes, totalement dédiées à leur enfant, de se cacher derrière leur rôle de mère pour faire de l'évitement sexuel. L'homme n'a qu'à attendre son tour, qui ne viendra jamais, puisqu'on ne se met plus en état de désir. Ce n'est plus la peine, car l'enfant accapare la mère et ça fait son affaire… Certaines mères Germaine se gardent même une chasse gardée – le maternage – et rejettent toute implication – parfois maladroite – du père. À quoi bon, c'est un sous-fifre inapte!

Pour foncer dans le monde professionnel, la femme a de bonnes raisons d'adopter une attitude de Germaine. Mais sur le plan relationnel, attention mesdames: allez-y mollo sur le contrôle. Vous courez à votre perte et droit vers l'épuisement professionnel et personnel. **Il ne sert à rien d'être trop exigeantes envers vous-mêmes.** Au fait, à qui faites-vous plaisir en agissant ainsi ? Qui cherchez-vous à impressionner ? Vos parents ? Si c'est le cas, il faut couper le cordon ombilical qui vous relie à eux. Affranchissez-vous, il en est encore temps. Il ne vous est d'aucune utilité d'être la bonne fille de vos parents.

Vous êtes maintenant une femme adulte qui vit sa vie comme bon lui semble. Donnez-vous des permissions et profitez des récréations. Qui peut peser pour vous sur le bouton pause de la télécommande de la performance et de l'organisation ? Qui prend le temps de respirer et sait relaxer ? Mesdames, écoutez votre homme, car il a souvent raison ! Prenez le temps de vivre et faites-lui confiance. Il vous le rendra au centuple ! Une Germaine contrôlante et organisée n'a pas une minute pour faire l'amour. Selon elle, c'est une activité inutile qui ne donne rien. Et je passe outre la masturbation. Voulez-vous vraiment penser ainsi ? Voulez-vous vraiment vieillir ainsi ? Voulez-vous ça pour votre couple ?

Il y a toutefois des femmes qui sont conciliantes et accommodantes. Prêtes à attendre, elles espèrent pouvoir récolter les miettes de l'attention. À l'inverse de la Germaine, elle est la meilleure amie de l'homme et est capable d'adaptation, enjouée et disponible. La femme conciliante ne joue pas la carte de l'affirmation de soi, elle laisse faire et laisse passer. En apparence, rien ne la dérange, mais au fond, elle espère un prince charmant sur son cheval, prêt à tout pour la conquérir. Elle veut un homme viril, décidé, affirmé, et surtout disponible. Elle veut tellement éviter le rejet qu'elle laisse tout le pouvoir à l'homme, afin qu'il décide de la tournure de la relation : « Je ne veux pas passer pour celle qui harcèle. Je ne téléphonerai pas à outrance, je ne vais pas proposer une activité trop vite. Je veux tout faire pour bien agir. »

À force de s'adapter au rythme de l'autre, elle en oublie le sien. Voulant tellement passer pour une femme agréable, elle ne fait pas assez preuve de caractère. Un homme préfère être avec une femme qui a sa couleur, sa saveur, son vécu, ses idées, sa fougue et son intensité. Pas un clone de lui. Mesdames, si vous fantasmez sur l'homme viril, affirmez-vous aussi! Démarquez-vous en existant dans la relation. Il ne faut pas se retirer du terrain de jeu, car une autre jouera à votre place! Quittez la voie de service et empruntez la voie rapide de l'autoroute. Trop de Germaine déclenchent des luttes de pouvoir, et trop d'accommodements annihilent le pouvoir personnel. Je sais que certaines femmes choisissent cette stratégie pour réparer un traumatisme du passé. L'une d'elles me racontait le tsunami interieur créé par sa nouvelle flamme...

«Je me suis fait laisser à plusieurs reprises. Le rejet: non merci! Maintenant, je vais tout faire pour demeurer dans la relation. Pour qu'il me choisisse. Je suis complexée par mon surplus de poids. Je manque de confiance en moi et je me sous-estime beaucoup. J'ai eu du sexe le premier soir, lors de notre première rencontre. Un homme fabuleux. Presque mon homme idéal. Superbe. Trop beau pour moi. J'ai peur qu'après m'avoir vue nue, il ne me rappelle plus. C'est d'ailleurs ce qui est en train de m'arriver.

» Je lui téléphone, et il répond. Je propose des activités, mais il est occupé et ne peut rien prévoir, puisqu'il ne connaît pas son horaire à l'avance. Je m'encourage lorsqu'il dit vouloir remettre ça à plus tard, mais sans fixer de moment précis. Au moins, il ne ferme pas la porte! Je me rends bien compte que la proposition ne vient pas de lui, l'appel non plus. Je suis en attente, mais je garde espoir. J'ai peur de ne plus jamais avoir de nouvelles de lui. Je regrette le fait que nous nous soyons si vite retrouvés à l'horizontale, déshabillés... Mais je suis une femme moderne. Je désire, alors j'agis. Il me semble qu'il n'y a rien de mal là-dedans... Mais comme la communication n'est pas fluide, j'essaie de ne pas être trop vindicative. Même si j'aimerais l'engueuler et lui dire vraiment ce que je pense, puisque la colère m'aide à m'affirmer, son silence me fait douter de son intérêt envers moi. Si j'avais davantage confiance en moi, je couperais les ponts ou j'imposerais un ultimatum. Mais j'attends. J'attends qu'il me rappelle. Je veux tellement qu'il me choisisse… Pourquoi est-ce que je tiens bon ? L'autre jour, par surprise, j'ai reçu un coup de fil de lui. Pourquoi est-ce que je jubile lorsqu'il me rappelle, comme si son coucou illuminait ma journée ? J'essaie de me détacher, mais lorsqu'il rapplique, je flanche. Je suis consciente de ma façon d'agir, de mes attentes, de mes espérances, de mon inaction. Et je me déteste quand je suis la femme gentille qui accepte tout. Je veux démontrer que je ne suis pas une *prima donna,* que je suis facile à vivre. Pourquoi ce surcroît d'adaptation de ma part ? Comment ça se fait que j'ai ce réflexe ? »

Les personnes conciliantes reconnaissent leur comportement. Elles achètent la paix pour être aimées, et donc ne font pas de vagues. Lorsqu'elles essaient de réfléchir à leurs agissements, elles ont des doutes. On voit tout de suite que l'hésitation est loin d'être une affirmation de soi. Le fait de renoncer, de s'accommoder et de maintenir la bonne entente avec les autres est la preuve d'un manque d'estime de soi. Laisser le pouvoir décisionnel à l'autre est une grande erreur. Oui, ça peut s'apparenter à de la dépendance affective, mais il y a une distinction à faire.

La conciliation est la conscience de son existence, mais pour le bien d'une relation, la femme renonce volontairement au privilège d'exprimer ses limites. La personne conciliante choisit jusqu'à quel point elle est prête à sacrifier ses besoins. Souvent, ce sont des gens performants au travail et qui s'expriment aisément. Ils peuvent même faire une auto-évaluation réaliste de leur performance. Sociables, agréables et dynamiques auprès des amis, ils sont capables de tolérer la solitude. Mais une fois en couple avec une personne vraiment attirante et érotisante, ils font des accommodements raisonnables – qui deviendront déraisonnables – de peur de ne plus être choisis, désirés et aimés ou, tout simplement, de peur d'être abandonnés. La conciliation à ce point ne vous mènera nulle part. Ce rôle vous rend ridicule aux yeux de l'autre, car il n'impose pas le respect. Ces personnes sont loin d'agir en fonction de leur désir. Elles agissent plutôt en fonction de leurs peurs.

Ces femmes doivent réfléchir au moment précis où elles sont les plus vulnérables et où il serait trop facile de sombrer dans la conciliation. Quel en est le déclencheur? Il faut questionner ce réflexe et se dire: **«Qu'est-ce que je m'empêche d'exprimer? Pourquoi? Qu'ai-je envie de dire? Que dirais-je si je n'avais plus peur de rien?»** L'idée est qu'à force d'être une Germaine ou une femme-amie, on s'en va tout droit vers des dynamiques conjugales inégales, des luttes de pouvoir et des frustrations. Il faut garder en tête ses propres repères, ses limites, et les faire respecter. Stimuler la discussion pour faire valoir son opinion et négocier est la meilleure attitude. Femmes conciliantes, avez-vous vraiment envie de rester ainsi toute votre vie?

Les hommes sont souvent incertains quant à la meilleure façon d'agir au début d'une relation. Ils ne savent pas s'ils font suffisamment preuve de virilité ou de gentillesse. La femme souffre du même tourment et se demande si elle est assez ouverte et affirmée, ou trop sexuelle et pas suffisamment respectable. Cessez de vous casser la tête avec ce qu'il faut faire. Faites ce que vous désirez faire. C'est la seule façon d'être vrai, authentique, avec sa propre couleur et sa saveur.

DYNAMIQUE DE FUSION OU D'AUTONOMIE: ENTRE LES DEUX MON CŒUR BALANCE...

Les balbutiements d'un couple sont marqués par une osmose parfaite: la fusion totale et complète des deux partenaires. Ensemble, ils forment une seule personne. C'est d'ailleurs le mythe de l'origine de la création de l'humanité cité par Platon dans *Le Banquet*. Je paraphraserai son explication mythologique comme ceci: au début, Zeus, grand chef de la divinité, créa l'homme avec deux têtes, quatre bras, quatre jambes. Un homme autosuffisant et ultraperformant. Les têtes de l'homme bourdonnaient d'idées géniales, et ses déplacements se faisaient à une vitesse spectaculaire. C'était un être unique. Mais un jour, voulant cesser de vivre sous le joug de Zeus, il s'en prit aux dieux. Ce qui offusqua Zeus à un point tel qu'il décida de punir l'homme pour avoir voulu contester son autorité. La punition fut que l'homme soit scié en deux. Il dit : « Dorénavant, vous n'aurez qu'une tête, deux bras et deux jambes. Vous devrez vous tenir debout. Votre nombril sera la cicatrice de l'opération. Et maintenant, le lot de l'homme sera de trouver qui est son double. Vous découvrirez votre âme sœur entre autres par la sexualité, la fusion parfaite des corps ! » Intéressant non ? J'adore cette histoire. Je trouve qu'elle donne un sens mythique à la sexualité, lieu privilégié pour trouver une fusion totale. Un abandon. C'est le sens sacré de la sexualité : l'union des âmes, qui en plus donne la vie !

J'aime aussi cette histoire parce qu'elle explique aisément la notion de fusion. Ou du moins la façon dont on la perçoit, soit d'avoir enfin trouvé notre autre moitié. Le problème, avec la fusion, c'est de considérer notre partenaire comme étant un poumon manquant (« Je respire mieux quand tu es là. ») ou un autre hémisphère à notre cerveau (« J'ai besoin de tes conseils, dis-moi quoi faire. ») Le fait est que sans le partenaire, nous ne sommes pas qu'une demi-personne, nous sommes complet en nous-même. Dans notre corps, nous avons tout en double – deux poumons, deux reins, deux ventricules au cœur... Nous sommes autosuffisants. Bien qu'il soit plus agréable d'être en relation de couple pour partager et pour bénéficier de la présence affective de l'autre, nous sommes capables de fonctionner seul. Je dis souvent que pour bien vivre au sein d'une relation, on se doit d'avoir vécu seul auparavant. Et de savoir que, quoi qu'il advienne, nous sommes capables de vivre seuls à nouveau. Il faut avoir confiance en soi. Les gens qui vivent une fusion ou qui sont dépendants de l'autre tiennent bon en s'acharnant sur leur relation pour éviter le pire : la solitude à tout jamais.

Les périodes d'éloignement sont mal vécues par eux. Ils s'ennuient. Ils confondent le véritable ennui et le fait que l'autre leur manque. Lorsque le partenaire doit s'absenter, s'ennuyer de lui veut dire pour eux se morfondre et être incapable de fonctionner, parce qu'ils sont envahis par un sentiment de déprime. Alors que penser à l'autre, s'appeler le soir et dire à l'autre « tu me manques » signifie : « Je pense à toi tout en continuant mes occupations quotidiennes. Je suis capable de continuer ma vie et je t'ai dans mes pensées. » Le verbe « s'ennuyer » fait partie du langage populaire. C'est dommage, car souvent le conjoint qui s'est absenté pour un voyage d'affaires, par exemple, demande à sa douce « T'es-tu ennuyée ? » alors qu'il devrait lui dire : « Est-ce que je t'ai manqué ? » Ce qui est beaucoup plus sain comme sentiment. L'ennui véritable implique ceci : « Je suis tellement toute ta vie que lorsque je pars, ça laisse dans ta vie un vide énorme impossible à remplir. » Ça donne trop d'importance à l'autre personne.

Si on encourage cette dynamique, on nourrit la fusion entre les deux personnes. C'est l'équation romantique et idyllique des contes de fées : 1 + 1 = 1. En fait, la véritable équation au sein d'un couple devrait être 1 + 1 = 3. Il y a chacun de nous, et il y a notre contribution à chacun à cette relation, ce qui constitue une sorte de troisième personne : le couple. **Toi, moi et nous.** Parce que la notion de couple existe grâce à nous deux. Deux êtres distincts à part entière.

La pire attitude est de se scotcher à l'autre. À force de le faire, on finit par ne plus distinguer les contours de sa propre personnalité. Voilà pourquoi j'introduis ici **la notion de distance psychologique.** Le fait de « respirer » quelquefois en l'absence de l'autre aide à préserver le désir. La distance et la privation permettent de fantasmer. Le lien amoureux se renouvelle par l'admiration et la fascination envers l'autre. Souvenez-vous des ingrédients du désir : mystère, distance et insécurité. On n'y échappe pas.

Rassurez-vous, il n'y a pas de couple parfaitement harmonieux. Il faut évidemment une homogamie, des valeurs communes et un bagage similaire autant que possible, mais il faut que le couple réussisse à discuter de ses désaccords. Au fil de la relation, il y en aura certainement des tonnes. Pour durer comme couple, il faut réussir à évoluer à la fois seul et ensemble. Chacun a sa vie, sa famille, ses amis, son travail, ses loisirs et ses moments de solitude. Et ensemble, on a notre vie, nos intérêts communs, des loisirs à partager et nos moments de rapprochement.

Les aspects « seul » et « à deux » nous rendent vivants. Nous devons osciller entre une amitié, une admiration et une intimité amoureuse et érotique, mais surtout nous garder une ouverture sur le reste du monde. Faire chambre à part ou maison à part représente une stratégie parfaite pour plusieurs. Sinon, gardez-vous un espace bien à vous dans votre maison. Chacun sa pièce et chacun sa décoration. Le couple est comme un *sundae*. L'un est la crème glacée, la matière première, et l'autre, la garniture, le supplément non obligatoire, mais oh combien délicieux ! Seul ça va, mais avec la sauce au caramel et les noix, c'est délicieusement bon !

L'admiration est une véritable amie du couple. C'est ce qui nous motive et garde notre œil brillant. **Mais le couple a aussi de faux amis. La possessivité en est un.** On fantasme à l'idée d'être seul avec le partenaire sur une île déserte, tellement on est bien, coupés du reste du monde le plus longtemps possible. La réalité, elle, est tout autre. La possessivité empêche l'autre d'avoir ses activités propres, car on s'emprisonne dans une exclusivité malsaine. On sort la calculatrice pour comptabiliser le temps passé ensemble, et on reproche à l'autre de vouloir passer du temps seul ou avec ses amis. La possessivité rend contrôlant et est fort désagréable pour l'autre. Par ailleurs, on est aussi contrôlant envers nous-même, car on s'empêche aussi d'avoir du temps de qualité juste pour soi.

Un autre ennemi du couple est la jalousie. Et on ne peut pas s'imaginer à quel point elle nous joue des tours.

Symptôme de notre insécurité, la jalousie nous fait passer notre temps à craindre de perdre l'être aimé ou qu'il choisisse un autre partenaire que nous. On se considère inférieur et on est en attente d'un jugement, puisqu'on pense que c'est l'autre qui détient le pouvoir sur l'avenir de notre relation. Malgré le fait qu'il nous rassure à ce propos, ce n'est jamais suffisant. Il ne peut réparer notre souffrance intérieure, nous remettre au monde et refaire notre éducation à grands coups de confiance en soi, afin de rebâtir notre assurance. C'est à nous de faire ce travail. Et ça presse. Parce qu'à agir ainsi, on est loin d'attirer l'admiration du partenaire…

La méfiance, le doute à outrance et les soupçons sont lassants et usent terriblement les unions. C'est un poison qui, même à petites doses, peut nuire considérablement. Et sans faire de jeu de mots, il finit par nous empoisonner la vie. C'est frustrant et fatigant de toujours avoir à rassurer l'autre parce qu'il se fait un film d'horreur dans sa tête. À un certain moment, ça suffit! Si vous souffrez à cause d'un traumatisme du passé, exorcisez-le. Et revenez au temps présent avec votre partenaire actuel, qui ne demande pas mieux que de faire équipe avec vous. Croyez en lui! Croyez en vous!

La **dépendance** est un autre ennemi du couple. Ce qu'on nomme la dépendance affective est une fausse «maladie», car dès notre naissance, nous sommes un petit être totalement dépendant des autres. Nous avons tous besoin d'attention, de considération, d'écoute et de contacts physiques. La vraie définition d'une personne dite «dépendante affective» est donc une personne qui n'est pas à l'écoute de ses besoins et qui ne peut pas les reconnaître pour les exprimer aux autres. Cette personne préfère que les autres devinent ses besoins à sa place. Elle est souvent déçue: «Je n'en reviens pas que tu n'aies pas pensé à moi.» Au lieu de dire: «J'ai besoin de te voir, je ne veux pas être seul.» Cette personne est alors déçue, car elle est toujours à attendre que les autres identifient et comblent ses besoins. Ils partent de l'extérieur pour aller vers l'intérieur: les autres, ensuite moi. Mais ce doit être l'inverse : il faut partir de l'intérieur (qu'est-ce que je veux ?) pour aller vers l'extérieur. Recevoir de l'affection est un besoin vital. Ce n'est pas un caprice. Identifiez vos besoins. Ensuite, exprimez-les. Faites-vous entendre. Vous avez besoin d'être écouté ? Demandez-le. Vous désirez être réconforté ? Exprimez-le. N'attendez pas que l'autre lise dans sa boule de cristal imaginaire, qu'il spécule sur vos besoins et fasse le travail à votre place. Lorsqu'une personne exprime adéquatement ses besoins et ses limites, elle est satisfaite dans ses relations.

Le **renforcement négatif** figure aussi dans la liste des ennemis du couple. Nous sommes très bons pour saboter une soirée, une ambiance... Par exemple, un homme apporte des fleurs à sa compagne, et celle-ci dit : « C'est gentil, mais tu sais que je préfère les roses... » Ou l'homme s'approche pour l'aider à faire la vaisselle, et elle lui répond : « Il était temps, depuis le temps que j'attends ton aide ! » Ou encore, la phrase que certaines femmes redoutent de dire à leur homme, lorsqu'ils consultent en couple : « Maintenant tu prends l'initiative parce que la thérapeute t'a dit de le faire. Ça ne vaut rien si ça ne vient pas de toi. Si la sexologue ne te l'avait pas recommandé, tu n'aurais rien fait. » Ces commentaires méprisants tuent, à la longue, et font en sorte que l'autre n'initiera plus jamais rien. Et alors, un nouveau cercle vicieux s'enclenche, et on met de l'engrais sur les mauvaises herbes...

Pour garnir notre compte d'épargne affectif, il faut exprimer de la gratitude. Et ainsi créer un renforcement positif encourageant et valorisant pour l'autre. **Les remerciements attirent la récidive !** Remercier l'autre parce qu'on peut compter sur lui. Le remercier pour ses bons conseils. Le remercier pour son soutien et sa collaboration. Le remercier pour son initiative. Le remercier pour son écoute et parce qu'il a été responsable, ponctuel, organisé, etc. Le remercier pour son intégrité, son honnêteté et l'intérêt qu'il manifeste. Le remercier pour sa bienveillance, sa constance et sa douceur.

Cette manifestation de reconnaissance crée une ouverture et un canal de communication dans un couple. Essayez-le et vous verrez tout de suite des résultats positifs. Ainsi vous arroser les fleurs, et votre engrais va enfin au bon endroit. Le renforcement positif représente une implication au sein du couple. Les bons mots invitent à la participation : « Qu'en penses-tu, car j'aimerais avoir ton avis ? Que préfères-tu ? J'ai beaucoup de plaisir à faire des choses avec toi ! Quelle robe devrais-je porter ce soir ? Tu as eu une idée fantastique ! Je suis heureuse et choyée d'avoir ton soutien ! » Cela crée une intimité véritable. Au lieu d'être en duel, nous sommes en duo. Une équipe de deux gestionnaires – moitié-moitié – dans le même projet. Enfin égaux, complices et solidaires. On regarde dans la même direction.

Le dernier ennemi du couple est, à mon avis, le fait d'être passé maître dans l'envoi de doubles messages, soit une communication pleine de sous-entendus. Je dis quelque chose, mais je pense autre chose. J'énonce un fait, mais je souhaite le contraire. Par exemple : « Sois plus entreprenant, surprends-moi. » L'homme s'exécutera selon son bon jugement, à sa manière. Mais surprise, ça ne convient pas plus. La femme est encore plus frustrée et insatisfaite, parce que le geste n'a pas été fait à sa façon à elle.

Erreur ! C'était à elle de faire une demande plus claire. Parce que ici, le sous-entendu implique : « Sois plus entreprenant durant la fin de semaine, surprends-moi par un projet, une initiative, une caresse, et fais-moi rire. N'initie pas seulement une activité génitale, mais un contexte favorable. Sois convaincant. Je ne veux pas te voir venir à trois kilomètres de distance. Je veux que tu le fasses sans que j'aie l'impression de te le demander. Mais pas n'importe comment non plus. » Ouf ! Compliqué n'est-ce pas ? La demande en impliquait une autre. Et c'est précisément cette dernière qui est la véritable demande.

Vous voulez quelque chose ? Soyez clair et précis dans vos revendications. Exprimez vos vrais besoins, et passez votre message en ce sens. Dans le fond, elle dit : « Surprends-moi sans que j'aie à en faire la demande. Surprends-moi vraiment. J'aimerais mieux ne pas avoir à te le dire. » Belle pensée magique ! La boule de cristal qui révèle les pensées des autres n'a pas été inventée et ne s'inventera pas non plus. Nous devons préciser nos demandes et être franc envers nous-même et envers l'autre. **Si je veux de l'initiative, j'accueillerai l'initiative qui viendra. Sans sabotage, ni mépris.**

J'accueille les efforts de l'autre sans craindre son incompétence et sans appréhender l'échec. En agissant ainsi, j'encourage l'autre et j'évite la castration. Je sais qu'avec cet exemple je lance un avertissement aux femmes castrantes devant une initiative ratée de leur homme. Trop souvent j'entends les plaintes des hommes à ce sujet. Et bizarrement, il est toujours question du double message des femmes : « Je veux, mais dans le fond, je ne veux pas. »

Ce double message est souvent envoyé par des femmes frustrées sexuellement. Frustrées de ne pas être vues par leur partenaire comme une femme désirable et désirée. Elles sont frustrées que l'homme ait cessé d'initier les rapprochements. Or, des moments tendres, elles en veulent, mais elles doutent de la capacité de l'homme à initier adéquatement de tels rapprochements, alors elles préfèrent ne pas en avoir. Cette dynamique se retrouve souvent chez les femmes frustrées, parce qu'elles ne se sentent pas désirables aux yeux de leur partenaire, qui initie très peu de rapprochements sexuels. La femme se lasse de la perte de désir du conjoint et se plaint toujours de la même chose : « Je veux plus de sexualité. » Quand le partenaire se réveille, entend le message et s'exécute, ce n'est jamais suffisant pour la femme. Elle reste frustrée. Ça fait longtemps qu'elle attend qu'il se passe quelque chose, et quand ce quelque chose arrive, ce n'est pas suffisant. Trop peu trop tard pour elle. L'homme se sent maladroit, pas à la hauteur, et affirme dans mon cabinet : « Je ne sais plus comment la prendre. Je ne la comprends plus. Quoi que je fasse, c'est inutile. Ce n'est jamais assez. Alors, je ne fais plus rien.» **Évidemment, ce n'est pas la bonne attitude que de jeter l'éponge et de ne pas manifester davantage de créativité ou de motivation.** Trop facile d'abandonner. Comme si c'était plus commode de laisser faire…

Une bonne attitude serait que chacun fasse valoir son point de vue pour que la femme précise ce qui lui manque cruellement : gestes, paroles, comportements, discours souhaité ou attention particulière qui serait bienvenue pour elle. L'homme devrait répondre à ce besoin adéquatement, puisqu'il saurait exactement quoi faire, et prendrait plaisir à le faire. Il devrait, lui aussi, préciser ce qu'il attend comme accueil de la part de sa partenaire : un sourire, de la bonne humeur, une joie de vivre, une caresse, un compliment, etc. À son tour, la femme devrait pouvoir répondre correctement à la demande. C'est là un scénario gagnant-gagnant. L'action est au rendez-vous. La rencontre a lieu pour le bien de chacun! On vibre, au lieu de s'amortir dans une monotonie prévisible ou de se faire des demandes non entendues, donc non exécutées.

Les ennemis du couple minent la relation et entraînent des conflits. Vous savez, il y a deux sortes de poissons dans l'océan : les requins et les dauphins. Pour le requin, il n'y a pas assez de nourriture pour tout le monde. Tous deviennent des ennemis à abattre. C'est un scénario gagnant-perdant. Le dauphin, quant à lui, pense qu'il y a assez de nourriture pour tous. Il veut coopérer, s'amuser, jouer et interagir avec les autres. Il est dans un scénario gagnant-gagnant. Mais si le dauphin se retrouve en présence d'un requin, et que ce dernier l'attaque, le dauphin, par son intelligence supérieure, saura devenir requin à son tour. Il sait s'adapter, même s'il est fondamentalement un collaborateur-né. Sachez être des dauphins et avoir envie de partager dans une relation. Sans luttes de pouvoir, sans fusion à tout prix, en formulant des demandes claires et sincères, et en exprimant votre reconnaissance pour les initiatives de l'autre. Choisissez autant que possible un partenaire homogame par rapport à vous – soit qui a des valeurs et des intérêts en commun avec les vôtres, un partenaire qui sait assouplir sa personnalité sexuelle : être à la fois un *puppy* et un doberman. Ou une Germaine qui peut aussi être vulnérable et accueillante !

La crise du mitan de la vie

Cette crise était anciennement nommée le *démon du midi,* une notion désuète qui perd de son sens, puisqu'elle affecte autant les hommes que les femmes, et cela, de plus en plus jeune. Serait-ce l'influence de notre société de consommation – qui impose de rechercher des satisfactions instantanées –, qui est responsable de ce phénomène ? Peut-être, en partie. Mais je pense aussi que certaines dynamiques relationnelles en sont également responsables. Notre tête pense et réfléchit, mais il y a notre âme – notre moi véritable – qui cherche à combler ses besoins. Cela entraîne alors une quête identitaire, un remaniement de vie et une reconstruction de notre identité personnelle, sexuelle et professionnelle.

À un certain moment de sa vie, tout adulte prend conscience du chemin parcouru, de ce qu'il a fait ou pas fait de sa vie. Ce qui se traduit souvent par un état de crise et le besoin de vivre autre chose. Allons voir comment cette crise du mitan de la vie se manifeste pour les deux sexes.

LA CRISE DU MITAN DE LA VIE CHEZ LA FEMME

Au tournant de la quarantaine, une femme peut se remettre sérieusement en question. À cet âge, elle se pose des questions existentielles : qui suis-je ? Que fais-je ? Où vais-je ? Qu'est-ce que je veux ? Suis-je heureuse dans ma relation ? Est-ce que je vis la relation amoureuse que j'ai toujours voulu vivre ? Est-ce que je vis la sexualité dont j'ai toujours rêvé ?

La crise du mitan de la vie affecte plusieurs personnes. Tant mieux si vous en êtes épargnée. Il est toutefois sain et mature de se questionner. C'est une façon de se sentir vivante. **Cette crise doit être vue comme une occasion de changement, un désir de mouvement qui donne le goût d'agir, de passer à autre chose, de se connaître et de combler de nouveaux besoins.** Elle s'installe peu à peu après le constat d'un long chemin parcouru, et en perspective de la seconde tranche de vie, qui apparaît comme pessimiste: le vieillissement, le temps qui manque, le temps qui presse et l'urgence d'agir. Arrive alors la nostalgie d'une jeunesse perdue où nous étions en meilleure forme physique et vivions des sensations sexuelles intenses ou un amour passionné.

D'entrée de jeu, je vous ai affirmé que tout se jouait dans la vingtaine, et que rencontrer son amoureux à vingt ans est une bonne chose. Être encore ensemble à quarante ans, c'en est une autre. On change. Qu'est-ce qu'on veut? La crise correspond à un bilan de vie. Certaines feront du yoga, de la méditation, se rapprocheront de leurs amies pour faire des activités entre femmes et partager leurs pensées et préoccupations en vue de trouver des solutions.

D'autres se remettront en question au sujet de leur emploi: suis-je à la bonne place? Suis-je prête à relever d'autres défis? Ai-je suffisamment de responsabilités? Est-ce que je me réalise dans mon travail? Suis-je appréciée par mes collègues? Est-ce que je me trouve compétente? Est-il temps de passer à autre chose et de fonder ma propre entreprise? Suis-je soutenue par mon entourage et par mon amoureux?

Souvent, au fil de ces nombreux questionnements, le partenaire est dérouté. Un homme a le réflexe, lorsque sa conjointe lui confie ce genre d'idées, de la mener vers une solution concrète en lui donnant le goût d'agir, alors qu'elle souhaite seulement «ventiler» et mettre de l'ordre dans ses idées. Une femme croit qu'avant d'agir, il faut réfléchir. Elle veut tout envisager: la possibilité de retourner aux études, un remaniement financier et le soutien économique et moral de son amoureux. Il faut y réfléchir, mais surtout, il faut en parler et former une équipe où chacun s'épaule et où chacun comprend les besoins de l'autre s'il a le goût de se réaliser autrement.

Cette phase de la vie est déstabilisante pour le partenaire. Surtout si le couple est habitué à une routine prévisible. Voir que l'autre veut faire un casse-tête de leur relation peut être angoissant. Ce n'est pas tout le monde qui aime le changement. **Mais mépriser les « lubies » de l'autre et les mettre sur le compte d'un coup de tête est une mauvaise attitude.** La bonne attitude est de discuter sur ce qui se passe à l'intérieur de nous, de manifester notre désir de collaboration et de se trouver un projet commun pour passer à travers cette période.

La femme peut aussi se questionner sur la maternité. Une maternité tardive est-elle désirée ? Si les enfants sont grands, quel sera le nouveau défi de la femme ? Une femme de quarante-quatre ans me mentionnait sa grande inquiétude face à la perte de sa nature maternelle : « Suis-je capable de me définir autrement qu'en tant que mère ? » Comme la cadette de ses filles arrivait à l'âge adulte, elle a envisagé l'adoption. Pourquoi ? Pour poursuivre son rôle de mère et éviter de s'occuper des autres facettes de sa personnalité. « J'ai eu mes enfants très jeune et je suis consciente d'avoir toujours négligé ma sexualité. En quelque sorte, j'ai leurré mon partenaire en jouant un rôle pour être capable de vivre ma sexualité au lieu de la subir. » Son conjoint a objecté un refus quant à l'adoption. Il se disait pleinement satisfait de sa vie de famille. Les enfants étant devenus adultes, il entrevoyait une nouvelle vie conjugale dont il voulait profiter.

Consciente de son anxiété face au fait d'être « démadonisée », elle m'a consultée pour l'aider à se définir comme femme, afin de reprendre possession de sa sexualité et de se libérer de son passé. Le nouveau regard qu'elle a choisi d'adopter représentait un exploit. Elle qui s'était toujours définie comme la mère bienveillante qui sacrifie ses propres besoins afin de prendre soin de tout le monde changeait de registre. L'anxiété d'être «démadonisée» signifiait la crainte de ne plus être la madone parfaite, la femme de maison parfaite, l'aidante naturelle parfaite, l'altruiste parfaite et la mère parfaite. Mais c'était aussi la crainte de devenir une anti-madone incontrôlable, intoxiquée par les plaisirs pornographiques ou orgasmiques. Vous voyez le tableau? L'amazone s'était mise volontairement hors jeu en occultant son pouvoir érotique, trop accaparée par la madone parfaite qui prodiguait des soins à sa famille. Nous avons travaillé lentement pour faire tomber la résistance, pour cibler le scénario idéal et la journée miracle (pour devenir ce qu'elle souhaitait être), pour réveiller graduellement son désir et son pouvoir de séduction en devenant désirante et désirable, capable de fantasmer et d'actualiser certains de ses fantasmes. Sa crise du mitan de la vie s'est vite imposée comme étant la reconstruction de son être sexué et de sa présence érotique auprès de son partenaire.

Ce couple a vécu un grand bouleversement. Le conjoint en a été dérouté, mais est resté fidèle à ses objectifs : il voulait qu'ils se retrouvent en tant que couple et tout mettre en œuvre pour aider sa conjointe à redevenir pleinement une femme. Mais la résistance de sa partenaire à abandonner son rôle de mère entraînait la persistance de son désarroi. (Vous comprenez qu'elle n'a pas cessé d'aimer ses enfants, elle a seulement accepté d'ajouter une autre corde à son arc!)

Elle a également accepté de faire une belle introspection sur sa résistance destinée à préserver son rôle de mère, la madone suprême. Elle a avoué que c'était par stratégie, en tant que survivante d'inceste, qu'elle avait endormi la femme en elle. Son rôle de mère lui permettait d'occulter son intensité sexuelle et d'atténuer sa passion. Il a fallu y aller lentement… Avec l'aide du conjoint.

Ce dernier a laissé le *puppy* de côté pour manifester davantage son côté doberman afin de changer la dynamique relationnelle de leur couple et passer à travers cette crise. Mais surtout, il voulait influencer adéquatement sa femme : « Je suis l'homme et je veux voir la femme en toi ! Je crois en toi ! Je te désire et je t'aime ! » lui disait-il. Lorsque sa conjointe a accepté de lâcher prise quant à ses responsabilités maternelles, elle s'est permis d'ouvrir le jardin d'Eden de ses sensations. Elle a écouté son anti-madone pour la faire naître. J'ai vu le papillon sortir du cocon. Ce fut pour moi une belle expérience en tant que sexologue. Elle s'est métamorphosée. Elle a accepté de perdre pour gagner plus !

Longtemps, elle a résisté. Lui a dû apprivoiser une autre attitude : s'affirmer et prendre sa place. Il a défini son territoire en verbalisant ce qu'il acceptait et ce qu'il refusait. Ce couple vit maintenant à l'étranger et je reçois à l'occasion de leurs nouvelles par courriel. Il y a des gens qui nous marquent, dans la vie, et qui nous inspirent. Ils font partie de ceux-là. Je salue leur courage, leur force... La crise du mitan de la vie a entraîné une reconstruction complète de leur conjugalité. Cette crise a finalement été salutaire.

Ce que cette femme a fait, vous êtes en mesure de le faire. À quoi résistez-vous ? Quel est ce problème qui persiste en vous ? Dans le même ordre d'idées, les femmes vivent un grand stress à l'arrivée de la ménopause, considérant cette étape comme tragique. Elles anticipent l'apparition des rides, la prise de poids, la possible perte de libido... Et pourtant, la ménopause constitue une étape naturelle du cycle hormonal qui présente également des avantages indéniables. Bien sûr, certains malaises ou bouleversements peuvent aussi accompagner cette période, mais ces symptômes ne sont pas étrangers à la manière dont est vécue la féminité, aux dires de plusieurs gynécologues et psychanalystes.

Pour faire le lien avec l'exemple de ma cliente qui songeait à l'adoption pour rester mère, était-ce pour elle une façon inconsciente de retarder le vieillissement ? L'important est de se distancer de la maternité et d'être une femme à part entière, de prendre soin de soi et de rester séduisante. Tout comme pour les autres questionnements sur les différents aspects de la vie : amour, carrière, charge de travail, rêves non réalisés… Sans doute est-il temps, à ce moment, pour la femme, de se fixer de nouveaux objectifs, de relever des défis qui sont en lien avec ses besoins actuels et qui sont réalistes.

LA CRISE DU MITAN DE LA VIE CHEZ L'HOMME

Qui ne connaît pas l'exemple pathétique de l'homme aux cheveux grisonnants qui, au volant d'une voiture de sport ou d'une luxueuse décapotable, tente de se faire remarquer. Et de cette autre situation bien connue où un homme d'âge mûr, au bras d'une jeune femme de vingt-cinq ans, vit sa jeunesse en retard. Ces hommes ont l'impression qu'ils doivent être performants dans une foule de domaines, et que leur pouvoir de séduction ainsi que leur pouvoir d'achat rendent compte de leur compétitivité sociale, de leur virilité, et cela les rassure sur leur valeur.

Il suffit parfois de l'arrivée d'une jeune beauté dans son milieu de travail pour qu'un homme vers la fin de la quarantaine ou au début de la cinquantaine se mette à l'entraînement, à perdre du poids et révise son apparence. Se sentant à nouveau vivant, il réalise parfois du même coup combien sa vie conjugale est devenue monotone. Et le regard admiratif de sa jeune collègue optimise son désir. Il se sent apprécié. Il existe ! Les hommes vivent aussi des remises en question dans divers autres domaines de leur vie, tels que leur travail, leurs responsabilités, leurs finances, leur mode de vie, leur mise en forme ou leurs amitiés.

En réalité, chacun d'entre nous remet des choses en question à divers moments de sa vie, environ tous les cinq ans. N'oublions pas que l'âge adulte est la plus longue étape de développement chez l'humain, allant de dix-huit à soixante-cinq ans. Au mitan de la vie, nombreux sont les hommes et les femmes qui font le constat suivant : « On a tout pour être heureux, mais on ne profite pas assez de la vie. »

Au fond, cette crise existentielle doit être considérée comme extrêmement positive. Si celle-ci ne prend pas la forme d'une grosse tempête chez tout le monde, elle affecte tous les adultes à divers degrés. À trente, quarante, cinquante ans, etc. Pour certains, les nouveaux enjeux seront davantage d'ordre financier. Dès l'âge de cinquante-cinq ans, ils aimeraient travailler moins et voyager davantage, ou s'adonner à leur passion. Ils doivent alors trouver des moyens pour y parvenir. Ceux qui font le constat que ce projet est irréaliste sont déçus, inquiets et davantage affectés par le vieillissement. Sans compter que certains connaissent des ennuis de santé qui peuvent assombrir leur perception de l'avenir.

Généralement, la crise du mitan de la vie concerne aussi le niveau de satisfaction conjugale. Quand des doutes s'installent au sujet du partenaire avec qui on partage sa vie depuis dix, quinze ou vingt ans, le bilan effectué peut conduire à une séparation, avec toutes les angoisses et les difficultés qui peuvent en découler : crainte de vivre seul, de se sentir abandonné, de faire face à des frais importants, de ne plus trouver l'amour… De quoi accroître l'insécurité. Ce qui, à mon sens, est en lien direct avec la dynamique conjugale.

Souvent, c'est le moment que choisissent certaines personnes pour devenir infidèles. Ou du moins en être fortement tentés. En effet, il peut paraître plus simple de chercher chez un inconnu tout ce qui manque chez soi, ce qui nous dispense d'opérer des changements dans notre vie. Mais l'infidélité n'amène pas que des joies… Le tourment du secret et des mensonges se paie souvent en troubles digestifs ou en insomnies !

Ce qui importe avant tout, c'est que l'homme ou la femme qui traverse une crise majeure puisse comprendre ce qui lui arrive et les raisons qui motivent ses nouveaux comportements ou ses nouveaux choix, quels qu'ils soient. Une quête d'amour ? Un grand besoin de changement de vie ou de carrière ? Du temps libre de qualité ? De nouvelles aventures de voyage ? Répondre à ces questions amène déjà des pistes de solution. Si vous êtes en panne de ressources, allez chercher de l'aide. Il importe de bien s'entourer pour ne pas rester troublé ou déchiré par un problème sérieux. Ne voyez pas cette crise comme une épreuve, mais bien comme un tournant dans votre vie. Une occasion à saisir pour redevenir l'élève de sa sexualité et retrouver sa véritable personnalité sexuelle et relationnelle afin de savoir vraiment qui on est et avec qui on vit. Restez ouvert. C'est la meilleure attitude.

Les rapports hommes-femmes ont bien changé au fil des années. Nous tentons le plus possible d'être dans un rapport égalitaire et identitaire. Chacun a sa personnalité propre, sa touche bien personnelle, et la met à profit pour le bien de sa relation de couple. Il faut éviter les rapports «j'ai raison, tu as tort». Chacun a son point de vue et il revient à chacun de présenter ses arguments et de négocier en vue d'une collaboration. Un couple, c'est deux personnes qui ont différents points de vue. Attention aux sacrifices, à la conciliation et aux compromis à tout prix. Ce réflexe vous anéantira dans la relation. Vous perdrez votre couleur, votre saveur, votre personnalité et votre identité. Faites valoir vos idées, vos opinions, et discutez. Le couple est stimulant, intellectuellement. Nous acceptons de vivre avec une personne (sous le même toit ou dans deux maisons, chambre à part ou chambre commune) totalement différente de nous, élevée d'une autre façon, éduquée autrement, et ensemble, nous tentons de bâtir une vie commune. C'est merveilleux, quand on y pense !

Je sais que la société a tout fait pour redonner une place de choix aux femmes. On le voit d'ailleurs dans les publicités. Les hommes y sont souvent maladroits et même imbéciles. Les femmes les ridiculisent, les traitent d'incompétents. Je suis d'accord sur le fait que la femme fait preuve d'intelligence et de compétences, et je souhaiterais voir des personnages masculins qui détiennent le même potentiel. Je suis pour que les hommes soient des hommes et que les femmes soient fières d'être des femmes ! Certaines dynamiques conjugales ne permettent cependant pas de réussir à franchir cette étape, cette crise du mitan de la vie, ensemble. L'un des deux est tenté par l'infidélité et se donnera la permission de passer à l'action. C'est ce que nous allons voir dans le chapitre suivant.

RÉCAPITULATIF
QUELQUES POINTS DE REPÈRE

- Quel est votre **degré d'homogamie** ?
- Avez-vous évolué ensemble tout au long de votre relation, ou êtes-vous ensemble depuis la vingtaine et ce n'est que maintenant que les choses changent ?
- **Sacrifice, compromis et conciliation ? Attention !**
- **Germaine avec son fiston ?** Voilà une dynamique de couple à refaire. Mesdames, laissez la virilité à votre partenaire, et messieurs, osez prendre les commandes.
- Si j'avais à choisir à nouveau, **prendrais-je le même partenaire** ?
- Quels sont **les changements que je veux faire dans ma vie, pour moi-même, et avec mon partenaire** ?
- Se permet-on une **distance psychologique**, dans notre relation, ou encore des moments de pause pour respirer ?
- Peut-on **discuter, négocier, argumenter et collaborer** avec vous, ou votre partenaire est-il plutôt votre *punching bag* affectif ?
- Est-ce que les idées de chacun des partenaires sont les bienvenues ? Chacun peut-il s'affirmer ?
- **Sommes-nous égaux**, ou l'un des deux détient-il l'autorité ?
- **Distinguer le « faire ensemble » de l'« être ensemble » : on peut être une équipe conjugale tout en conservant certaines activités différentes.**
- Avons-nous le bon rôle et la bonne attitude ? Je me donne le droit d'exister dans ma relation, et je choisis de vivre avec un partenaire qui me permet aussi d'exister ?
- Êtes-vous capable de faire **preuve de gratitude** – de féliciter, d'encourager et de remercier l'autre ?

Chapitre 5

Les enjeux de l'infidélité

L'infidélité est pour moi un sujet de prédilection. Au-delà même des dysfonctions sexuelles, cette problématique déroute complètement. On parle ici de tentation, de fantasme, de désir, de la permission de combler des besoins affectifs ou sexuels enfouis depuis longtemps, du goût d'être reconnue en tant que personne désirable et désirée, de secret, d'agenda caché, d'être coincé entre le paraître (la vie de couple) et l'être (se sentir vivant ailleurs que dans sa relation principale), de culpabilité, d'aveux, des questions, des blessures, de la reconstruction du couple, du rétablissement des rituels de confiance, de la compréhension et du nouveau pacte conjugal.

J'ai si souvent reçu des clients aux prises avec cette problématique que j'en ai fait une spécialité clinique. Je dois dire une chose : **l'infidélité est pleinement une question d'attitude** ! Il existe de nombreux ouvrages sur le sujet. Ce qui m'importe ici, c'est de **vous aider à trouver l'attitude qui sera la plus juste possible**, surtout pour vous mesdames. Car oui, l'infidélité est de plus en plus l'apanage des femmes, et je tiens à vous entretenir de cette réalité. Nous sommes là au cœur du clivage objectal de la bonne et de la mauvaise femme : la vierge et la putain, la madone respectable et l'amazone volage. Bien que la femme se laisse tenter par les plaisirs de la chair – et y succombe –, elle n'en est pas moins tourmentée. Dans ce chapitre, vous lirez de nombreuses histoires relatant ce phénomène. Je n'écarte pas l'infidélité des hommes, loin de là, mais je veux surtout aborder ce thème qui m'est cher selon ma vision de sexologue. Je veux partager ce que j'en sais et la manière dont j'arrive, dans mon cabinet, à le décortiquer en vue d'aider les gens à se comprendre, à s'assumer, à combler leurs besoins et à y voir plus clair en vue de prendre une décision concernant leur couple. Nous allons entrer au cœur du vécu de l'infidèle : son hésitation avant le passage à l'acte, le bilan de sa relation principale, reconnaître les insatisfactions, son ambivalence, sa difficulté à prendre des décisions, l'obligation de vivre dans le mensonge et le secret, mais surtout, la prévisibilité de cette infidélité. Car en effet, quelquefois, c'est comme si c'était inscrit dans le parcours d'une vie.

Souvenez-vous de l'histoire de l'ancien président des États-Unis, Bill Clinton, avec Monica Lewinsky : c'était devenu une affaire d'État. Même chose lors de la révélation par les médias des multiples maîtresses du maître golfeur Tiger Woods et de sa thérapie intensive pour traiter sa dépendance sexuelle : ce fut presque une autre affaire d'État ! L'infidélité des personnalités politiques, sportives et artistiques dérange et est sévèrement jugée par la société. La loi numéro un du couple étant l'exclusivité, la fidélité est la base de la monogamie. On dénonce donc les infidèles, qui rejettent l'exclusivité et préfèrent être loyaux envers leurs pulsions égoïstes. **On juge sévèrement l'infidèle, notre empathie allant naturellement à la personne trompée.**

Mais qui sommes-nous pour juger quand nous ne connaissons pas les raisons de cet agissement ? Je sais, plusieurs d'entre vous diront que peu importe les raisons, ça ne se fait pas. On ne triche pas avec l'être aimé. On ne manque pas de respect envers celle qu'on aime ou celui avec qui on est engagée. Dans un couple, il n'y a pas de vie parallèle juste pour soi. Sinon, aussi bien rester célibataire. « *It takes two to tango.* » Oui, cet enjeu se joue à deux. Si l'un des deux est infidèle, c'est qu'il y a une raison.

Ma pratique privée m'a amenée à constater que souvent, le partenaire en a été prévenu à demi-mot, mais qu'il a préféré faire la sourde oreille : « On ne fait plus rien ensemble. Tu ne me regardes plus comme avant, suis-je toujours désirable ? Moi, j'ai moins de désir pour toi en ce moment. On est devenu un vieux couple. Mon nouveau collègue au travail est super, il n'arrête pas de me dire que je suis séduisante. Je sors, ce soir, et j'ai bien l'intention de me faire *cruiser*. J'ai envie de plus de liberté. J'aimerais tant ne plus avoir de contraintes familiales et vivre seule quelque part dans un loft, sortir avec mes amies et voyager. Si les choses ne changent pas, sexuellement, je vais mettre une pancarte *À vendre* devant la maison. Es-tu prêt à te battre pour moi ? À changer des choses ? Quand as-tu fait quelque chose pour moi pour la dernière fois, juste pour me faire plaisir ? Trouves-tu que tu es un bon *chum* ? M'aimes-tu ? Que dirais-tu de former un couple ouvert, de faire l'amour à trois, d'aller dans un club échangiste ? » Ce sont des exemples de phrases dites pour provoquer un changement ou manifester une insatisfaction personnelle ou conjugale. Ces phrases comportent toutes le sous-entendu : « J'ai le goût d'aller voir ailleurs, est-ce que je suis prête à le faire ? Peut-être pas encore, mais l'idée germe doucement dans ma tête ! »

Dans un couple, il faut constamment dévoiler nos tourments intérieurs. C'est la base de la communication : dire nos insatisfactions, nos craintes ou nos déceptions. Un couple, c'est de l'ouvrage ! Ceux qui réussissent à entretenir leur couple forment une belle équipe motivée et progressent ensemble, chacun cherchant à combler les besoins du partenaire. Malheureusement, plusieurs personnes ne le font pas. Et quand se présente une occasion nouvelle, la curiosité et l'excitation l'emportent sur la raison. Ils choisissent la voie de la nouveauté, plutôt que de s'expliquer avec l'autre, surtout s'il y a belle lurette que le partenaire ne fait plus équipe avec eux…

Lorsqu'on quitte la route, on laisse le boulevard à l'ennemi. L'infidélité survient quand il y a de la place pour ça dans le couple. Il ne faut pas s'en étonner. Est-il réaliste de demeurer fidèle à la même personne toute sa vie ? Oui, si chacun met l'effort nécessaire pour rester vivant, alerte, dynamique. Oui, quand chaque membre du couple se responsabilise, tient à ce que la vie sexuelle entre eux demeure intéressante et que chacun y met l'effort qu'il faut. Oui, si à la base, le choix du partenaire est parfaitement adéquat. Mais encore là, j'ai des bémols à mettre... **Est-ce que la fidélité est une utopie ?** En quelque sorte, oui. Inévitablement, nous changeons au fil du temps. Il est irréaliste, avec la science qui ne cesse de repousser les limites de l'espérance de vie, d'être parfaitement comblé avec la même personne durant toute une vie. J'en conviens, le scénario idéal est d'être heureux en couple et satisfait sur le plan conjugal et sexuel jusqu'à la fin de nos jours sans jamais douter et sans jamais avoir la moindre tentation, le moindre soupçon, la moindre envie de fantasmer, d'embrasser ou de caresser une autre personne, et encore moins l'idée de faire l'amour avec un autre. Alors d'après vous, est-ce vraiment réaliste ? Non. Même en lisant cette énumération, il vous est venu des idées, des possibilités, des sources d'inspiration et des fantasmes. C'est tout à fait normal. L'érotisme a besoin de variété pour s'inspirer. J'en ai parlé au chapitre 3 au moment de donner des trucs pour retrouver son désir. Nous sommes responsables de la qualité de notre désir, et pour le garder vivant, il faut s'inspirer. Faire l'effort de fantasmer, c'est une chose, mais passer à l'action en est une autre...

L'infidélité est sévèrement dénoncée, handicape lourdement une relation, nous affecte au plus haut point et fait immensément souffrir. C'est un véritable calvaire. Mais est-ce un calvaire inévitable ? L'infidélité ne concerne pas tous les types de personnalités. Une anti-madone et un doberman sont nettement plus à risques, presque programmés dès la naissance pour la connaître. Dans ce chapitre, j'aborderai l'infidélité du point de vue de l'infidèle, dont le parcours ressemble à ce qui suit.

Il éprouve une lassitude conjugale et souffre de la routine et de carences affectives, sexuelles et érotiques. Il manque de nouveauté sexuelle, s'ennuie et manque de passion. Il vit des conflits conjugaux, des frustrations dans la relation à force de ne plus se sentir désirable et désiré. Il se demande s'il a fait une erreur et songe à la séparation. Grâce à un entourage favorable comme des 5 à 7 avec des collègues, des congrès, des retrouvailles avec de vieilles connaissances, il rencontre quelqu'un. Le jeu de la séduction commence. Il change son *look*, car il veut être plus *sexy*. Il se remet en forme, il veut charmer et être charmé aussi. Puis, il passe à l'invitation, à la clandestinité du rendez-vous galant, à la tentation, à l'érotisation, aux fantasmes, à la permission pour passer à l'acte, à l'actualisation du fantasme… Il se sent vivant, érotique, satisfait. Il doit cependant préserver son secret, son trésor, son jardin secret pour maintenir sa liaison. Commencent alors les mensonges, les communications cachées (courriels, messages textes, appels sur le cellulaire), car il a le goût de faire davantage de sorties. Surgit la culpabilité, l'ambivalence : rester, ou quitter son ou sa partenaire de longue date ? Il s'interroge face à l'amant ou l'amante : me serait-il possible de vivre une relation avec cette personne, de m'engager ? La double vie s'installe, avec l'agenda caché. Il repense à la séparation, vit de l'insécurité, et de l'ambivalence à nouveau. Lui faut-il rompre avec l'amant ou l'amante ? Vaudrait-il mieux passer aux aveux ?

Et s'ajoute à tous ces tourments un dédoublement de personnalité. **Il se sent partagé entre deux réalités :** exister d'une certaine façon dans la relation principale, et laisser libre cours à son plein potentiel érotique, l'autre volet de sa personnalité, à l'extérieur de sa relation de couple. Toutes les personnes qui me consultent, sans exception, avouent agir de manière totalement différente dans leur relation extra-conjugale qu'avec leur conjoint de longue date. Ce qui veut dire qu'ils sont plus entreprenants, dévergondés et cochons ailleurs que dans leur propre chambre à coucher. Même qu'à cet endroit, ils sont devenus ennuyeux, ternes et passifs. À force de vivre de grands moments érotiques dans la clandestinité, ils n'ont plus envie d'en vivre dans leur quotidien. Ils ne provoquent plus de rapprochements et évitent même l'intimité. Ce qui constitue une sorte d'acte manqué, puisque le partenaire s'aperçoit évidemment de ce changement d'attitude. **Quelle est l'attitude à adopter dans une telle situation ?** En être fier et assumer pleinement, ou se sentir coupable d'avoir ouvert une boîte de Pandore ?

En général, il existe deux catégories d'infidélité : l'erreur de parcours et la double vie. Le *one night stand* ou l'amant régulier, et une histoire de fesses ou l'attachement à une autre personne. Une femme qui vit ces deux réalités est infidèle et heureuse de l'être. C'est un grand tabou dans notre société. Notre conscience nous guide vers ce qui doit être. Mais elle peut nous juger aussi… Or, notre âme ne cherche qu'à combler nos véritables besoins, sans jugements. Elle nous guide vers la voie à suivre. Bien sûr, l'infidélité indique un inconfort ou un déséquilibre dans la relation, une passion éteinte, une problématique au sein de notre dynamique conjugale, des frustrations sexuelles et un rituel sexuel rigide – faire toujours la même chose, de la même façon, avec les mêmes gestes, la même durée… **Lorsqu'une femme se sent aussi peu importante qu'un pot de fleurs, aux yeux de son partenaire, elle est nettement plus sensible aux compliments d'un autre homme. Pourquoi ? Parce qu'elle cherche à exister comme femme.**

L'autre homme éveille sa féminité, augmente l'intensité de son désir érotique et optimise son pouvoir de séduction. **Il la fait se sentir vivante ! Ce n'est pas rien.** Il est rare que j'entende parler de cas d'infidélité dans les débuts d'une relation. Souvent, il faut qu'il y ait un climat de lassitude pour que la porte de l'infidélité s'ouvre, bien que ce ne soit pas là une règle, puisqu'il existe des exceptions. Si elle ose se l'avouer, la femme se «commande» un amant. Elle lance son souhait dans l'Univers. L'infidélité, pour une femme, est préméditée, consciemment ou inconsciemment. Et la marchandise arrive… **Ce qu'elle souhaite, c'est être enfin reconnue en tant que femme désirante, désirable et désirée.** Elle veut sortir du climat conjugal prévisible, confortable, sécurisant et routinier. Un nouvel homme est un mystère… On ne sait rien de lui. Tout est à découvrir. Comme nous ne partageons pas son quotidien, la passion se maintient plus facilement. Ce mystère d'un nouvel homme, le fait de ne pas partager son quotidien, et l'insécurité que cela engendre déclenche chez elle une véritable passion. En revanche, nous savons tout de notre conjoint. Et nos connaissances à son sujet représentent toute une encyclopédie. Tandis que l'autre homme « mystérieux » est comme une page blanche. Le dossier est vierge! La femme est aussi vue comme telle. L'histoire débute à la case départ. Cela est un bonheur rafraîchissant, me disent ces femmes en consultation, bien que ce qui suit soit tout aussi troublant: « Puis-je redevenir comme une page blanche pour mon partenaire? Puis-je le regarder à nouveau de la sorte moi aussi, ou s'il faut absolument aller voir ailleurs pour avoir un tel renouveau dans sa vie? »

Je dois faire une parenthèse. Il y a des femmes qui se sentent coupables rien qu'à regarder un autre homme avec les yeux du désir. Elles se culpabilisent même si elles ne font que fantasmer à propos d'un étranger lors d'une séance de masturbation sur Internet ou pendant un clavardage où des propos sexuels explicites sont exprimés: embrasser, se donner envie de faire des caresses, s'exciter à donner ou à recevoir des caresses buccogénitales, ou encore penser à un autre homme lorsqu'elles font l'amour.

Une cliente me disait être fort troublée par son attirance envers le gérant du supermarché de son quartier. Comme si c'était interdit d'être émoustillée par un autre homme que le père de ses enfants. Elle ne comprenait pas pourquoi elle était attirée par lui comme un aimant et mettait un soin méticuleux à se préparer pour aller faire son épicerie. Elle fantasmait rien qu'à voir cet homme. Lui sourire et échanger quelques banalités faisaient sa journée. Elle n'était pas prête à aller plus loin. Ces visites hebdomadaires suffisaient à l'enchanter, mais également à la troubler et à la culpabiliser. Sans s'en rendre compte, l'épicier jetait un éclairage sur son existence conjugale. Il la mettait face à ses nouveaux besoins de femme. Suis-je encore regardée par mon homme? Me plaît-il encore? Est-ce que je ressens encore du désir pour lui? Cette femme était prise dans un cercle vicieux : je suis insatisfaite dans ma relation, mais je ne veux pas me séparer et je suis incapable de le tromper. **Sa liaison platonique agissait à titre de consolation, une option confortable qui suffisait à combler ses besoins de séduction tout en pimentant sa vie devenue moins palpitante.** Il ne s'agit pas ici d'un flirt d'un jour, mais d'une situation qui perdure, d'une personne que l'on côtoie sur une base régulière, que l'on a envie de revoir et qui donne du sens à notre vie, sans se toucher et sans s'embrasser.

Bien que cette situation semble anodine, cette femme n'en était pas moins troublée. Et quand une femme infidèle consulte, c'est parce qu'elle a envie de mettre de l'ordre dans sa vie et veut éclaircir ce qu'elle ressent dans les bras d'un autre homme, soit un tout autre plaisir que ce qu'elle a connu jusque-là. Une autre audace, d'autres gestes érotiques, une pratique sexuelle réinventée.

Plusieurs me disent : « Je ne me reconnais plus. » Ça peut se traduire par le fait d'initier des rapprochements, de faire des fellations olympiques, d'accepter une sexualité anale, de se masturber devant l'autre, de se faire ligoter, de pratiquer le sexe en trio, de se faire filmer… Bref, l'actrice porno se réveille. Surprise! Une anti-madone existe en elle. Mais cette découverte peut être anxiogène pour elle. « Vais-je redevenir comme avant? » Ou encore : « Pourrais-je être cette nouvelle femme avec mon partenaire et transférer mes nouvelles compétences dans le lit conjugal? » L'infidélité, c'est comme faire un certificat à l'université ou un

stage de perfectionnement : ça nous change pour le mieux !
On acquiert plus de confiance en notre sensualité. L'autre
corps, l'autre bouche, les autres mains, l'autre sexe… Tout
est différent. C'est une autre approche, une autre expérience.

Il y a les infidélités affectives, amoureuses et platoniques,
qui ne servent que d'évasion à la routine prévisible et à la
monotonie conjugale. Puis, il y a la double vie, qui impose un
silence et un agenda qui permette de cacher l'autre objet de
désir au partenaire amoureux. Entre les deux se situe l'erreur de parcours, l'aventure d'un soir, la liaison passagère.
Tout va relativement bien lorsque les deux sphères sont
bien définies (le domestique et l'extraordinaire, le mari et
l'amant, l'amante et la femme aimée, la frivolité et l'engagement, la liberté et les responsabilités), mais les complications psychiques sont au rendez-vous lorsque l'ambivalence s'installe, que l'attachement réciproque se précise et
que le fantasme d'une vie ailleurs existe. Tout peut continuer à bien aller si les deux personnes sont un miroir l'une
pour l'autre : « On vit la même chose, ne nous jugez pas. »
Cependant, les complications s'accumulent si l'un est engagé,
et l'autre célibataire. Un jour ou l'autre, la personne libre
voudra plus et souhaitera être choisie. Alors, la récréation
pourrait s'achever, si une décision s'impose.

Vous avez peut-être vu le film *Fatal attraction,* avec Glenn
Close et Michael Douglas. Dans ce film, le personnage principal est pris d'un désir intense et passionné pour une femme.
Après son aventure d'un soir, son escapade se transforme
en véritable cauchemar. Cette femme, devenue littéralement
obsédée par lui, le pourchasse et s'en prend à sa famille.
Tout ça pour une partie de jambes en l'air. Chaque personne infidèle a déjà douté et craint d'avoir rencontré une
personne qui sera sa *fatal attraction* et que la liaison tourne
mal. Bien que ce ne soit qu'un film, il est fort possible que
les scénaristes se soient inspirés d'un fait vécu… La liaison
prend des tournures catastrophiques lorsque l'un des deux
ne veut pas lâcher prise. La croyance populaire veut qu'un

homme marié ne laissera jamais sa femme, et que la femme engagée choisira toujours son conjoint, mais la réalité est différente. Bien des gens laissent leur vie actuelle pour en entamer une autre avec la personne avec qui ils ont eu une aventure. Pour que ces personnes se permettent l'infidélité, il fallait que leur relation batte déjà de l'aile depuis fort longtemps et qu'une occasion se présente.

Je sais, plusieurs opinions existent sur l'infidélité. On traite parfois les gens de salauds, de menteurs, de traîtres, de lâches, de déloyaux… Je comprends, car du point de vue de la personne trompée, c'est dévastateur et impardonnable. Mais de l'avis de l'infidèle, c'est une tout autre réalité.

Lorsqu'une personne choisit de s'engager avec quelqu'un, il s'agit habituellement d'une décision assumée et désirée. Mais si on n'entretient pas notre personnalité sexuelle et relationnelle, si on est aux prises avec des problématiques concernant le désir qui fait relâche et que notre dynamique conjugale n'a plus rien de dynamisant – comme le disait un de mes clients, c'est «un cercle vicieux qui n'a plus rien de vicieux» –, l'infidélité est une des options choisies avant la séparation.

L'amazone et le *puppy* en couple risquent fort d'être infidèles, car ce que vivra l'anti-madone est contre nature. Elle a choisi un «bon gars» pour se stabiliser et se bâtir une vie. Mais cette femme aime flirter, se sentir vivante lorsqu'elle sent qu'elle plaît, et elle accumulera de la frustration si un jour son *puppy* venait à ne plus la voir comme un objet de désir. Je sais, chaque couple passe par des périodes d'éclipses du désir, mais s'il n'y a pas de reprise et que malgré les signaux d'alarme qu'elle lance, son bon gars ne prend pas les mesures nécessaires en démontrant davantage de virilité, elle sera fortement tentée d'aller ailleurs. Pourquoi ne pas rompre? me direz-vous. Parce que pour rompre, il faut qu'il y ait plus d'avantages à l'extérieur qu'à l'intérieur de la relation. Et si cette femme est sensible à sa sécurité, elle préservera sa relation tout en s'offrant de la garniture sur son *sundae*!

Souvent, l'anti-madone a des traits de personnalité narcissiques (susciter un impact auprès de l'autre sexe lui confère un certain pouvoir) ou encore des traits histrioniques (chercher à plaire, à séduire, à charmer). En fonction de ces traits, elle pourrait plus facilement rechercher des occasions d'infidélités. Comme si c'était un carburant à son désir qui l'aidait à se sentir vivante. Sans se mettre dans le pétrin, elle cherchera des occasions de plaire pour enrichir ses fantasmes et se sentir vivante comme femme. Il est essentiel pour elle de se définir comme un objet de désir, et surtout d'être perçue comme étant désirable et désirée. Cette fonction, c'est l'amant qui la comble, alors que le conjoint lui assure une vie stable, prévisible et confortable. L'amazone est une personnalité à risque d'infidélité, le flirt ayant trop d'importance dans sa vie. Mais derrière ce masque se cache souvent une femme sensible et vulnérable craignant la solitude. Elle préfère jumeler des aventures à sa relation principale, et elle jouit du fait d'avoir un agenda caché bien rempli, des rendez-vous clandestins, et de flirter avec le danger. Ces femmes possèdent un réel pouvoir de séduction, mais bien souvent elles le remettent en doute. Voilà pourquoi elles ont constamment besoin du regard de l'autre sexe, qui agit à titre de confirmation de leur valeur, de leur personne, de leur *sex-appeal*. Ce qui explique l'aspect rassurant, pour elles, de leur relation principale. Au moins, il y a un homme dans leur vie.

Au chapitre précédent, j'ai parlé de la Germaine qui est en couple avec un homme mou et conciliant, mais qui, dans son for intérieur, recherche un homme capable d'être le capitaine de son navire. L'homme à stimuler et à motiver la maintient dans une dynamique relationnelle décevante, bien que connue. Ici, le même paradoxe existe. La tigresse en elle risque de rencontrer un amant qui, telle une escorte masculine gratuite, lui ira comme un gant, bien qu'elle semble au-dessus de ses affaires en n'ayant avec lui qu'une aventure sexuelle, rien de plus. Un homme viril verra la globalité de cette femme:

désirable, désirée et compétente sexuellement. Ce que son conjoint ne voit plus... Elle *sait* que ce serait le partenaire idéal pour elle. Mais cet homme lui sera-t-il fidèle? Est-elle prête à rompre? Ce doberman a-t-il un potentiel d'engagement? «Et s'il ne me choisit plus, s'il ne m'aimait plus?»

J'ai entendu des témoignages de femmes d'affaires en larmes, dans mon bureau, jouant avec le flirt, mais ébranlées lorsque mord à l'hameçon l'homme de pouvoir, qui, sans jeu de mots, a le pouvoir de les démasquer et de les confronter à leur réalité conjugale confortable, terne et sans vie. Ces femmes sont alors désorientées et ne savent absolument plus quoi faire. Quelle est la décision à prendre? Craindre pour leur vie de famille en abandonnant la stabilité? Craindre de changer de vie pour avoir mieux? Est-ce possible?

Car au-delà de l'aventure sexuelle, il y a souvent plus. Surtout pour une femme. Je sais, je frôle le cliché qui dit qu'une femme ne baise pas, elle fait l'amour. Ce qui est une erreur, car il y a des femmes qui réussissent à faire la part des choses. **Mais lorsqu'on a des relations sexuelles plus de cinq fois avec le même homme, il y a une relation.** Il se crée des liens. Il faut que dès la première rencontre ça ait cliqué, pour que les deux aient envie de récidiver. Il faut ensuite qu'à la deuxième occasion, ce soit suffisamment merveilleux, que ça procure assez de satisfaction pour que les deux aient encore le goût de recommencer et au plus vite. Il faut que chaque autre fois soit plus spectaculaire que la précédente pour continuer encore et encore. C'est stimulant, sur le plan génital, j'en conviens. Mais après cinq fois, il y a des caresses, des baisers et une qualité de présence affective envers l'autre. Il y a attachement, satisfaction et reconnaissance d'instants extraordinaires. La femme donne à son amant son corps, mais un peu de son âme aussi. **Pour qu'il y ait un vrai orgasme, il faut qu'il y ait un abandon de toutes les résistances.** La femme doit avoir confiance en l'autre, savoir qu'elle lui plaît vraiment, savoir qu'il y aura une suite et non un désistement de sa part, savoir qu'elle le fait jouir et qu'il s'abandonne grâce à elle, parce que c'est elle. La femme ouvre son corps, lui donne un droit de passage, le laisse entrer au plus profond d'elle. Elle se permet aussi quelques extravagances sexuelles, envoûtée par son excitation et son abandon. Ces permissions la rendent encore plus sexuellement attrayante à ses yeux. Elle sent qu'elle est enfin parfaitement elle-même, au paroxysme sexuel, au sommet de son plein potentiel féminin. Elle est l'élève de sa sexualité en explorant des *zones non défrichées* auparavant. Elle s'étonne elle-même. Elle ne se reconnaît plus. Cette nouvelle fascination sexuelle crée de forts liens avec son amant magicien. Et ce n'est pas banal, quoi qu'elle en pense. C'est très perturbant.

Une vie parallèle bien à soi

L'infidèle est égoïste, puisqu'il ne songe qu'à combler secrètement ses propres besoins, mais il est aussi une personne qui se sent libre dans sa relation et qui prend du temps pour lui. Au-delà du fait de faire chambre ou maison à part, l'infidèle fait un dédoublement de sa vie. Il mène deux vies de front : l'une officielle, l'autre officieuse. Cette dernière apporte le sentiment d'échapper à une relation qui emprisonne, et donne donc l'impression de rester libre. **Passagère ou durable, l'infidélité peut être construite comme une affirmation d'un soi qui refuse l'enfermement de la vie conjugale.** Le temps passé avec l'amant, temps dérobé au partenaire, ne trouve pas d'équivalent ailleurs. La relation extraconjugale se distingue par deux traits principaux : les pratiques sexuelles et le caractère secret de la relation.

Le plus fréquemment, le compagnon ou la compagne de vie ignore l'existence de cette relation. Le secret, comme mode de défense, agit comme une chasse gardée et donne l'impression d'avoir une vraie vie privée à soi. Je sais, c'est la forme extrême du concept de vie privée. Cette incartade prend plusieurs sens.

Car en fait, pourquoi préserver le secret ? C'est que cette vie ailleurs comporte de nombreux bénéfices : avoir un espace d'autonomie, se définir autrement que dans le cadre conjugal ou familial, avoir la possibilité d'exprimer librement un désir en effectuant un écart par rapport à la norme. La société met beaucoup l'accent sur la vie de couple et ses bienfaits. Les recherches le prouvent : les gens en couple vivent plus heureux, plus longtemps et en meilleure santé. Ils se sentent plus en sécurité. Sauf qu'on oublie de dire que la vie de couple impose des contraintes. La principale étant qu'elle entrave la liberté individuelle. **La personne infidèle recherche peut-être une solution, étant en quête de sa liberté : aller voir ailleurs tout en restant attaché à son chez-soi.** Une femme me disait : « Il existe deux états distincts en moi. L'amour d'un côté, celui que j'ai envers mon mari, du fait que je me sens responsable, que j'ai besoin de le voir joyeux… De l'autre, il y a le désir, comme celui que j'éprouve pour d'autres hommes. Je ne vole rien à mon mari. J'ai le droit d'être moi-même. **Ma fidélité à moi-même l'emporte sur la norme de la fidélité conjugale. Mon corps m'appartient, j'en fais ce que je veux.** Je concilie ma vie conjugale et ma vie personnelle en m'offrant des "petits bouts de vie" qui se déroulent ailleurs, en parallèle, sans que l'une empiète sur l'autre. » Cette femme se dit que ses « racines matrimoniales » ne l'empêchent pas de « voler vers d'autres cieux ».

Une autre mentionne que l'infidélité lui permet de rester légère, ludique, curieuse de la vie. Elle donne du piment à sa vie et l'oblige à être inventive. « Il y a en moi une moitié engagée et une moitié qui est libre. Je reste indépendante, je ne veux pas m'enfermer dans le piège de n'appartenir qu'à un seul homme. J'aime la part de mystère et de magie que ça me procure, d'où le mot avoir une aventure. » Une autre me parlait de ses incartades en termes d'assurance : « J'ai besoin de savoir qu'on me désire en dehors de la famille que j'ai fondée. J'ai besoin de cette réassurance, de cette confirmation de mon pouvoir de séduction, de ma féminité. »

Il existe un paradoxe chez ces femmes : l'abnégation, ou le sacrifice de leur liberté, et l'idée que tout leur est dû, ou la permissivité absolue.

La femme infidèle sait qu'elle ne prend pas la décision de se séparer et de quitter son partenaire pour ensuite vivre autre chose. Elle vit tout en parallèle et en secret. Elle ne veut pas sacrifier sa stabilité, sa sécurité et son confort matériel et affectif pour la liberté absolue. Malgré cela, elle se sent loyale envers son partenaire et le respecte. Je sais que ça peut paraître étrange, parce que au fond la femme est déloyale, mais sa loyauté s'exprime par les projets conjugaux, des moments vécus en famille, son attachement à son partenaire, le fait de ne pas découcher, de ne pas s'inventer des congrès ou des voyages d'affaires pour le plaisir de voir son amant plus souvent, ou de quitter la maison les soirs, les week-ends et alors que son conjoint est en congé.

L'abnégation, en thérapie, signifie la résignation et la préservation d'une relation correcte, pour éviter une solitude trop pénible. C'est accepter les lacunes du partenaire, le fait qu'il ne soit pas monsieur parfait, mais monsieur acceptable. *He's good enough.* C'est voir que, malgré tout, il comble une partie de ses besoins affectifs. C'est être capable d'admettre que si l'amant est fantastique au lit et hyper attirant physiquement, il y a peut-être peu de garanties de pouvoir bâtir une vie avec lui sur si peu. L'abnégation maintient la relation principale vivante et préserve les habitudes établies, les rituels quotidiens. La relation conjugale est acceptable et comble des besoins jugés essentiels : la sécurité, la générosité, la loyauté, pour ne citer que ceux-là. L'esprit de sacrifice s'exprime haut et fort, surtout si la femme infidèle est mère de famille. « Détruire ma famille, ébranler la stabilité de mes enfants, me séparer pour aller baiser ? Voyons donc ! » L'abnégation est l'élastique qui la retient à sa relation conjugale.

Alors que dans le « tout m'est dû », elle se donne le droit et la permission de combler les lacunes du partenaire dans les bras d'un autre. À l'incompétence érotique du conjoint, elle préfère l'amant adroit et compétent. Elle se choisit dans tout son être de femme. Ici et maintenant, là où elle est rendue dans sa vie. Elle clame être fidèle à ses besoins, fidèle à elle-même. Elle s'accorde le privilège de garder les deux relations vivantes. Ainsi, elle préserve la chèvre et le chou, le beurre et l'argent du beurre. Saviez-vous qu'encore de nos jours, une femme sexuelle, qui ose séduire, aborder un homme dans un bar, conquérir, chasser et initier un rapprochement est encore mal jugée. Elle dérange.

Et cela, même s'il y a eu l'extraordinaire et innovatrice série télé *Sex and the City,* où quatre femmes célibataires exprimaient leur sexualité ouvertement en saisissant pleinement les occasions. Elle a été très libératrice pour plusieurs femmes. « J'ai le droit de baiser et d'aimer ça. » On le comprend, mais de là à ce qu'une femme ose agir de la sorte sans se sentir coupable de ne plus être respectable (l'anxiété d'être démadonisée mentionnée au chapitre 1), nous avons du chemin à faire… Même si nous sommes dans les années 2000, la loyauté, l'engagement, la fidélité et le respect de son partenaire sont encore toutes des valeurs populaires. C'est pourquoi le concept d'infidélité dérange. Il incommode aussi les femmes elles-mêmes infidèles, puisqu'elles gardent leur incartade secrète, se confiant très peu à leur entourage pour éviter les jugements. Le cas classique de l'homme marié qui couche avec sa secrétaire est bien connu. Mais l'inverse est aussi bien réel. La femme entrepreneure choisit plutôt un associé, un collègue, un partenaire d'affaires, et non le concierge, même si tout est possible !

Voici l'exemple d'une femme d'affaires qui explique le phénomène du « tout m'est dû » : « J'ai toujours été une femme de tête, première de classe, stable et prévoyante. J'ai rencontré mon conjoint à l'université. Ça n'a pas été le coup de foudre, mais je voulais épouser un homme responsable et vaillant qui désirait fonder une famille. Tout était programmé pour moi, la cohabitation et la vie de famille. J'ai eu mes deux enfants avant l'âge de trente ans, tout en poursuivant ma carrière. Mais en ce moment, je me sens à la croisée des chemins. Je suis fatiguée des responsabilités et de la routine prévisible. Mon *chum* rentre à la maison tous les soirs, a peu d'amis, s'occupe des enfants et est aux petits soins pour tout le monde, mais ça m'emmerde! Je n'ai plus de motivation et je mène une vie moche et ordinaire. Je l'apprécie quand même beaucoup. Il est le père de mes enfants, et je le respecte. Il me procure une belle sécurité et une stabilité. Mais heureusement que je me réalise à fond dans mon travail. J'ai ouvert ma propre entreprise et je suis en pleine expansion. Je rencontre beaucoup d'hommes qui admirent mon attitude, mon assurance, et louangent ma compétence professionnelle. Je me sens valorisée. Et ça réveille plein de choses en moi. Je réalise que j'ai une vie conjugale confortable, mais sans passion, et que je me suis oubliée en tant que femme. À la mi-trentaine, je dois me réaliser davantage comme femme. J'ai le goût de plaire et de flirter. Ce que je fais allégrement avec un de mes collègues qui me le rend bien. Lui aussi est engagé et a une épouse dans sa vie. On s'envoie des messages à tout bout de champ. J'ai le goût d'aller plus loin. Je me sens revivre. Je suis sensible à cet homme qui me courtise, et je suis tentée de maintenir cette clandestinité. J'aime nos lunchs d'affaires où je fantasme sur lui. J'ai besoin de me sentir vivante. Ce besoin crie en moi. Dans le fond, j'ai toujours eu un désir assez tiède pour mon partenaire. Mais mon corps de femme se réveille avec ce collègue. Je le désire follement. J'adore ce sentiment, mais il me donne le vertige. Où est-ce que cette histoire va me mener? J'ai juste le goût de penser à moi et de n'en faire qu'à ma tête. J'aime cette histoire clandestine qui n'appartient qu'à moi. Je vais certainement aller jusqu'au bout avec lui. J'ai trop envie de vivre une autre expérience sexuelle. Dans ma réalité très contraignante, je veux maintenant une liberté d'action.»

Ce flirt lui a fait réaliser qu'un aspect important de sa vie lui a manqué: l'adrénaline de la passion, la puissance du désir, le fantasme, l'expectative, l'excitation à son maximum. Elle est en train d'en apprendre sur elle-même, sur ses choix de vie, et surtout sur sa vie de couple. **Souvent, l'infidélité révèle beaucoup sur la vie du couple : c'est le reflet de ce qui manque, de ce qui ne fonctionne plus et de ce qui ne vaut plus la peine d'être vécu. C'est ce à quoi on aspire, ce qu'on souhaite, ce dont on rêve...**

L'infidélité féminine a ses bienfaits. Je compare souvent l'infidélité à un stage de formation ou à un certificat à l'université dans le but d'obtenir un second diplôme. Le fait d'aller voir ailleurs nous fait évoluer. On en apprend sur notre sensualité, sur notre capacité d'abandon et on en tire profit. Cette expérience clandestine nous fait changer pour le mieux. On y déploie notre plein potentiel. Mais **l'idéal est d'amener ces nouvelles compétences au sein de la relation conjugale, afin d'en faire des compétences transférables !** La double vie est une réalité exaltante ; c'est exister en exploitant toutes les facettes de sa personnalité : audacieuse, frivole, coquine, confiante et créatrice. Le problème, bien souvent, est le souhait de fusionner deux hommes en un seul quasi parfait !

C'est d'ailleurs le tourment que vit une autre cliente au cœur de sa double vie. « J'ai rencontré cet homme dans le cadre de mon travail. Il était tellement à l'écoute. J'appréciais nos conversations, sa présence attentive et sa bienveillance. Il m'a toujours démontré immensément de respect. Il savait que j'étais en couple, et il l'est également. Mais au fil de mes confidences, je lui ai avoué avoir vécu l'inceste et être aux prises avec des craintes sexuelles et des peurs encore très vives. Mon conjoint est un homme en or, un saint, presque. Et que dire de sa patience légendaire. Nous sommes très bons l'un envers l'autre, mais peut-être sommes-nous aussi coincés dans une dynamique de compagnonnage. Je suis incapable de me faire pénétrer, et je déteste mon corps. Je me trouve laide, moche, grosse, absolument pas féminine et encore moins séduisante. Depuis que je fréquente l'autre homme, j'ai envie de réveiller ma féminité, et il s'est proposé de m'aider dans mon cheminement. Lentement, doucement, graduellement, nous avons développé une belle complicité sensuelle. Je l'embrasse comme je n'ai jamais embrassé avant, j'éprouve des sensations encore inconnues jusqu'à maintenant. Et surtout, je me sens en confiance. Mon conjoint sait que je le vois, et il accepte que je vive certaines expériences avec lui. Ça peut paraître particulier, mais il sait que je l'aime et que cette relation extraconjugale est purement physique. Et avec cet homme, j'arrive à me décoincer. Je réussis à m'abandonner de plus en plus. J'ai pris goût aux fantasmes. Je me regarde différemment. J'aime sa virilité. Par contre, lorsque j'essaie de partager mes gains sexuels avec mon conjoint, je bloque à nouveau. Ils sont tellement différents. L'autre est la virilité à l'état pur, il a envie de moi et me le dit sans détour. Je sais que son attitude m'aide à décrocher de ma tête et à être plus dans mon corps. Alors que mon conjoint a ses habitudes, il ne veut pas me brusquer, me heurter et n'ose pas encore me pénétrer. Même si je lui dis qu'il peut oser faire preuve de plus de mordant, il n'en fait rien. Je sens que le meilleur de moi-même est offert à mon amant et que je stagne, au point de vue évolutif, dans ma relation avec mon mari. Est-ce qu'un homme peut changer? Mon *chum* peut-il exprimer plus de virilité sans avoir peur de réveiller mon traumatisme?

« Je l'aime, mais quelquefois j'imagine la vie que je pourrais avoir avec l'autre. Surtout ma vie sexuelle. Sans lui, je n'aurais pas pu progresser. C'est le plus beau cadeau que la vie m'ait apporté, comparativement à l'enfer que j'ai vécu au moment de l'agression. Mais je suis tellement confuse entre mes deux vies, entre mes deux moi, entre mes deux personnalités, que j'en perds mes repères. J'ai le goût de casser notre modèle conjugal pour brasser cette bienveillance commune. Je réalise que c'est loin d'être érotisant. Mais en même temps, je me demande ce que je suis pour l'autre. M'apprécie-t-il vraiment? Est-il attaché à moi? Pense-t-il à moi ? Se masturbe-t-il en fantasmant sur moi ? Pourquoi ne quitte-t-il pas sa femme pour moi ? En vérité, est-ce que j'en voudrais comme conjoint ? Serais-je capable d'arrêter de le voir ? Oui, un beau cadeau, mais c'est peut-être aussi un cadeau empoisonné, parce que je suis bien avec lui et mal sans lui, puis confortable et inconfortable dans ma vie de couple parce qu'il y a lui… »

L'amant de cette femme est comparable à un *surrogate*. Très populaires aux États-Unis, les *surrogates* sont des partenaires sexuels substitutifs et une aide pratique à la thérapie pour parfaire les apprentissages cliniques. Pratiques pour les célibataires sans partenaire, ils sont en quelque sorte une escorte-guide. L'amant la guide, l'aide, lui permet d'évoluer, lui apprend à ressentir, à s'abandonner au plaisir, et surtout à se donner le droit d'avoir du plaisir. Mais les valeurs judéo-chrétiennes du genre « je ne devrais pas avoir du plaisir avec un autre homme que mon partenaire » sont si puissantes qu'une femme qui a recours aux *surrogates* est sévèrement jugée. Mais on pourrait répliquer : est-ce que l'inceste qu'elle a vécu était plus acceptable ? Est-ce la bonne attitude que de se garder une réserve sexuelle toute sa vie ? De choisir un partenaire si peu viril qu'il ne pourra jamais ouvrir à sa partenaire la porte du plaisir ? L'inceste est un crime condamnable. Tout le monde sera d'accord avec moi sur ce point. L'agresseur est un délinquant sexuel qui a besoin d'une aide spécialisée. Mais la victime a aussi besoin d'aide.

Son aide, cette femme l'a trouvée auprès de son amant pour parfaire son éducation sexuelle et devenir une femme adulte qui vit sa sexualité, qui ne la subit plus. C'est une façon de convertir le traumatisme de l'agression en triomphe. C'est la voie qui s'est présentée à elle, que pour elle. Et cette liaison lui est bénéfique et irradie sur les autres aspects de sa personnalité : la reconnaissance de son pouvoir de séduction, l'acceptation de ses sensations, la possibilité de la jouissance, du bien-être et de la satisfaction sexuelle.

Cette liaison la confronte à sa vie de couple confortable mais stagnante. Bien qu'elle aime profondément son conjoint, est-il encore l'homme de la situation? Lui qui, par respect, n'a jamais bousculé son rythme. Ce que l'amant fait pourtant depuis le début. Le partenaire cache son pénis et évite le vagin de sa conjointe, alors que l'amant dévoile son pénis et a envie de jouer avec elle, ce qui lui donne le goût de s'ouvrir à lui. Cette liaison permet à la femme de se prononcer face à son conjoint afin d'exprimer ses nouveaux besoins affectifs, sensuels, sexuels et érotiques. Comme elle grandit et irradie de bonheur, l'homme doit pouvoir exister tout autant à ses côtés. Dans un cas comme celui-là, **l'infidélité est vraiment un stage de perfectionnement et d'affirmation de soi**. Et c'est le cas pour toutes celles qui gardent des séquelles d'une agression, un traumatisme lié au fait d'avoir subi, impuissante, les pulsions perverses d'un agresseur.

J'ai dit plus haut que la **femme infidèle est paradoxale**. Voici donc un autre paradoxe: «Je veux avoir un impact sur lui; j'adore l'idée qu'il se meure de désir pour moi et qu'il se languisse de ma présence. Mais je ne veux rien brusquer dans ma propre vie, je ne changerai rien. Je veux avoir un impact érotique chez lui, qu'il fantasme sur moi, mais je ne souhaite pas n'être qu'un *trip* de cul. Pour moi, cette relation a un sens, et j'espère qu'il éprouve des sentiments pour moi, qu'il s'attache et qu'il veut que ça continue. Mais je dois avouer que même s'il me disait qu'il m'aime et qu'il quitte sa femme, je ne suis pas prête à en faire autant. Je ne veux pas être mise au pied du mur. Mais ça gonflerait mon ego de savoir qu'il est prêt à cela. Ça me rendrait fière. Je veux qu'il change grâce à moi, sans que moi j'aie à changer quoi que ce soit.»

La femme est-elle vraiment capable d'assumer un *trip* sexuel génital et sans sentiments? Oui, je le crois. La femme infidèle l'illustre parfaitement. Elle succombe à la tentation érotique. Elle ne cherche pas un ami, mais bien un pénis de service! Mais après quelques épisodes épidermiques intenses, elle souhaite obtenir davantage : que la relation se raffine, qu'il y ait de la chair autour de l'os, plus de sentiments, de respect, de satisfaction, de reconnaissance. Bref, que ce soit un désir amoureux. Ainsi, elle n'est pas considérée uniquement pour son corps, son sexe ou ses talents érotiques, mais elle est aimée pour elle-même. Elle est choisie.

C'est pourquoi **il importe que la femme infidèle ne soit pas à la remorque de son amant, mais qu'elle réfléchisse à ce qu'elle veut faire de cet autre homme dans sa vie**. Quel sens a cette relation pour elle ? Quelle est la place de cet homme ? Quel est son rôle ? Quel contexte la rendra vraiment heureuse ? Épanouie ? **C'est une démarche essentielle pour adopter la bonne attitude.** Surtout si elle développe des sentiments d'attachement envers son amant, alors qu'elle n'est pas prête à laisser tomber sa relation conjugale. Il lui faut prendre du recul et scruter attentivement l'homme-amant qui se trouve devant elle. **Elle a le plein contrôle sur la relation, le pouvoir décisionnel.** Quel est le potentiel relationnel de cet homme ? Son potentiel d'engagement, de stabilité, de fidélité, d'exclusivité ? Est-il stimulant, intellectuellement ? Ont ils des intérêts communs ? Des valeurs communes ? Il faut qu'elle songe à une vie à deux... Est-ce qu'elle va s'emmerder ? Puisque toute passion s'estompe à un certain moment, y aura-t-il encore quelque chose de possible entre eux ?

Lorsqu'on cherche quelqu'un à baiser, on s'attarde à l'attirance physique qu'on ressent. Lorsqu'on cherche une personne à aimer longtemps, on a beaucoup plus de critères en tête, et ils vont au-delà de l'attirance et du désir. Il faut de la compatibilité, de la bienveillance, du respect, de la disponibilité, de la confiance...

Revenez au tout début de la liaison. Pourquoi cet homme est-il entré dans votre vie ? Ou plutôt, pour quelles raisons l'avez-vous laissé entrer dans votre vie ? Pour combler quoi ? Réussit-il encore à combler ce manque ? Lorsque vous ne pouvez pas le voir, subissez-vous votre relation conjugale dans l'attente de vous retrouver auprès de votre amant? Êtes-vous autonome sur le plan affectif? Êtes-vous capable d'être seule et bien avec vous-même? Êtes-vous capable de retirer encore de la satisfaction dans votre relation conjugale? Si oui, quels en sont les avantages actuels? Quelles sont les activités partagées?

Ces pistes de réflexion permettent de prendre du recul et d'avoir une certaine perspective face à l'engouement sexuel et à l'aveuglement dus au désir vis-à-vis de l'amant. **L'important est de garder le contrôle sur ses choix et d'être en mesure de poursuivre sa vie entre deux aventures érotiques**, au lieu d'être constamment dans l'attente d'une proposition, d'un message, d'un téléphone… et de dépendre de ces signaux pour vibrer, pour vivre. Et ce n'est pas qu'à l'amant de proposer des rencontres. Si vous avez une relation extraconjugale, invitez votre amant en fonction de vos engagements et de vos disponibilités. Lorsque vous l'appelez, vous prenez les commandes. Vous prenez votre vie en main. Vous déterminez ce qui vous convient à vous. Voilà la bonne attitude.

L'infidélité n'a bien sûr pas que des avantages. Elle comporte son lot d'inconvénients, dont le premier est le bavardage au bureau. Oui, le flirt au travail existe, car les deux conditions principales pour rencontrer l'âme sœur sont là : proximité et fréquence. Or, on se voit tous les jours, on travaille sur les mêmes dossiers, on subit le même stress. Il est facile de tomber dans le panneau. Mais si l'entente n'est pas claire, il est difficile de voir que l'amant est charmant avec toutes les filles du département, et que son passé démontre qu'on est loin d'être une exception. Comment rester digne et conserver la relation secrète lorsqu'on s'échange des regards qui en disent long et qu'on lunche ensemble? La machine à rumeurs peut facilement démarrer. Si un employeur ne peut interdire que deux employés se désirent et s'aiment, il n'encourage pas ce genre de relations. Pour la simple et bonne raison que lorsque ça va, tout va, mais que quand la situation bascule, rien ne va plus, au bureau.

Alors si vous décidez de choisir un collègue, soyez discrète, gardez le contrôle, mettez vos conditions et soyez au clair avec la situation et le déroulement des choses. Parce qu'il est fort agréable de revoir la personne, mais que ça devient masochiste de le subir si la relation ne mène nulle part.

Une cliente me décrivait justement sa situation : « Lorsque je suis arrivée à mon nouveau travail, un collègue a eu le coup de foudre pour moi. Je ne l'avais pas remarqué, car il n'était pas mon genre, physiquement. Il m'a fait une cour assidue, venant me voir souvent à mon bureau en étant fort galant, charmant et gentil. Au fil de nos conversations, mon intérêt a grandi. Nous avons dîné ensemble et nous nous sommes promenés. J'ai carrément succombé. Il me faisait des compliments, vantant mes tenues et ma féminité. Moi qui avais un *sex-appeal* endormi, je me suis réveillée. En couple depuis plus de vingt ans, je m'emmerdais dans ma relation. Plus aucun désir pour mon partenaire. Je songeais presque à la retraite sexuelle. J'étais d'ailleurs sur le point de dire à mon conjoint d'aller assouvir ses pulsions ailleurs. À quarante ans, j'ai fait un virage à 180 degrés dans ma vie professionnelle. Je suis retournée aux études, et maintenant je suis rendue là, dans mon nouveau milieu de travail, avec des hommes qui m'entourent, dont ce collègue intéressant et très tentant. Je n'arrête pas de penser à lui, haïssant les vendredis, et espérant les lundis. Les week-ends, je suis entre parenthèses. Nous communiquons surtout par courriels. Je n'ai pas été prudente, je n'effaçais pas les traces de nos communications. Notre liaison a évolué, j'en ai su davantage sur sa vie conjugale et familiale monotone et routinière, tout comme la mienne. Il y a eu des baisers, et encore des baisers, puis le goût de franchir une autre étape : la relation sexuelle. J'étais hyper nerveuse et excitée à l'idée de me retrouver au motel avec lui. Son horaire ne lui permettant pas que l'on se voie les soirs, et encore moins les week-ends. Au motel, je me suis surprise moi-même à faire des choses qu'il y a longtemps que je ne fais plus à mon mari. Je me trouvais audacieuse et cochonne. Et fière de l'être. Il faut dire que j'étais en présence d'un candidat plus qu'inspirant! Et c'était réciproque. Nous nous sommes rencontrés à trois reprises, les courriels allaient bon train, évoquant nos moments euphorisants, jusqu'au jour où mon mari, qui soupçonnait la chose, a lu tous nos échanges sur Internet. J'ai vécu mon tsunami. Il a fallu que j'avoue tout. Lorsque j'ai mis mon collègue au courant, il s'est enfui à cent kilomètres de moi. Je me suis sentie seule au monde avec ma peine: mon conjoint qui posait des questions, et l'homme dans mon cœur qui m'abandonnait. Je ne savais plus quoi faire. J'avais besoin de lui en parler. Je crois qu'il a eu peur que j'exige le divorce et que je le somme d'en faire autant. C'est là qu'il m'a le plus déçue. Il a eu peur et m'a évitée quelque temps. Je pleurais, seule dans mon bureau, ou j'allais me cacher aux toilettes pour le faire. J'aurais voulu qu'il soit présent, afin de discuter de la situation et qu'il me parle de ses sentiments, de ce qu'il vivait avec sa conjointe et de ce qu'il vivait avec moi. Non. Il s'est recroquevillé sur sa vie de famille et a cessé ses allées et venues à mon bureau. Finie la séduction, finis les sous-entendus. C'est à ce moment-là que je me suis ouvert les yeux sur lui. Et sur toutes les choses qui me décevaient. Il ne s'est jamais mis en danger pour moi. Moi qui aurais pu mentir si facilement à mon conjoint en inventant des soupers de filles, alors que j'aurais pu passer la soirée avec lui. Lui n'a rien fait de la sorte. Il a tout contrôlé. Il a déterminé les conditions de la relation. Alors que la découverte des courriels changeait la donne, il s'est retiré comme un lâche. Personne ne l'a su, à l'exception d'une amie. Je n'ai personne à qui me confier au bureau. Je vis tout ça dans la plus complète solitude. C'est pour cette raison que je consulte. J'ai besoin de comprendre, de refaire mes repères. J'ai honte de moi, même si je ne regrette rien. J'ai appris que je suis bien vivante, pleine de désir, et que je suis encore capable sexuellement: je peux faire bander un homme! Je pense que je suis amoureuse de lui, mais en même temps, je regarde mon mari qui, malgré sa réaction après ce qu'il a découvert, est patient, attend que je le choisisse et me donne du temps. Il me démontre qu'il est l'homme de la situation, un bon partenaire de vie et un père parfait. J'aimerais retrouver mon désir pour lui. Est-ce possible ? Je me pose la question, mais je connais la réponse. Tant que l'autre ne me sera pas sorti de la tête, je vais lui rester fidèle. Mon désir est orienté vers lui. C'est cruel de le revoir sur mon lieu de travail sans pouvoir le toucher, l'embrasser ou faire des plans en vue d'une rencontre dans un motel. Je l'attends. Je l'espère. Même si je suis consciente de ne plus avoir accès à lui comme avant. Il y a un malaise. Je suis pathétique. Je ne peux pas vivre mes émotions librement. Je suis coincée de partout. Mon *chum* attend que je revienne entièrement à lui, et moi j'ose encore croire qu'il y a quelque chose de possible avec mon amant. Même si j'essaie de lui trouver un million de défauts, lorsque je le vois, je fonds. J'aimerais qu'on s'en parle, qu'on parle de nous, de ce que je représente pour lui, mais je le sens fuyant.»

Je pense que ce qui fait le plus mal est de vivre une peine d'amour en secret, totalement isolée. Bien que son mari connaisse la situation, ce qu'il souhaite est la fin de la liaison et que tout ce cirque ne soit qu'une lubie de la quarantaine. La fameuse crise du mitan de la vie… Mais il est pénible, pour elle, de faire le deuil de la femme érotique et de retourner auprès d'un conjoint à la sexualité prévisible. Le dilemme réside dans la résistance. À plus forte raison si l'infidélité représente un pas significatif dans son cheminement personnel. C'est ce qui la pousse à maintenir le canal de communication ouvert avec son amant, car elle n'accepte pas de faire le deuil de cette liaison. «Je ne veux pas accepter que ce soit la fin de ce chapitre de ma vie», avoue-t-elle. En fait, cet homme a assurément été le catalyseur de sa féminité. Mais il n'en tient qu'à elle de poursuivre son évolution et de maintenir ses nouveaux gains. Seule, avec son partenaire ou, qui sait, avec un autre amant.

Avec elle, il s'est produit ce qui arrive systématiquement à toutes les personnes infidèles, hommes et femmes confondus : **un acte manqué. Ce qui veut dire, laisser des traces. C'est s'auto-pelure-de-bananiser!** Même si nous pensons tout contrôler et que nous seuls sommes au courant, sans le savoir, sans le vouloir, nous laissons des traces. Un acte manqué équivaut au discours de l'inconscient. C'est comme la personne qui oublie constamment ses clés, qui ne veut peut-être pas rentrer, ou celle qui est constamment en retard, qui ne veut peut-être pas arriver à temps. Un signal de la «faculté d'oubli» est bien souvent un appel à l'aide. «Il faut que ça sorte et que ça se sache!» À ce propos, j'ai tout entendu : le message non effacé dans la boîte vocale, le numéro de l'escorte resté dans les poches, un verre à vin en plastique resté dans la voiture, des condoms, des courriels compromettants, des messages textes évocateurs, des retraits répétitifs sur le relevé bancaire, un compte de téléphone mobile qui affiche le même numéro appelé très souvent, une lettre d'amour, la facture d'un achat de lingerie jamais offerte à la conjointe, des factures de restaurants difficiles à justifier, des cadeaux de la Saint-Valentin, des inscriptions dans l'agenda…

Même si l'infidèle clame haut et fort n'avoir jamais eu l'intention de divulguer quoi que ce soit, la conversation qui s'ensuit et la nuit blanche à se faire poser des questions est certainement déterminante pour le couple. Ça réveille! Et inconsciemment, c'était peut-être voulu, que la vérité éclate au grand jour. Le secret est devenu trop lourd à porter, et l'infidèle a besoin d'aide pour prendre une décision. **Ça réveille le partenaire endormi afin qu'il sache qu'en son absence, la souris danse!** Tient-il encore à être absent? Il doit de toute urgence prendre position dans sa relation. Il a une responsabilité dans la situation, car il a laissé faire.

Se voir transmettre une infection transmissible sexuellement fait presque aussi mal qu'une peine d'amour. Comment justifier cela à son partenaire? Car cela va souvent au-delà de la vaginite, de l'herpès ou des condylomes! Comment justifier une grossesse non désirée alors que le partenaire est vasectomisé ? Comment justifier qu'on ne parle plus à sa sœur parce qu'on couchait avec le beau-frère ? Pire encore, avec le meilleur ami du conjoint ? Comment justifier qu'on a perdu son emploi parce qu'on couchait avec son patron ? **L'infidélité laisse des traces et a des répercussions sur notre entourage**, notre conjoint le premier. On agit avec la pensée magique que nous seul le savons, mais la réalité nous rattrape lorsqu'il arrive un pépin. **L'infidélité a des implications au-delà du désir.** C'est pourquoi certaines personnes recommandent de choisir une danseuse, une escorte, une personne sur Internet qui vit à plus de 50 kilomètres de chez soi, une personne de son rang social, en couple de préférence (parce que personne n'a avantage à ce que ça se sache), et surtout pas sur le lieu de travail, même si les partenaires se voient au motel (ni chez l'un ni chez l'autre), afin de garder cela secret et de ne rien dévoiler, même sous la torture. Je suis assez d'accord sur ce point. Les révélations sont si douloureuses. C'est terrible. Mieux vaut mourir avec son secret. Mais j'ajouterai ceci : sachez au moins pourquoi vous le faites. **La meilleure attitude, dans une telle situation, est de trouver un sens à votre infidélité. Et de l'assumer.**

Facile à dire. Mais ce n'est pas si facile à faire. Surtout chez les infidèles chroniques. J'ai eu un client de ce type dans mon cabinet, devenu totalement confus entre ses deux vies : « Depuis mon mariage, je trompe ma femme. J'ai toujours fait ça. J'ai le tour avec les femmes, je suis un grand séducteur, je sais charmer. Je vois aussi l'impact positif que je crée. Je n'en suis pas fier, mais on dirait que les occasions se sont présentées d'elles-mêmes, et je les ai saisies. Sauf que depuis deux ans, je suis dans la merde. Je suis tombé amoureux de mon amante. C'est une femme avec qui je me réinvente, sexuellement. Une véritable passion. J'ai même rencontré ses enfants. Ma femme l'a su. Alors, je lui ai tout avoué. Elle était sous le choc, mais dit m'aimer et est prête à me donner une autre chance. J'ai négocié deux semaines de pause, que j'ai passées avec mon amante. Une lune de miel fantastique ! Mais ça a été zéro pour ma réflexion. Mon amante, encouragée par mon départ de la maison, veut que je continue de progresser dans ce sens, que je divorce et que j'emménage avec elle. Sauf que, bien qu'elle soit cochonne et absolument envoûtante au lit, je lui trouve des défauts. Elle n'a pas la grâce de ma femme, ni sa scolarité. Son *look* aurait besoin d'être modernisé, et je trouve ses compétences parentales assez faibles. Bref, je recule. Dans ces circonstances, j'ai préféré retourner auprès de ma femme en lui disant que j'avais réfléchi, mais que j'avais besoin de plus de temps. Temps qu'elle m'a accordé. Mon amante est en rogne, mais comme je sais la charmer, je réussis toujours à gagner du temps. Par contre, avec ma femme, le sexe est nul. Je suis incapable de lui faire l'amour. Elle essaie de me reconquérir et fait tout ce que j'ai toujours voulu qu'elle fasse, mais sans succès. Trop tard. Ça me fait de la peine pour elle. Je ne suis pas bien chez moi, mon amante me manque, et chez elle, je me sens coupable vis-à-vis de ma femme et de mes enfants. J'ai peur qu'elle salisse ma réputation et leur dise tout. Je crains la réaction négative de mes enfants. Je ne veux pas qu'ils voient leur père comme un pervers sans moralité. Comme si je n'en avais pas déjà assez sur les bras, au hockey de mon fils, la mère d'un de ses amis s'est mise à me flirter. Je l'ai invitée à prendre un verre, et on s'est retrouvés au motel. C'était franchement bon. Elle envisage déjà un week-end ensemble. Je panique. Je ne veux rien de tout cela. Je voulais m'amuser, c'est tout. Comment me sortir du pétrin ? Je ne sais plus ce que je veux. Si je ne pensais qu'à moi, je choisirais mon amante. Elle est quasi parfaite depuis deux ans. Mais je connais ses faiblesses. Concernant ma femme, est-ce possible de la désirer à nouveau ? Je pense que non, car en toute honnêteté, j'éprouve presque du dédain pour elle. Mais je ne peux pas me résoudre à faire le deuil de ma vie de famille. La meilleure situation serait que ma femme accepte un couple ouvert et qu'ainsi je garde mon amante.

Mais elle ne le tolérerait pas, elle m'attend déjà depuis deux ans. Elle a ses limites. Elle veut refaire sa vie avec moi. Dans le fond, suis-je capable d'aimer et de m'engager auprès d'une seule personne ? »

Cette histoire est arrivée à un homme, mais elle pourrait tout aussi bien arriver à une femme. Terminé, l'exemple classique de l'homme infidèle. Bienvenue aux dames ! Mais quel dilemme ! Je vous entends dire : «Y en a qui aiment le trouble et les complications ! » Et vous avez raison. Au début, ce n'est que la tentation et l'excitation de passer à l'acte. Mais plus tard, totalement absorbé par son égoïsme, l'infidèle ne songe qu'à agir, à récidiver. C'est la phase de l'idéalisation et de la pensée magique : tout va bien, il n'y aura aucun problème. Cependant, tôt ou tard, l'infidélité va aller au-delà du désir. Lorsqu'il y a une relation à entretenir, les amants se voient souvent sur une base hebdomadaire, et c'est là que se créent des liens, mais également des attentes, des exigences et un désir de prolonger le moment d'intimité en essayant de faire des sorties au restaurant ou au cinéma. De partir pour un week-end ludique ou en voyage. Si cette situation se présente, les liens deviendront de plus en plus forts. On aura alors l'impression d'avoir deux *chums* ou deux blondes, et d'aimer différemment deux personnes en même temps.

Puisque nous vivons dans une société monogame, il ne nous est pas permis d'entretenir deux amours à la fois, ni de cohabiter avec tout ce beau monde. On essaie alors de se projeter vers l'avenir en se demandant à quoi ressemblerait notre vie avec cette personne. Si l'infidèle est honnête, il avouera qu'il y a toujours chez l'amant un manque ou une faiblesse que le partenaire ou l'époux comble. Le dilemme réside dans l'impossibilité de ne faire qu'une seule personne avec les deux. Je sais, dans un monde idéal on pourrait suspendre le temps, et vous pourriez passer de six mois à une année complète avec l'amant afin de le connaître sous tous ses angles et de voir à quoi ressemblerait une vie avec cette personne, et en fin de parcours, vous pourriez prendre une décision avisée. Même si vous prenez une pause de votre relation conjugale, ce ne sera jamais comparable au fantasme de vivre l'idylle librement. À moins que votre conjoint vous quitte. Mais puisqu'il n'est pas décédé, jamais il n'acceptera d'être mis de côté pour vous permettre de vivre votre récréation le temps qu'il le faut et d'attendre patiemment que son tour revienne. Les hommes qui acceptent un tel arrangement risquent à leur tour de rencontrer une autre femme et de refaire leur vie. Ça fait partie du jeu. Si on le prend comme bouche-trou, une autre pourrait en faire son trésor, et ce sera tant pis pour nous!

Dans la pensée égoïste de l'infidèle, ce scénario idéal est possible: «Bien sûr qu'il va m'attendre. Il m'aime assez pour ça. Il a tout à gagner à le faire. Je suis tellement mêlée, c'est la seule façon de mettre de l'ordre dans mes idées.» Discours égoïste, ou innocent? Voyons donc! La vie n'est pas comme au cinéma. La personne trompée n'est pas là pour tendre l'autre joue, elle va certainement réagir. Et sa réaction est bon signe. Son indifférence démontrerait qu'elle n'éprouve plus d'amour. Le fait d'être offusqué par une trahison réveille et remet les priorités aux bonnes places. **Est-il trop tard? C'est à vous de juger. Mais la réaction du partenaire est un bon indicateur de l'état de santé de la relation:** s'il tient à vous, il est prêt à collaborer à un nouveau projet du couple. Cependant, sa réaction signifie qu'il vous demande de vous décider rapidement. Sans hésitation, sans tergiversations, et surtout sans le yoyo «je quitte, je reviens, pour requitter, puis revenir».

Prendre une décision est particulièrement pénible pour l'infidèle. Un bilan s'impose, il doit faire des listes, réfléchir longuement à sa situation et faire le point. Pourquoi ce partenaire? Pouvons-nous changer? Démontre-t-il une motivation envers le changement? Et, j'en conviens, il est difficile de prendre du recul alors qu'on est dans la situation. Si vous avez des amis à qui vous pouvez vous confier, tant mieux. Choisissez-les bien, puisque plusieurs ont le jugement facile à ce propos, ne comprendront pas votre hésitation et vous donneront des réponses faciles : « Laisse ton partenaire pour lui. Quitte-le et refais ta vie seule. Es-tu capable d'affronter ta solitude ? Combien de temps penses-tu être capable de maintenir cette liaison ? Où est-ce que ça va te mener ? Tu devrais te choisir un homme excitant et stable, au lieu d'avoir les deux séparés. »

SE CONFIER POUR S'Y RETROUVER ? OUI, MAIS AVEC QUI ? ET COMMENT ?

La meilleure chose est de **tenir un journal personnel** pour inscrire ses pensées et objectiver la situation. En l'écrivant, ça classe nos idées. L'ordre mental fait son chemin. Écrivez régulièrement. Faites un bilan de vos rencontres clandestines. Classez ce qui était extraordinaire et ce qui l'était moins. Déterminez ce dont vous aurez besoin la prochaine fois. Écrivez ce que vous voulez dire ou demander à votre amant. Ce que vous souhaitez lui confier. Écrivez les questions que vous aimeriez lui poser sur son mode de vie, son cheminement face à vous, ses fantasmes et son dilemme intérieur, s'il en a un. Demandez-vous ce que vous voulez vraiment savoir à son sujet. Avec le temps, comparez vos besoins initiaux avec ceux qui sont plus actuels. Sont-ils différents ? Par exemple : « Au début, j'avais besoin de plaire et de me faire confirmer ma valeur en tant que femme. Maintenant, j'ai envie d'expérimenter d'autres fantasmes, comme des photos coquines, faire mon propre film porno maison. » Ou encore : « Je souhaite le connaître davantage lors d'un souper ou d'une activité comme une randonnée quelque part. » **Écrivez, et surtout, relisez-vous. Faites un soliloque**, un monologue intérieur sans censure où vos pensées profondes, vos intuitions, votre spiritualité et votre quête de sens seront exprimées. On ne se ment pas volontairement à soi-même, alors relisez-vous **dans le but d'en apprendre davantage** sur vous-même.

FACILE DE GARDER UN SECRET?

Non. Ce n'est pas facile de garder un secret. **Le secret comporte du merveilleux, mais aussi des peines.** Il importe donc de ne les dévoiler qu'à une personne de confiance de notre entourage, sinon à notre journal intime. Pour pousser l'autoanalyse et se faire guider dans nos questions-réponses, la sexothérapie est là aussi pour nous aider à prendre du recul et à nous retrouver face à nous-même. **Le but est de trouver l'attitude la plus adéquate possible dans les circonstances en donnant un sens à vos actions.** Si vous ciblez parfaitement le besoin à combler, vous ne douterez plus de vos actions.

La sexothérapie offre un éclaircissement permettant d'atténuer dilemme et ambivalence, puisqu'on est au cœur de deux histoires. La thérapie permet une discussion sur la culpabilité d'éprouver du désir, sur le sens des valeurs, les principes de vie à redéfinir, le sabotage relationnel conscient ou inconscient, le dévoilement de son jardin secret, et surtout, elle offre une aide face à l'urgence de prendre une décision. La thérapie vise à atteindre une maturité affective, soit savoir agir par soi-même en fonction du langage du cœur, de ses désirs, de ses sentiments et de ses besoins véritables. L'âme cherche toujours à combler ses besoins. Vous êtes le capitaine de votre âme. Le seul maître à bord. **La thérapie offre de visualiser les diverses options possibles:** choisir le conjoint et quitter l'amant, choisir l'amant et quitter le conjoint, garder les deux encore quelque temps, ou choisir de quitter les deux pour être seule et se retrouver, pour ensuite rechercher un partenaire plus approprié à nos besoins actuels.

Le but ultime est de connaître exactement le rôle que l'amant joue dans votre vie. De déterminer sa place et la raison pour laquelle il est entré dans votre vie, et la raison pour laquelle il y est encore. Je ne vous apprends rien, l'infidélité est souvent le reflet d'une insatisfaction conjugale. Voyez d'abord les changements que vous pourriez apporter à votre relation conjugale. Si jamais vous deviez en venir à la décision de vous séparer, dites-vous que vous ne vous en irez que quand ça deviendra une évidence pure pour vous. Lorsqu'il n'y aura plus aucun bénéfice à tirer de votre relation. Encore une fois, vous seul le saurez.

Ces infidélités sont symptomatiques d'un déséquilibre conjugal. Mais il existe également d'autres types d'infidélités. Lorsque les pulsions sexuelles d'une personne sont démesurées et qu'elle souffre de compulsion sexuelle, il s'agit de ce que les Américains nomment une *sexaholic* ou une *sex addict* (*sexual addiction*). C'est une recherche pathologique de nouvelles expériences sexuelles dénuées de tout sentiment amoureux. Juste baiser pour baiser. Il existe des infidèles qui l'ont toujours été et le seront toujours, peu importe la qualité de leur relation conjugale. Généralement, ce sont des hommes qui tombent dans le panneau de la sexualité hyperactive et qui dissocient le plaisir sexuel de l'engagement amoureux, ou même d'un quelconque attachement. On pense que ce sont des gens extravertis, agréables, démonstratifs, débordant d'enthousiasme et d'énergie. Oui, je vous l'accorde, mais bien souvent, cette compulsion sexuelle illustre davantage un malaise identitaire et affectif profond. Un mal-être. Une difficulté à supporter le stress, un désir de fuir ou de refouler des sentiments désagréables, une tendance à se rappeler sans cesse ses défauts. Comme si la sexualité était l'antidépresseur par excellence pour contrer le mal de vivre ou l'état dépressif.

Certains professionnels ou des personnalités politiques, artistiques et du monde sportif font partie de cette catégorie. Lorsqu'ils sont découverts, les journaux à potins se délectent. Ce sont ceux que l'on voit. Un professionnel de la santé me disait : « Ma femme a trouvé un numéro de téléphone traînant sur ma table de nuit. Lorsqu'elle a composé le numéro, elle a tout compris. C'était celui d'une escorte. Non seulement il m'a fallu lui dévoiler mes visites clandestines, mais aussi mes visites régulières dans les salons de massage. Dans

mon milieu, on a besoin de décompresser, et j'ai des collègues bienveillants (!) qui m'ont recommandé des endroits
où la marchandise est exceptionnelle. J'y lâchais mon fou.
J'ai longtemps dû être très raisonnable pour plaire à mon
père, réussir mes études et bâtir ma clientèle. Profession-
nellement, je suis irréprochable. Aller au salon de massage
représentait ma crise d'adolescence non vécue. Mon côté
rebelle. Et j'y tiens ! »

Un autre de me dire : « J'ai été célibataire très longtemps et
j'ai toujours consommé de la pornographie. Maintenant que
je suis en couple, et malgré ma relation stable, je retourne sur
Internet consulter des sites pornographiques à l'occasion. Et
lorsque je suis en voyage d'affaires, je ne peux m'empêcher
d'en visionner dans ma chambre d'hôtel. Sans compter quelques escortes à l'occasion. Ma blonde a tout découvert par
l'historique des sites internet visités. Je me suis fait prendre.
Elle ne comprend pas mon besoin parce qu'elle se dit très
ouverte sexuellement, et que nous avons une vie sexuelle
très active. Mais je ne peux m'en empêcher. C'est comme
si l'ordinateur m'appelait. En plus, ces sites sont gratuits et
constamment renouvelés. J'appelle ça **mes trois A : anonyme, accessible, abordable**. J'aime la détente que ça me
procure, et en plus ça m'aide à passer le temps. J'aime ma
partenaire, mais lorsque j'étais jeune, je me suis souvent fait
rejeter par les filles. Par la pornographie, je combats encore
aujourd'hui mon traumatisme en choisissant des femmes
superbes qui m'acceptent et se sentent érotisées par moi.
Surtout si c'est une escorte. Je le prends comme une victoire ! » Est-ce là l'expression de la nature polygame masculine ? On valorise la vie libertine d'hommes célèbres comme
si on leur attribuait le courage d'avoir vécu selon leurs propres valeurs et leur propre éthique. Certains les envient,
d'autres les trouvent chanceux.

Parfois, les hommes ont un désir sexuel excessif et compulsif. Certains s'adonnent même à des érotisations atypi-
ques, soit en marge de ce qui est conventionnel. D'autres

sont des séducteurs ou ce que j'appelle des don Juan qui car-
burent aux illusions de passion sans sexualité. Il existe des
hommes qui conçoivent le sexe comme une activité intense,
fréquente et autant que possible variée, ce qui sous-entend
avec plusieurs partenaires. Ils font souffrir leur compagne
de vie, qui les voit comme des hommes sans cervelle, mais
plutôt avec un « gland cerveau », comme des *adulescents* sans
conscience et souvent pervers. L'une d'elles m'a déjà dit que
son partenaire était un « alcoolique du sexe ». Internet était
sa caisse de vingt-quatre.

Il faut savoir qu'ils souffrent et n'ont pas nécessairement une grande estime d'eux-mêmes. Surtout lorsque je
les entends me dire qu'ils veulent coucher avec une prosti-
tuée sans porter de condom. C'est de l'automutilation et du
suicide ! C'est un signe de santé que d'avoir une forte libido,
mais lorsqu'on perd le contrôle ou qu'on a des comportements à risques, il faut se poser des questions. La compulsion, c'est l'obligation du passage à l'acte, sans l'ombre d'un
contrôle. Lorsque je questionne ces hommes, presque tous
m'avouent se trouver ridicules, qu'ils pourraient vaquer à
d'autres occupations, mais que s'ils le font, c'est pour contrer
l'ennui ou faire de l'évitement relationnel. L'un d'eux m'a
dit : « Chaque fois que j'avais un souci, j'allais aux danseuses.
Là, j'évacuais mon anxiété et mon stress. » L'émotion forte
retirée de la sexualité ou de la jouissance sert à les soulager
temporairement de leur souffrance émotionnelle. Je pourrais
en dire autant de la masturbation à l'aide d'Internet, soit la
cocaïne des accros à la sexualité. Surtout si elle est la seule
activité sexuelle fréquente et qu'elle est préférée à une relation sexuelle. Cette dépendance est comparable à la dépendance à l'alcool, au jeu ou à la drogue. Devant leurs écrans,
ils sont sur un *high*. Comme le sexe sur Internet est accessible, gratuit et livré à domicile, ça fait l'affaire de plusieurs
hommes qui souffrent de dysfonctions sexuelles, qui se sentent isolés sur le plan social ou qui ont beaucoup de temps
libre et qui ont une faible estime d'eux-mêmes. Internet est

la voie d'accès à la sexualité par excellence pour celui qui ne veut pas fréquenter les bars, ni les sites de rencontres, et qui œuvre dans un milieu d'hommes sans véritable possibilité d'être en contact avec des femmes.

Des aveux qui blessent

Si l'infidélité a une grande part d'existence dans le secret, elle implique forcément un dévoilement, puisqu'un secret n'est pas fait pour rester secret. Garder un bonheur pour soi alors qu'on veut le crier au grand jour, c'est difficile, et lorsqu'on veut garder une souffrance et un profond dilemme en soi, tout le corps le dit à notre place. **Le langage non verbal est très fort. Plusieurs personnes infidèles psychosomatisent leurs émotions, qui finissent par s'exprimer par des malaises physiques** allant des troubles gastriques ou digestifs aux migraines, en passant par les insomnies, les troubles de la concentration, les distractions, la nervosité, l'état dépressif et les dysfonctions sexuelles, pour ne nommer que ceux-là. Un partenaire attentif verra tout de suite que quelque chose cloche et risque de poser des questions. Par contre, si vous réussissez à bien cacher votre jeu avec une *poker face,* vous pouvez surfer sur du temps emprunté. **Cependant, tôt ou tard viendra l'envie de tout révéler pour vous libérer.** Entendez-moi bien : il s'agit de vous libérer *vous*. Pas votre partenaire.

Avec mes années de pratique privée, je me questionne beaucoup sur le sens des aveux et de l'intention d'avouer. **Avouer quoi?** « Je désire une autre personne, j'en aime une autre, je m'éclate au lit avec un autre homme, j'aime fréquenter d'autres femmes, j'entretiens une liaison que j'ai envie de préserver tout en continuant notre relation. » Parce que je connais les répercussions négatives des aveux, je suis plutôt de l'école de pensée qui suggère de vivre avec son secret jusqu'à la mort. En effet, pourquoi dire une chose qui dévastera peut-être à tout jamais votre relation *et* votre partenaire? Pourquoi dire quelque chose qui fera souffrir l'autre? Pour faire mal, pour se venger, pour passer un message? Outre le besoin de partager un fait qui nous perturbe depuis longtemps et de mettre l'autre au courant afin de mieux travailler la relation par la suite, il y a des intentions inconscientes moins nobles comme celles-ci: «Je t'ai si souvent averti que j'irais voir ailleurs. Te voilà donc devant le fait accompli. Tu m'as délaissée toutes ces années... Alors voici, j'ai un amant qui m'honore aussi souvent que nécessaire. Ta queue ne fonctionne plus? Sache que j'ai trouvé mieux ailleurs. Je te l'avais dit que j'étais sollicitée. Tu ne me croyais pas capable de le faire, n'est-ce pas? Eh bien, oui, j'ai envie de me sentir femme. Ça fait des années que je me ratatine comme un raisin sec, que je dépéris sexuellement avec toi. Je n'avais pas envie de mettre de côté les belles années que j'ai devant moi en gaspillant mon potentiel sexuel.»

La frustration, le chantage initial d'aller voir ailleurs, les menaces mises à exécution, l'humiliation sur la piètre virilité du partenaire, la condescendance sur ses performances, l'expression du véritable besoin, la volonté de préserver ses gains érotiques et l'égoïsme à l'état pur, voilà des intentions franches et directes. Ce qui n'est pas souvent le cas, car souvent, pour épargner l'autre, on censure sa vérité.

Ce qui offusque le partenaire, lors de l'aveu, est l'absence de conscience conjugale: «Tu n'as jamais pensé à moi, dans tout ça?» Il est démoli parce que l'autre s'est donné la permission d'être infidèle, et pire, de poursuivre la liaison. Avoir des relations sexuelles en dehors du couple est blessant, mais dans ce cas-ci, c'est plutôt la valeur de la loyauté, de l'exclusivité et du sens de l'engagement qui est heurté. La confiance est bafouée. Ce ne sera plus jamais comme avant. L'aveu libère l'infidèle, puisqu'il n'aura plus besoin de faire de cachettes, plus de secrets à préserver, tout est dit. **L'infidèle semble avoir fait un pas, alors que l'autre se sent au bord du précipice. C'est le choc. Un traumatisme.** Rien ne sera plus jamais comme avant. Et cela, même si le partenaire avait des soupçons. Douter est une chose, se faire confirmer une infidélité en est une autre. C'est comparable à recevoir un coup en plein cœur. Savoir qu'on nous a menti, bafoué et trahi est terriblement douloureux. « Elle a agi dans mon dos », se dit-il. Même si le partenaire trompé a ses torts et que son implication érotique dans le couple avait diminué depuis longtemps, le mal est fait. Et sa résistance à reprendre du service risque de s'amplifier, particulièrement s'il détecte dans les aveux de sa partenaire une absence de remords et qu'il ne reçoit que des excuses bâclées. Alors pour lui, l'insulte est totale.

Selon moi, l'infidélité existe parce qu'elle procure des bénéfices : une vie en parallèle bien à soi et des apprentissages personnels. Les infidèles développent de nouveaux talents, de nouvelles compétences. Ils s'étonnent de leur audace, de leur initiative, de leur capacité à innover et à s'abandonner, et puisqu'ils sont en progression constante dans leur développement personnel, relationnel, amoureux et sexuel, leurs goûts changent. Je sais que cette affirmation peut vous surprendre, mais c'est ainsi. On conçoit mal que l'infidélité puisse comporter des bénéfices.

Vous pensez que les infidèles sont des gens immoraux, irrespectueux, narcissiques et égocentriques, profondément polygames ? Peut-être que certains le sont. Mais toutes les personnes infidèles rencontrées dans mon cabinet sont à mon avis intelligentes, ont des valeurs et des principes de vie, et surtout une conscience. Elles connaissent leurs limites et, la plupart du temps, elles aiment leur partenaire de vie. Sauf **qu'elles ont toutes un dénominateur commun : il y a une perte de sens dans leur vie**. C'est pourquoi elles consultent. Que représente cette aventure ? Pourquoi maintenir cette liaison ? Qu'est-ce que cette expérience me procure réellement ? Suis-je conscient de mon parcours, de mon évolution ? Est-ce que la liaison progresse et y a-t-il de l'attachement ?

L'extraconjugalité peut être une activité agréable qui nous envahit de plaisir et de satisfaction. Voilà pourquoi plusieurs veulent la savourer pleinement et en jouir encore et encore ! Certains se montrent même fort reconnaissants envers Dieu, la vie, ou l'Univers, de vivre une expérience si enrichissante de sensualité charnelle, érotique, génitale et sexuelle. La majorité d'entre eux exprime également de la gratitude envers leur amant ou amante. Ils se trouvent chanceux d'avoir été mis sur leur route.

Pour moi, tout se résume à ceci : **trouver la bonne attitude, c'est trouver un but, cultiver un sens, reconnaître ses priorités. Assumer ce qu'on fait, parce qu'on a une pleine conscience des raisons pour lesquelles on le fait**. L'infidélité est ultracomplexe. Elle implique trois personnes, dont une qui ignore l'existence d'une des deux autres. Elle implique un secret à préserver ou à confier à quelques rares élus, souvent des amis véritables qui écoutent sans juger et offrent des conseils judicieux. Elle implique autant de bienfaits que de tourments, puisque c'est hors normes. Elle implique une entorse à la confiance. Elle change les valeurs en cultivant les plaisirs au lieu des responsabilités, et la liberté au lieu de l'engagement.

L'infidélité implique pour le thérapeute une très grande ouverture d'esprit, pour entendre tout ce qui n'est pas dit et qui est sous-entendu, non avoué et censuré, afin d'aider le plus adéquatement possible la personne devant soi. La principale question qui angoisse l'infidèle est celle-ci : et maintenant, que vais-je faire ? En règle générale, ils ont tous peur de faire des choix. Car faire un choix, c'est l'obligation de faire le deuil de ce qu'on ne choisit pas. Ils se demandent même s'ils doivent choisir ? S'ensuit alors une autre série de questions : dois-je tout dire ? Est-ce que ça veut dire que je n'aime pas mon partenaire ? Est-ce que je serai toujours ainsi ? Qu'est-ce que ça dit sur moi ? Sur mon couple ? Quelles sont mes nouvelles valeurs ? Où est passé mon sens de l'engagement ? Comment serais-je capable de répondre aux questions de mon conjoint, alors que j'ai si honte de moi? Quoi faire pour regagner sa confiance?

Les bénéfices récoltés n'aident en rien la reconstruction de la relation conjugale. Ça brouille encore plus les cartes. Difficile d'avouer que le sexe était meilleur ailleurs, extraordinaire même... Le *ailleurs* implique une autre personne, c'est donc forcément différent. Comment le partenaire peut-il se battre contre ça? C'est souvent ce qui empêche l'infidèle de dévoiler la liaison: «Ça ne se dit pas! Qu'est-ce que ça va donner, que je le lui dise?» Souvent, les aveux détruisent et font souffrir. On est loin d'un aveu qui émancipe la relation. Ce n'est pas comme annoncer au partenaire que l'on vient de gagner à la loterie! Cela peut toutefois faire grandir la relation, si celle-ci était paralysée. C'est une confrontation qui peut faire réagir, faire changer les choses, et qui permet de savoir si on tient vraiment à l'autre. C'est confrontant aussi pour l'infidèle. Est-ce que j'aime suffisamment mon partenaire? Est-ce que je crois en ma relation? Est-ce qu'à travers mes aveux, je démontre des remords sincères? Suis-je prêt à tout pour qu'il me fasse confiance à nouveau?

DEVOIR NUMÉRO UN: RÉTABLIR DES RITUELS DE CONFIANCE

L'infidèle doit trouver ce qu'il lui faudra offrir à son partenaire comme gestes, qualité de présence et preuves de volonté d'engagement pour rétablir la confiance. Lui permettra-t-il de fouiller dans son agenda dans le but de vérifier s'il y a un autre rendez-vous au programme? Lui donnera-t-il ses mots de passe pour que l'autre accède à son ordinateur portable, à son agenda électronique, à son téléphone cellulaire pour vérifier son intégrité?

Lorsqu'ils ont des soupçons, les gens peuvent devenir des détectives privés hors pair. De *technouilles,* ils deviennent des pros. C'est fou, le pouvoir de la motivation! Et l'infidèle devra endurer ces pressions pendant plusieurs jours, plusieurs semaines et même des mois. Il en faut, du temps, pour refaire confiance. Le partenaire trompé se posera la question suivante : **quels sont les comportements que je veux voir chez mon partenaire infidèle, ceux qui me feront sauter de joie ?** En précisant bien les comportements souhaités, ceux qui l'enchanteront. Car le but est de réapprendre à lui faire confiance. L'infidèle se sentira comme un détenu en libération conditionnelle, ou encore comme un nouvel employé en probation, en attente de sa permanence et d'une évaluation. Le partenaire fidèle doit avoir le plein pouvoir. Il doit déterminer ce qu'il lui faut pour être en confiance, pour avoir la paix d'esprit et retrouver son havre de sécurité à domicile. Il faut stopper les ruminations. La personne trompée a le droit de poser des questions et de savoir ce qui s'est passé. Tous les détails sont importants. Elle doit penser à elle et à ses besoins pour rebâtir sa confiance, se libérer l'esprit, et surtout comprendre. Lorsqu'on comprend, on sait quoi faire pour changer les choses par la suite. La compréhension donne du sens.

DEVOIR NUMÉRO DEUX : CESSER LES RUMINATIONS

Souvent, les gens deviennent obsédés par la peur de l'infidélité. Et c'est pire encore s'ils ont pris l'infidèle sur le fait. Une femme m'a raconté l'épisode traumatisant qu'elle a vécu quand elle a surpris son conjoint, patron d'une usine, dans l'entrepôt avec sa secrétaire. Elle était couchée sur une table, et lui était debout devant elle. Ils étaient habillés, mais tout laissait croire qu'ils venaient de faire l'amour et venaient tout juste de se rhabiller. Le réflexe que cette femme a eu a été de lui toucher le pénis pour détecter une érection. Heureusement pour lui, il était au repos. Elle a cru son histoire : que sa secrétaire l'avait attiré là pour une relation sexuelle, qu'il avait résisté et que son épouse était arrivée avant qu'il ne succombe. Ce que cette femme a vécu par la suite est terrible : des cauchemars, une obsession et ces images lui revenant dans la tête. Elle avait toujours ce film en mémoire. Elle a crié après lui, posé des questions, fait des visites surprises à son travail. Bref, elle a instauré un système de surveillance. Le devoir numéro un, pour rétablir la confiance de sa femme, a été qu'il licencie la secrétaire, qu'il cesse de luncher avec elle et qu'il revienne à la maison après le travail au lieu de passer du temps à l'usine. Il s'est avéré que sa secrétaire était une employée clé de l'entreprise, et qu'avec ses connaissances elle assurait un excellent service à la clientèle. Il ne pouvait pas la renvoyer, mais il a dû prendre ses distances. Le couple a fait des projets, et maintenant ces époux lunchent ensemble.

Le devoir numéro deux a été pénible autant pour elle que pour lui. Pour cesser les ruminations, et surtout pour stopper l'obsession et la peur de l'infidélité, il a fallu limiter les moments d'interrogatoire et de divulgation. C'est une période où vous avez la permission de faire des récriminations, mais de façon contrôlée. Par exemple, 15 minutes par jour, pendant une semaine, vous parlerez de tout ce qui vous passe par la tête depuis les événements. **Vous pouvez hurler, sacrer, être en colère, poser des questions, pleurer, dire tout ce qui vous passe par la tête, mais seulement durant ces 15 minutes.** L'évacuation de la colère est permise, mais en zone contrôlée. Ensuite, on passe à autre chose. Pendant ce temps, le partenaire entend, et écoute. Il n'interrompt pas. Quinze minutes vous semblent bien peu? Chronométrez-le, et vous verrez que c'est long. En fait, avec ce devoir, j'essaie d'estomper le symptôme. D'une part, en lui donnant le droit de prendre la parole, la personne trompée sent qu'elle a enfin une tribune pour s'exprimer et exister. D'autre part, les 15 minutes deviendront vite longues à meubler, car après avoir vomi toute l'émotion, on n'a plus grand-chose à dire. L'autorisation de se mettre en colère permet l'essoufflement du symptôme. C'est comme si je vous disais que pour arriver à arrêter de vous plaindre, je vous ordonne de vous plaindre 10 minutes par jour pendant une semaine. Vous verrez qu'après quelques jours, ce ne sera plus nécessaire et que vous trouverez que les 10 minutes sont longues à combler.

DEVOIR NUMÉRO TROIS : ÉMETTRE UN AVERTISSEMENT CLAIR ET SANS ÉQUIVOQUE

La personne infidèle doit recevoir un avertissement ferme indiquant que c'est sa dernière chance. On a beau avoir toute la bonne volonté du monde et vouloir repartir sur de nouvelles bases, l'infidèle *doit* savoir que s'il advenait qu'il se permette une autre infidélité, ce serait la fin de la relation. Particulièrement si le conjoint est un homme qui a une sexualité compulsive (fortes pulsions sexuelles quasi incontrôlables) qui utilise Internet, les lignes érotiques, qui va aux clubs de danseuses ou qui voit des escortes. Les conjointes de ces hommes me posent régulièrement cette question : «Comment savoir que sa tentation ne reviendra pas ? Que fera-t-il s'il est tenté à nouveau ?» Oui, la tentation reviendra. Grâce à l'effet de surprise, tel un enfant pris la main dans le sac de bonbons, le désir s'estompe et disparaît comme par enchantement, et la bonne humeur revient. La conjointe croit en la démarche de son homme, qui réfléchit au sens de ses bévues, aux raisons de ses compulsions, et qui tente de contrôler ses pulsions afin de se reprendre en main. Tout va pour le mieux. L'homme n'est pas retourné sur Internet, a changé d'emploi et n'a pas autant de temps libre qu'avant ; il respecte les conditions de sa *libération conditionnelle*, il téléphone à heure fixe, il écoute les doléances de sa compagne quotidiennement, il tente de s'impliquer davantage dans sa relation, ils font l'amour, il se sent presque «guéri» et ils font des projets. Mais malgré ces gains, malgré les apparences et la bonne volonté, la femme a la peur au ventre que le démon revienne les hanter. Si l'homme veut reprendre le contrôle de son démon intérieur, il devra y consacrer des efforts et du temps. S'il tient à sa relation, il devra respecter les limites de sa partenaire.

Avertissement à vous, mesdames : lorsque vous dites qu'assez, c'est assez, mais que vous passez l'éponge en demeurant au sein de la relation, vous vous tirez dans le pied. Vous ne faites pas ce que vous annoncez. Vos menaces ne sont pas mises à exécution. Malgré les preuves d'infidélité, si vous restez auprès de lui alors que vous vous étiez promis de le quitter, il recommencera. Il ne croit pas à l'établissement de vos limites. Il ne vous respecte pas. Il ne prendra pas vos paroles au sérieux. Soyez ferme et restez sur vos positions. **Donner un avertissement et le traduire en actes, c'est se donner les moyens de dominer la situation. Une vraie prise de position se médite bien à l'avance et s'annonce avec assurance et au moment opportun.** S'il se rend compte que vous avez la ferme intention d'agir selon votre avertissement, il sera plus enclin à modifier son comportement. L'homme qui a des compulsions sexuelles risque de maintenir les gains de ses efforts s'il craint réellement de perdre ce qu'il a bâti : un ménage avec une femme qu'il aime et des enfants en santé. Voilà pourquoi l'établissement d'un système de surveillance est important. Scrutez ses poches, videz les poubelles, vérifiez le contenu du coffre à gants et les retraits bancaires… Maintenez votre enquête. Dites-lui qu'elle est toujours en cours, tout comme votre extrême vigilance sur ses faits et gestes. Vous voulez des preuves de sa bonne volonté ? Demandez-les, exigez-les. Et je le répète, soyez ferme ! S'il sent le moindre fléchissement de votre part, le risque de récidive est élevé. Dès que vous opterez pour une prise de position claire et affirmée, vous serez envahie par un sentiment de sérénité formidable qui ne lui échappera pas. Le fait de savoir qu'il existe en vous une zone inébranlable, un sentiment de sécurité, la conviction de savoir vous défendre et de préserver votre intégrité, que vos antennes sont à l'affût et que **vous avez un pouvoir sur la situation et des limites claires vous permettra de vous réinvestir dans votre relation sans penser que vous êtes naïve de la poursuivre. C'est la sérénité d'une femme qui ne badine pas avec le respect et la dignité**, que l'on se doit à soi-même comme à l'autre. Votre défi actuel est de retrouver un sens à votre relation.

DEVOIR NUMÉRO QUATRE : À LA RECHERCHE DU PLAISIR ET DU SENS

Après le devoir numéro un (rétablir des rituels de confiance), le devoir numéro deux (cesser les ruminations) et le devoir numéro trois (donner un avertissement clair et sans équivoque), le couple est maintenant prêt à retrouver un sens à son union. Ironiquement, il aura fallu l'infidélité pour provoquer des discussions et parler du couple comme ça n'avait jamais été fait auparavant. **Certains couples signalent qu'ils n'ont jamais discuté aussi longuement, ni aussi profondément que dans cette période où il faut tout reconstruire. Il faut alors considérer la liaison comme un signal d'alarme.** Les deux membres du couple peuvent profiter de cette tribune et de cette nouvelle ambiance conjugale pour parler, non seulement des séquelles de l'infidélité, mais aussi du sens à donner à leur mariage et à leur relation. Comment le faire ? Je suggère l'exercice suivant où, chacun de son côté, les partenaires inscrivent sur une feuille les dates importantes de leur relation. Depuis l'année de la rencontre jusqu'à aujourd'hui, en passant par tous les autres événements. Dessinez une échelle (de 1 à 10) des moments ennuyeux et monotones aux moments les plus euphorisants.

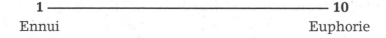

1 ————————————————————————— 10
Ennui   Euphorie

Par la suite, les partenaires doivent comparer leurs évaluations. Ils découvriront probablement qu'ils sont sensiblement d'accord sur le moment à partir duquel la situation a commencé à se dégrader. Mais comme c'est souvent le cas, ils auront certainement noté que les premières années ont été les plus agréables (les moments forts de l'union), et que c'est précisément ce qui leur manque actuellement et qu'ils aimeraient retrouver. Un homme me disait avoir compris pourquoi sa compagne avait envisagé de le quitter à cause de certains défauts qu'il reconnaissait à présent chez lui :

son indifférence, le fait de l'avoir tenue pour acquise, son manque d'attention et d'affection, ainsi que sa froideur. Il considérait le signal d'alarme et voulait saisir l'avertissement pour changer son attitude et ses comportements. Au-delà de sa révolte concernant la liaison de sa femme, il était conscient de sa propre responsabilité dans cette affaire et regardait maintenant la situation sous un autre œil.

Il est important de se rappeler les débuts. En quoi était-ce magique et magnifique ? Pourquoi était-ce enthousiasmant ? Beaucoup de partenaires ont oublié ce qui les avait réunis et le plaisir qu'ils avaient à être ensemble. Souvent, le fait d'évoquer un passé heureux peut émouvoir et permettre un rapprochement. Cette discussion aidera à préciser les atouts du couple et remémorera à plusieurs les attraits qu'ils s'étaient trouvés au départ, les aspects de l'autre qu'ils adoraient. **Cette évocation à deux rétablit une complicité affaiblie par le temps et permet d'analyser avec une plus grande sérénité les raisons de la dégradation de la relation à partir d'un certain moment.** Grâce à cet exercice, les partenaires parlent de leur couple, pas de l'infidélité.

DEVOIR NUMÉRO CINQ : VERS UNE MEILLEURE RELATION OU UN DIVORCE POUR LE MIEUX

Même s'ils retrouvent un certain sens à leur relation, qu'ils réussissent à rétablir la confiance et à restaurer une honnêteté, les conjoints peuvent néanmoins conclure que la meilleure chose à faire pour eux est la dissolution de leur union. Quelquefois, les deux parties reconnaissent dans la liaison un fait révélant que leur couple n'en a plus pour longtemps. **L'herbe est-elle vraiment plus verte ailleurs ?** L'infidèle croit avoir enfin trouvé chez quelqu'un d'autre les qualités qui font défaut à son ou sa partenaire, et se dit que s'il pouvait s'extraire de ce couple imparfait, il n'y aurait plus aucune entrave à son bonheur dans les bras de l'amant ou de l'amante. Devant un client qui est convaincu de cette croyance, je lance cette question : « **Est-ce parce que tu crois avoir trouvé mieux, que tu songes à divorcer, ou parce que tu estimes que ton couple ne pourra jamais plus se transformer en relation saine et satisfaisante ?** » Plusieurs écrits mentionnent la précarité des couples fondés sur l'infidélité ou ayant connu un épisode d'infidélité. La femme qui quitte son mari pour son amant est loin de se lancer dans une relation durable. On estime les probabilités de réussite à moins de 10 %. Mon opinion est la suivante : on peut faire dire ce que l'on veut à des chiffres. Alors souvent rien n'est plus faux que les statistiques. Vous n'avez qu'à penser aux sondages en périodes électorales ou aux cotes d'écoute de la radio. Tout le monde semble être le numéro un ! Assez improbable, n'est-ce pas ? J'ai pourtant entendu de belles histoires d'amour survenues entre des femmes et leur amant, et inversement. Des femmes qui ont quitté une vie stable et un conjoint de longue date pour un autre homme. Et des hommes qui ont fait de même. Mon parcours clinique me prouve le contraire de ce qu'affirment les statistiques : ces relations peuvent être durables et saines, et même que bien souvent elles sont plus satisfaisantes que l'union précédente.

Toutefois, **il faut enlever ses lunettes roses et oublier son fantasme en HD au sujet de la liaison extraconjugale**. Fonder sa décision de rompre sur la perspective d'une longue vie heureuse avec une tierce personne, c'est se bercer d'illusions. En réalité, on ignore tout de cette personne. Et généralement, la personne infidèle se lance dans cette aventure clandestine à un moment de grande vulnérabilité dans sa vie et elle interprète cette liaison comme une véritable aubaine. Se sentant revivre, l'individu pense que cette nouvelle personne détient la clé de son bonheur. Attention, ce n'est que le côté merveilleux, qui est partagé avec l'amant. La relation sexuelle est fantastique, mais surtout elle a lieu à l'extérieur du cadre domestique et routinier d'une vie normale, dans laquelle on n'est pas toujours en mode séduction, ni toujours charmants. La vraie vie, ça ressemble à la

Bourse : parfois à la hausse et parfois à la baisse. Je sais que je ne suis pas romantique en disant cela, mais je suis réaliste.

S'aventurer à plus long terme avec l'amant, c'est un peu comme se lancer dans le vide sans filet. À moins, bien sûr, d'avoir entrepris une liaison sur plusieurs mois ou des années, et d'avoir vécu des expériences diverses où l'on s'est permis de poser des questions à l'autre, de faire sa connaissance et d'en savoir plus sur sa personnalité et sur sa capacité à être bienveillant. Si on en est arrivé à ce point, on se lance dans le vide, mais avec un filet de sécurité !

Par contre, si on porte encore des lunettes rose bonbon, et que l'engouement pour l'autre ressemble à une tocade que je résumerai comme étant un *goût très vif, passager et déraisonnable,* il faut du temps pour déterminer si cet élan impulsif se métamorphosera en un amour durable ou si c'est comme un nuage, c'est-à-dire seulement de passage… **Une séparation, ça se prépare ! Avant de prendre la décision la plus importante de sa vie, il faut y réfléchir ! Il faut voir la tierce personne pour ce qu'elle est en réalité, avec ses qualités et ses défauts.**

Je ne lance pas cet avertissement pour que les partenaires demeurent à tout prix dans leur relation principale. Il n'y a que l'amour envers son enfant qui soit inconditionnel. L'amour envers son partenaire est conditionnel. Je ne veux pas non plus d'une personne prisonnière de sa souffrance. Tous ont le droit d'être libres de leur décision, et peut-être vaut-il mieux rompre pour changer de vie. Certains couples sont incapables de discuter du sens de l'infidélité, car ils redoutent les conclusions auxquelles ils pourraient aboutir. Ils restent prisonniers de leur souffrance et de leur peur de la solitude. Ils craignent de faire souffrir leurs enfants, et que ceux-ci ne leur pardonnent pas. Ils ont peur également de se retrouver dans un gouffre financier, ou tout simplement de se retrouver célibataires, alors que tous les membres de leur entourage sont en couple. Mais la crainte ultime est : et s'il n'y avait pas mieux pour moi ailleurs ?

Alors si on visualisait l'avenir? Prendre quelques minutes de son temps pour décrire la vie rêvée et idyllique sur laquelle tous fantasment depuis longtemps permet de remettre les pendules à l'heure. En faisant cet exercice toutes les semaines, une image de la vie idéale se précisera et deviendra plus claire, plus définie et plus réaliste. De cet exercice pourraient sortir des résultats étonnants. D'après mon expérience clinique, des clients parviennent à s'imaginer une vie après le divorce, sans conjoint, et découvrent qu'ils n'auront aucun mal à survivre à la rupture de leur union. **Ils se sentent soulagés et libres. Ils savent qu'ils peuvent choisir de rester ou pas, au gré de leur désir.** Cette visualisation mentale permise par l'exercice écrit ouvre de nouvelles perspectives.

Une cliente me mentionnait ceci : «Dès que j'ai imaginé ma vie sans mon mari et que j'ai compris que l'option de partir était possible, j'ai eu un immense sentiment de liberté, une bouffée d'énergie. Je pouvais exister quand même, j'avais des ressources, des parents qui m'aiment et qui m'appuient, des amis sur qui compter, un travail que j'aime et qui me fait bien gagner ma vie. J'ai surtout le choix, je peux me réinvestir dans ma relation, sachant que si un jour je devais m'en aller, je serais en paix avec moi-même. Sans peur.»

Une des grandes vérités, quant au thème de l'infidélité est que, **plus on est ambivalent face à son conjoint, plus on est susceptible de succomber**! On va du doute passager à la conviction qu'on s'est carrément trompé dans notre choix de partenaire. L'infidélité serait comme un désir inavoué de rupture. C'est comme décider de partir. Plusieurs infidèles reconnaissent qu'ils ont employé des stratégies d'évitement inconscientes, préférant entreprendre une liaison extraconjugale au lieu d'avouer à l'autre son désir de rompre.

Je pense que les gens sont en fait des monogames en série, préférant une succession de relations amoureuses plutôt que de sauter dans le vide affectif de la solitude. D'ailleurs, certaines relations s'enchevêtrent tant qu'on pourrait en faire du théâtre d'été : claquer une porte pour en ouvrir une autre aussitôt.

Parfois, la reconstruction d'une relation conjugale est presque impossible, la personne infidèle songeant à rompre depuis trop longtemps, tant son insatisfaction conjugale est élevée. Elle n'en peut plus de vivre dans une relation routinière et ennuyeuse. Elle a cherché ailleurs bien plus qu'une aventure basée sur la sexualité, une réelle compensation amoureuse. Comprendre les causes de l'infidélité, c'est cheminer vers une nouvelle conception des exigences à établir dans toute relation ultérieure. Ceux qui ont bien appris la leçon la première fois auront moins tendance à faire les mêmes erreurs dans une prochaine relation.

RÉCAPITULATIF

QUELQUES POINTS DE REPÈRE

▸ L'infidélité en six mots : tentation, permission, récréation, ambivalence, aveu, reconstruction.

▸ Il y a des infidélités de nature purement sexuelle sans investissement affectif, et des infidélités vécues avec un fort investissement affectif en plus des rapports sexuels.

▸ Où en est votre personnalité sexuelle ? Votre anti-madone est-elle réveillée ? Votre doberman se relève-t-il de sa paralysie ? Que faire avec ces nouvelles compétences au sein de la relation conjugale ?

▸ Quelquefois, la liaison est une sorte d'avertissement, un appel à repenser son couple.

▸ Il ne faut pas confondre engouement et amour durable.

▸ L'infidélité peut être une transition entre le fait d'être en couple et de devenir célibataire.

▸ L'égoïsme, le secret, le mensonge et le danger font parties intégrantes de l'ivresse et de l'adrénaline de l'aventure extraconjugale. Mais faites attention aux actes manqués pour ne pas vous *auto-pelure-de-bananiser* !

▸ **La quête de sens est le facteur primordial dans tout** : lorsqu'on s'apprête à vivre l'aventure, lorsqu'on tient un agenda caché, quand on dévoile sa liaison et quand il s'agit de surmonter l'épreuve.

> Pour développer la bonne attitude en cas d'infidélité, il faut comprendre ce qui se passe, et surtout l'assumer : pourquoi ça m'arrive ? Pourquoi est-ce que je vis cela ? Quels sont les besoins que l'amant comble chez moi ? À quoi me sert-il (elle) ? Il faut comprendre les bénéfices, les apprentissages érotiques, identitaires, permissifs, créatifs et fantasmatiques…

> Pour réussir la reconstruction de la relation conjugale, il faut pouvoir exprimer des remords sincères et profonds, des excuses valables et faire preuve d'une réelle motivation à rebâtir une vie conjugale. Les deux partenaires doivent se responsabiliser quant à ce qui s'est produit.

> Qu'aimeriez-vous inclure dans votre relation ? Est-ce que le fait d'avoir été infidèle vous aide à vous affirmer et à faire valoir vos besoins ?

> Restaurer la confiance est un travail long et difficile, mais c'est un passage obligé.

> Une liaison extraconjugale a beau paraître merveilleuse et intense, rappelez-vous qu'elle se déroule à l'écart de la réalité quotidienne, ce qui déforme l'image que l'on peut en avoir.

> Admettre la possibilité d'une vie après un divorce donne la force d'examiner l'histoire de son couple et de prendre les meilleures décisions.

> Au besoin, consulter un professionnel comme un comptable, un avocat ou un notaire peut aider, si les questions financières vous inquiètent.

> Si des problèmes affectifs peuvent vous sembler insurmontables, pensez à consulter un sexologue.

Chapitre 6

La rupture

Vous vous demandez peut-être pourquoi une sexologue décide de traiter de la rupture. Où veut-elle en venir ? La sexologie n'est pas que la science du génital, mais également celle de l'humain et de ses relations amoureuses, affectives, intimes, sexuelles et familiales. Et la rupture engendre de nombreux enjeux émotifs personnels et relationnels, dont la fameuse peur d'être éternellement seul ou qu'il n'y ait pas mieux ailleurs.

La peur de perdre l'autre, ainsi que ses repères, ses habitudes, ses acquisitions matérielles, et le fait de devoir changer de vie sont des craintes de premier plan. Les personnes qui craignent de rompre et qui tiennent bon dans une relation insatisfaisante risqueront davantage de développer des dysfonctions sexuelles. Leurs émotions se manifestent par les réactions de leur corps. **Ce qui n'est pas exprimé s'imprime.** C'est comme si c'était leur façon à elles de dire que c'est assez, et que leur motivation à s'impliquer à nouveau dans la relation est inexistante.

Le premier symptôme flagrant concerne l'absence de désir sexuel. L'envie de faire l'amour disparaît. La vie fantasmatique s'éteint. **Comment en effet avoir le goût de vous rapprocher intimement d'un partenaire que vous voulez laisser ?** Ce peut aussi être à cause d'un manque de lubrification, de dysfonctions érectiles (difficulté à obtenir ou à maintenir une érection) ou de douleurs à la pénétration – qui

signifient souvent: « N'entre pas en moi ! » Dans un contexte
de séparation imminente, ces perturbations sexuelles sont
logiques et ont un sens. Elles sont le reflet de votre résistance à vous avouer la fin de la relation, à l'annoncer à votre
partenaire et à l'assumer.

**L'évitement sexuel est un autre symptôme qui illustre
notre désir de séparation.** Il révèle le besoin de prendre
ses distances par rapport au partenaire, et surtout de ne
plus se toucher d'aucune façon : ne plus s'embrasser, ni se
coller, ne pas se mettre au lit à la même heure, préférer se
masturber seul ou avec des images trouvées sur Internet,
sortir fréquemment, refuser de faire des projets à moyen
et long termes. L'évitement se manifeste aussi par l'emploi
de faux prétextes pour ne pas avoir de relations sexuelles.
Le plus populaire étant la fatigue. Comme la plupart des
gens ne dorment pas le nombre d'heures nécessaire à une
bonne nuit de sommeil, tout le monde est fatigué. Ce n'est
donc pas une raison valable. C'est plutôt un aspect de notre
dynamique relationnelle qui nous fatigue : ennui, monotonie, manque de considération, d'attention, d'écoute, de projets, d'initiative, de changement... Et l'infidélité, ce symptôme par excellence de l'ambivalence relationnelle, est le
révélateur principal qui met en lumière nos insatisfactions
conjugales et sexuelles, mais surtout, nos nouveaux besoins
et désirs.

Vous le voyez, une séparation n'est pas banale et ne se
fait pas sur un coup de tête. Elle exige une préparation. Une
remise en question sérieuse est nécessaire pour assumer sa
décision. Dans ce chapitre, je veux vous entretenir sur les
pièges à éviter au cours de ce processus, comme le fait de
douter, de ne pas assumer sa décision, de se sentir coupable,
de faire languir l'autre, de vouloir prendre une pause sans
savoir comment la faire, de ne pas exprimer ses besoins, ni
ses limites, d'avoir peur de prendre le risque, de rester pour
les enfants, de regretter sa décision et de retourner baiser
avec son ex.

S'il y a une chose que vous pouvez réussir, c'est la préparation de votre rupture. **L'attitude**, je vous le répète, **est une question de savoir-être. C'est se considérer comme responsable de sa satisfaction ou de son insatisfaction et y accorder de l'importance.** Comme sexologue, je me sens interpellée par toute personne qui subit sa relation ainsi que sa sexualité. Comment peuvent-elles les subir ? En faisant fi de leurs besoins et en n'établissant pas leurs limites. Je déplore que des gens croient que : « Mieux vaut un malheur connu qu'un bonheur inconnu. » Ou encore que : « Mieux vaut être mal accompagné par une personne correcte que de vivre une solitude terrorisante. »

Je suis toujours peinée et révoltée lorsqu'une personne s'enfonce dans ses peurs. Non pas que je banalise sa situation. Si tel était le cas, je ne serais pas une bonne thérapeute. Sa souffrance me touche. Ce qui me désole, c'est l'établissement de nombreuses impasses, l'enfoncement dans un cercle vicieux établi inconsciemment par la personne pour se protéger de ses peurs.

- « Je ne **peux pas faire ça à mes enfants**. »
- « Je **vais manquer d'argent** et j'ai besoin de lui parce que je suis incapable d'administrer un budget. »
- « On a tout bâti ensemble, alors je ne me vois pas rester seule dans cette maison, qui représente tout ce que nous aurions pu être ensemble. **Je n'ai pas envie de m'apercevoir que j'ai perdu dix ans de ma vie.** »
- « Je me suis coincée moi-même. J'ai tellement besoin de stabilité et de sécurité que je crains de ne pas trouver cela ailleurs. J'ai besoin de liberté, mais sans perdre mes assises sécurisantes. »

Les allers-retours sont une impasse paradoxale dont j'entends souvent parler dans mon cabinet : les gens continuent d'avoir des relations sexuelles avec leur ancien partenaire. Sans être ensemble avec une promesse d'engagement, ils continuent de partager la partie la plus profonde et intime de leur être! Sans le devoir de l'engagement, on s'octroie le privilège de notre sexualité. Belle façon de ne pas faire le deuil de sa relation! Ce faisant, on ne se met pas à la recherche d'une nouvelle personne. Nos besoins sont comblés par l'être qui nous connaît le plus. On reste dans notre zone de confort. On s'imagine que cette *liaison* empêchera l'autre de refaire sa vie. Tout va bien, jusqu'au jour où l'un des deux rencontre l'amour. Accepterons-nous alors de le laisser aller? Les allers-retours signifient demeurer dans une zone relativement confortable, connue et sécurisante. Mais j'ajouterai ceci: malsaine. Être coincé dans son passé, c'est être sans ambition pour l'avenir. C'est brasser le chaudron merdique de la peur du changement en sachant fort bien que la situation ne mènera nulle part. Si c'est fait dans l'espoir d'une reprise relationnelle, il faut être honnête et le dire. Il faut faire valoir ses émotions et ses besoins. En cachant cette carte, l'espoir est vain. Un jour ou l'autre, l'un des deux rencontrera une autre personne, car techniquement, les deux personnes sont célibataires! Et à ce moment, le deuil de la relation sautera au visage de celui qui restera seul.

Ma recommandation, dans un tel cas, est celle-ci: puisque vous lisez ce livre, vous vous souciez de votre savoir-être dans votre relation et de la meilleure attitude à adopter. Comme vous êtes responsable de votre satisfaction, permettez-vous un temps d'arrêt pour réfléchir. Cette pause fera émerger ce que vous ressentez et vous aidera à cibler vos besoins et vos limites. Vous pouvez faire cette pause en continuant la cohabitation, en écrivant dans votre journal personnel, en allant chercher de l'aide professionnelle (avocat, médiation, notaire, comptable, thérapeute), en vous confiant à des gens de confiance ou en faisant une pause à distance.

Je reviendrai plus tard sur la méthode idéale pour réussir sa «pause relationnelle», ainsi que sur d'autres stratégies permettant de préciser ses besoins et d'assumer sa décision.

Je sais, plusieurs rêvent de s'enfuir le plus loin possible du partenaire sans avoir à se justifier ou à s'expliquer. Ils se disent: «Avec sa boule de cristal, il comprendra, puisqu'il est en mesure de deviner mes pensées.» Hélas, il n'en est rien. **Rompre est difficile, pénible, déchirant, déstabilisant et douloureux.** C'est comparable à une amputation. **Il faut du temps pour en guérir.** C'est ce qui obtient le plus haut pourcentage sur une échelle du stress, après le décès du partenaire. Constater que son couple est arrivé à la fin de son parcours est souvent perçu comme un échec. Surtout quand les partenaires sont mariés et parents. Mais la personne qui prend la décision de partir l'a longuement mûrie. Les enjeux sont de taille, car il faut apprendre à vivre sans l'autre, s'assumer seul financièrement, devenir un parent monoparental, s'adapter à la garde partagée des enfants, vendre le domicile familial tant chéri, faire valoir ses droits et refaire sa vie. Et comment l'annoncer aux enfants, à la famille et à l'entourage?

La fuite n'est pas une bonne attitude à avoir, non plus que de mettre l'autre devant le fait accompli sans lui laisser de marge de manœuvre ou la possibilité de faire des efforts pour tenter d'améliorer les choses. Lorsqu'on en arrive à cette décision, c'est souvent après de multiples questionnements, des doutes, des peurs, des insatisfactions, de la lassitude… Le sentiment amoureux s'est éteint. On se sépare lorsqu'il n'y a plus rien à faire et qu'il y a plus de bénéfices à sortir de la relation qu'à y rester. **On se sépare lorsqu'on est enfin capable de visualiser sa vie sans l'autre, et qu'un immense sentiment de soulagement et de liberté surgit spontanément.** Lorsque tous les doutes se dissipent, la peur s'estompe et le désir d'une vie meilleure naît au plus profond de notre âme. Lorsque l'entourage ne cesse de mentionner son souhait de nous voir enfin heureux, seul s'il le faut, et qu'il nous encourage à rompre parce qu'il nous sait capable de nous en sortir, il est temps d'agir.

On ne se sépare pas sur un coup de tête, ou une impulsion. Il s'agit d'une décision mûrement réfléchie. Lorsqu'on sent que plus rien n'est possible, que le désir et l'amour sont bel et bien morts, il faut partir. Mieux vaut cesser de souffrir dans une relation cul-de-sac que de tenir bon et d'espérer qu'un jour lointain la situation changera. Il n'y a pas de magie dans un couple. S'il y a un conflit ou un problème non clarifié et non résolu, il s'approfondira et empirera. La situation s'aggravera avec le temps, puisque rien n'est fait.

Une rupture faite correctement se fait dans les règles de l'art. Pour assumer sa décision sans se culpabiliser, il faut regarder la situation bien en face, telle qu'elle est, c'est-à-dire observer l'autre avec tous ses défauts et énumérer les nombreux irritants de la relation. Toute rupture est émotive. Il faut prendre une pause et faire des listes pour s'aider à clarifier ses idées. Cela aidera à franchir cette étape. Je reviendrai plus tard sur un moyen précis de freiner la mémoire sélective. Il y a des devoirs à faire pour entreprendre une introspection sur son attitude, ses agissements et sa capacité à exprimer ses besoins, ses désirs et ses préférences. Pour faire le tri de ses insatisfactions. Y a-t-il un élément irréconciliable, ou s'il y a un espoir de changement? Il faut aussi cibler ses nouveaux besoins.

J'ai souvent rencontré des gens ambivalents. Ils sont satisfaits et insatisfaits de leur relation, trop bien pour partir, mais pas assez pour rester. Ils hésitent. Ils se permettent l'infidélité comme moyen de transition entre la relation et le célibat. C'est comme une pseudo-sécurité rassurante, puisqu'ils se plaisent encore, mais ils souhaitent se quitter parce qu'ils espèrent mieux. Souvenez-vous de cette question: **qu'oseriez-vous faire si vous n'aviez plus peur de rien?** Il faut faire autre chose que de maintenir le statu quo. Il faut être dans l'action, plutôt que dans l'attente et dans l'impuissance. Être aux commandes de sa vie, c'est prendre des décisions correspondant à nos attentes, à nos besoins, à nos désirs et à nos ambitions. Dans cette réflexion, soyons égoïste en pensant d'abord à nous-même, après nous penserons aux autres.

Est-il salutaire pour un couple de faire une pause ?

Plusieurs personnes interprètent la pause comme une façon douce d'annoncer au partenaire que la rupture est imminente. Cependant, elle soulève l'idée de la transition relationnelle, une zone tampon entre deux réalités : se retrouver seul ou poursuivre en couple. La transition assure une sécurité émotive et affective, car l'autre est encore là. Il n'est pas encore parti. **La pause procure une perspective d'ensemble.** Elle permet au conjoint endormi et paresseux de se réveiller et d'activer sa motivation afin de préserver sa relation. De dire ce qu'il n'a jamais osé dire, de faire ce qu'il tardait tant à faire, d'entreprendre ce qu'il a si facilement mis de côté par atermoiement. De désirer, alors qu'il s'en croyait incapable et pensait que ça ne valait plus la peine. De reconnaître l'importance de son partenaire et de la relation. Oui, la pause est angoissante. Elle nous sort de notre zone de confort et nous pousse à agir et à prendre une distance nécessaire à la réflexion. **La pause ébranle les fondements acquis et prévisibles** en bouleversant la routine. Un changement s'annonce. Mais lequel ? Comment ? Voilà tout le bien-fondé de la pause.

Le recul sous-entend une distance, une réflexion, un retour à soi, en son âme, sa tête, son cœur et son corps. Cette réflexion permet de préciser ses besoins, ses valeurs, ses désirs et ses aspirations. Bref, ce que l'on souhaite vivre depuis si longtemps. L'individu s'offre un cadeau extraordinaire : ralentir pour mieux avancer. Vous êtes devenu trop caméléon ? Trop adapté ou accommodé aux désirs de l'autre ? Si oui, le temps est venu de reprendre votre identité propre : votre couleur et votre saveur. Il faut oser se poser les vraies questions : suis-je capable de vivre sans l'autre ? Suis-je capable de vivre seul et de refaire ma vie ? Ai-je confiance en l'avenir ? S'il advenait que je sois infidèle, qui choisir : le (ou la) partenaire ou l'amant(e) ?

Les couples désirent faire une pause lorsqu'ils se sentent dans un cul-de-sac et ne voient pas d'issues positives pour s'en sortir. Ils sont dans un cercle vicieux. Prendre une pause, c'est se retirer momentanément de la relation. Prendre du temps pour soi, sans l'autre. C'est une sorte de trêve face aux nombreux conflits non résolus pour refaire ses énergies. La pause permet d'expérimenter l'absence de l'autre, pour en ressentir (ou non) le manque. C'est une manière de ne pas se retirer complètement de sa relation, de ne pas devenir trop vite complètement libre et célibataire. J'ai envie de comparer cela à l'échangisme, une infidélité autorisée. Ce n'est pas la même chose que l'aventure clandestine, c'est comme une infidélité déguisée. **La pause, c'est être encore ensemble, sans être ensemble.** Revenons à la croyance populaire de tout à l'heure qui veut qu'une pause mène inévitablement à une rupture. Ceux qui croient à cette affirmation jugent les couples en pause et les traitent d'hypocrites : « Tu veux le laisser, mais tu as besoin de temps. Et pendant ce temps, tu courtises à ta guise. Tu te crois en pleine récréation. Bonjour la réflexion et tes beaux principes à ce sujet ! »

Les couples en thérapie qui soulèvent la possibilité de prendre une pause comme solution temporaire veulent en faire l'expérience adéquatement. Ils sont convaincus que ça ne peut qu'être salutaire pour leur relation. Mais comment le faire convenablement ? Il peut être compliqué et difficile de le faire en demeurant sous le même toit. Comment prendre une distance alors que tout est comme avant ? « Soyons comme des colocataires. » Facile à dire ! « Tu peux sortir à ta guise et découcher si tu veux. » Facile à dire, mais si on se fait un sang d'encre à l'idée que l'autre nous trompe, on est loin d'être dans un scénario gagnant pour une distance salutaire. « Prends le rez-de-chaussée, je vais prendre le premier. » Facile à dire aussi, à moins de vivre dans un manoir avec chacun ses appartements. Le commun des mortels n'a pas cette possibilité et n'a qu'une cuisine. On risque alors de s'y croiser souvent… « Garde la maison, je vais me louer une chambre!» OK, mais il faut respecter la distance. J'ai si souvent entendu des couples adopter ce scénario et se voir tous les week-ends, dormir ensemble et avoir des relations sexuelles. Est-ce vraiment ça prendre une pause? Non. Ça, c'est agir comme avant, sans changements, à cette différence près que la semaine, c'est chacun pour soi.

Pour certains, prendre une pause, c'est se parler tous les jours en plus de se voir les fins de semaine. N'importe quoi! **Une pause nécessite une distance. Une réelle absence de l'autre.** Une pause ne peut se faire sous le même toit. Pour réfléchir, il faut s'isoler pour être seul avec soi-même. S'isoler sans être distrait par la présence du partenaire. S'isoler pour penser librement. Il faut que chacun manque à l'autre, il faut se souvenir, s'aimer... Ou encore s'isoler pour saisir toute l'ampleur de notre peine, de notre souffrance, de nos carences et l'impossibilité de réconcilier nos différences. S'isoler pour prendre une décision, cela peut aussi conduire à confirmer son désir de se séparer. Car une pause de réflexion implique le risque de réaliser que la rupture est inévitable. Mais si vous voulez vous donner une chance, voici la méthode que je propose.

1. Déterminez la durée de la pause. Un mois au minimum, mais idéalement trois. Pensez en termes de saisons, une à la fois. Vous pouvez aller jusqu'à six mois (ou deux saisons). Une pause de deux semaines n'est pas suffisante pour expérimenter une distance et pour réfléchir, penser et décider de changer.

2. Déterminez lequel des partenaires quittera le domicile. Souvent, c'est la personne qui n'en peut plus ou qui souffre davantage de la cohabitation qui s'éloigne. Elle demande asile chez des parents ou des amis, et si ses moyens le lui permettent, elle loue un espace pour elle.

3. Limitez les contacts téléphoniques et les conversations. Imposez-vous au moins trois semaines de silence total.

4. Fixez une rencontre à mi-parcours ou à la fin de la durée prévue pour la pause. Par exemple, pour une pause d'un

mois, prenez rendez-vous après deux semaines. Si c'est une pause de trois mois, rencontrez-vous une fois par mois. Limitez les contacts.

5. Déterminez à l'avance si ce sera une pause exclusive ou non exclusive. La plupart des gens espèrent l'exclusivité et la loyauté et les tiennent pour acquises. En réalité, c'est souvent l'inverse qui se produit… Désolée! Souvent, certains se servent de cette pause pour expérimenter ailleurs, voir autre chose, vivre autre chose et comparer.

6. Attention! Si vous décidez de vivre votre pause chez une tierce personne qui est en fait un amant, une amante, une autre fréquentation, un autre amour, vous serez encore plus ambivalent quant à votre relation conjugale. Au début, vous serez soulagé de ne plus avoir votre partenaire à vos côtés, vous vous sentirez en récréation ou en lune de miel avec votre amant. Sachez que ce ne sont pas les conditions idéales pour une vraie réflexion. Ça, c'est de l'hypocrisie. À moins que cela vous confirme votre désir de rompre, puisque vous avez amorcé autre chose ailleurs.

7. Pendant la pause, écrivez un journal personnel. Concentrez-vous sur votre relation conjugale. Notez les pour et les contre, les moments forts, les bons souvenirs et les moins bons moments, ceux que vous ne voulez plus jamais revivre. Prenez le temps nécessaire pour écrire ce journal, et s'il le faut, allez faire une retraite dans une abbaye ou un monastère pour pousser plus loin votre introspection. L'analyse qui en résultera sera porteuse de sens et vous aidera à négocier et à argumenter avec votre partenaire.

8. Même si la décision ne vient pas de vous, saisissez l'occasion pour prendre un recul nécessaire sur votre relation. Car vous ne désirez pas passer votre vie avec quelqu'un qui ne vous aime pas, qui ne vous respecte pas, qui n'est pas à votre écoute et qui est constamment insatisfait de ce que vous faites et de ce que vous êtes.

9. Lors de vos rencontres, discutez de vos mises au point respectives et de vos réflexions. Parlez de votre présent

et d'un éventuel futur. Pas de fausses promesses, pas de faux espoirs. Soyez réalistes. Demandez plus de temps s'il le faut, car à la fin du délai accordé pour la pause, si vous choisissez de vous réinvestir, il vous faudra vraiment vous réinvestir sans l'ombre d'un doute.

Une pause faite selon ces conditions est vraiment une belle occasion à saisir pour faire le point sur vos besoins et vos limites. Souvenez-vous de ceci : vous êtes responsable de votre satisfaction. Faites respecter vos droits. Vous avez besoin d'une pause ? Demandez-la, mais respectez les clauses établies entre vous.

Je vous recommande aussi de dire à quel point vous souffrez de la décision de rompre. Je m'adresse ici à ceux qui sont laissés, qui n'ont rien vu venir et qui se sentent abandonnés, rejetés et non aimés. Il y a un adage qui dit : «Si tu l'aimes, laisse-le partir. S'il te revient, c'est que la vie aura décidé de croiser vos routes, alors reprends-le sans rien dire. Signe du destin. S'il est pour toi, il te reviendra.» Ouais ouais ! Je reprendrais cette maxime avec quelques nuances. **Si l'autre vous annonce qu'il veut rompre et que sa décision est irrévocable, dites-lui à quel point vous souffrez. Parlez franchement et sans détours.** Donnez-vous ce droit de parole. Il ne faut pas encaisser cette nouvelle sans réagir. Au contraire, exprimez-lui votre incompréhension et votre incapacité à accepter sa décision. Dites-lui à quel point vous l'aimez. Proposez-lui une pause pour qu'il réfléchisse et reprenne la discussion plus tard. Posez des questions sur les raisons de sa décision. Mais de grâce, exprimez-vous. Verbalisez vos sentiments et saisissez cette merveilleuse occasion pour le faire. Cette démarche n'offre pas de véritables garanties, mais vous aurez au moins eu un droit de parole. **Vous existez dans la relation, alors sachez exister dans la rupture.**

Ensuite, au lieu de croire en la destinée, au karma, à des coïncidences ou synchronicités quelconques, **si l'autre veut**

revenir, donnez-vous le droit de le mettre en probation. Donnez-vous du temps pour voir à quel point il a réfléchi, évolué, changé, et s'il est assez mature pour une autre étape dans votre relation. S'il vous avait quitté pour une autre personne, a-t-il rompu sa liaison? En a-t-il fait le deuil? A-t-il fait des comparaisons entre vous et l'autre? Qu'a-t-il appris sur lui-même? Quels sont ses conclusions et ses constats sur lui-même? Quelle sorte de nouvelle relation peut-il vous offrir maintenant? **Évaluez-le en fonction de ce dont vous avez besoin.** Plusieurs personnes reprennent l'autre à l'aveuglette, trop heureuses qu'il veuille encore d'elles. Puisqu'elles se sentent comme si elles n'étaient qu'une moitié de personne lorsque l'autre n'est pas là, leur vie était pour ainsi dire suspendue. Cet état est désolant, parce qu'elles reprennent le partenaire tel quel. Si c'est votre cas, votre relation restera la même. Vous vivrez une trêve jusqu'à ce qu'un autre épisode d'écœurement relationnel se manifeste. Vous l'aurez deviné, ce n'est pas la bonne attitude que de ne rien faire et d'attendre passivement. Réagissez. Affirmez vos besoins. Existez, au lieu de subir.

Je vous ai dit précédemment qu'une rupture devait s'effectuer dans les règles de l'art. Ce qui implique de faire attention à votre mémoire sélective. Si vous avez pris la décision de vous séparer et que vous l'avez fait, ou si c'est votre partenaire qui vous a quitté et que vous avez l'impression de tourner en rond, la mémoire sélective vous fera échafauder une forme de regret quant à la décision. Cela peut affecter tout le monde. Ce phénomène peut vous affecter aussi bien au moment d'une pause qu'après deux ans de séparation.

Prenez à titre d'exemple le fait qu'il y a de fortes chances pour qu'aussitôt après votre décès, vos proches évoquent les souvenirs des bons moments qu'ils ont vécus avec vous. C'est l'endroit idéal pour le faire, car cela permet de faire son deuil. Mais cette évocation positive, appelée mémoire sélective, joue des tours lorsque arrive le temps de faire le deuil d'une relation amoureuse qu'on pourrait être tenté de poursuivre par dépit. La mémoire sélective ne permet de se rappeler que les bons moments passés ensemble : se remémorer les qualités de l'ancien partenaire, les nombreux avantages que comportait cette relation, les habitudes acquises, le mode de vie rassurant et la complicité naturelle. C'est ce qu'on appelle de la nostalgie. **La mémoire sélective préserve les aspects positifs de notre ancienne vie pour ne garder en mémoire que le meilleur.** On oublie tout le reste, allant presque jusqu'à oublier les raisons invoquées pour rompre.

Toutes les personnes qui m'ont consultée sont tombées dans le panneau. J'ai l'impression que cette mémoire sélective est comparable à un réflexe inconscient qui empêche de regarder de l'avant en voulant garder intacts les moments d'autrefois et en maintenant une distance rassurante face à un futur incertain. Ce réflexe freine toute recherche proactive vers un partenaire plus adéquat. Cette mémoire sélective agit à titre de maintien de l'ancienne relation et empêche de faire le deuil. Certains espèrent-ils une reprise de la relation ou la possibilité de regagner le cœur de l'être aimé ? Étrange, n'est-ce pas que ce soit le même mécanisme qui fasse en sorte que l'on accepte d'avoir des relations sexuelles avec notre ancien partenaire ? Tout pour empêcher que la véritable coupure se fasse. C'est comme l'enfant qui retarde l'heure du dodo par des allers-retours à la salle de bain ou des envies de boire du lait, de se faire raconter une histoire… Il étire le temps pour que la journée se prolonge. Il sait qu'au moment où il se mettra au lit, ce sera l'aboutissement de son parcours. La fin de la journée. Il use de stratégie temporelle parce qu'il n'accepte pas que ce soit fini. Le sommeil étant comme une petite mort. Le néant. Le vide. La noirceur. Je crois qu'à l'âge adulte, on réutilise toutes nos stratégies infantiles afin de préserver du temps ou, comme je le dis aux gens qui me consultent, « de surfer sur du temps emprunté ».

Revenons à la mémoire sélective. Je vous propose une stratégie infaillible pour contrer ce malheureux réflexe et pour vous permettre de voir l'autre tel qu'il est. Inscrivez sur une feuille tous les événements fâcheux depuis le début de la relation, incluant les situations embarrassantes que vous ruminez encore et à propos desquelles votre ressentiment est encore palpable. En quoi ces événements ont-ils été marquants et/ou douloureux pour vous ? Qu'a déjà fait votre partenaire qui vous a déçu ? Vous a-t-il négligé ? A-t-il manqué de considération à votre endroit ? Faites la liste de ses défauts. Avez-vous toléré l'intolérable ? Avez-vous fait des accommodements déraisonnables ? Qu'est-ce qui vous fait encore de la peine, qui vous met dans tous vos états ?

Cet exercice permet d'atteindre plusieurs objectifs : celui de se remémorer les pires moments, les plus grosses blessures, ce qui vous a heurté profondément et ce qui était inacceptable. Ces moments où vous avez sacrifié vos besoins. Gardez cette liste près de vous. Pliez la feuille en format carte d'affaires et insérez-la dans votre porte-monnaie pour la relire en cas de besoin. Chaque fois que vous aurez une once de nostalgie ou que l'envie vous prendra de lui téléphoner, relisez-la pour ne pas flancher et préserver vos distances. C'est la meilleure façon de se faire respecter. Relire ce parcours sinueux avec les nids de poule impardonnables vous aidera à vous souvenir de vos limites. Cette liste précise vos nouveaux besoins, car à chaque chose qui décrit ce qui vous a déçu ou blessé vient s'ajouter ce que vous désirez dorénavant. Une fois établie, cette liste existe. L'écriture a clarifié votre pensée. Acceptez votre colère contre l'autre pour devenir capable de vous en séparer.

L'inévitable rupture et la fin de l'espoir...

Si, malgré les discussions, la pause, les remises en question et les tergiversations, vous en venez à la séparation, **voici quelques points de repère pour survivre à ce chaos émotif.** S'imaginer une rupture est une chose. La vivre en est une autre. La spéculation permet de conserver un espoir. Que vous preniez une pause ou non, et si vous avez encore des relations sexuelles, la rupture demeure une hypothèse. Une théorie non fondée. Même si vous dressez une liste exhaustive de vos irritants relationnels et tentez d'avoir une juste mémoire de l'autre et de la situation, votre espoir de régler les choses est toujours vivant. Nous pouvons faire notre propre film d'horreur mental, car nous savons que nous n'en sommes pas les acteurs. La confirmation de la rupture est une confrontation. C'est l'anéantissement de l'espoir. Vous n'avez pas pris la décision de rompre et subissez les contre-coups de ce choc? Dites-vous **qu'il est normal de ressentir toute une gamme d'émotions**. Il est normal d'avoir peur: peur d'être seul face aux épreuves de la vie en général, peur de ne plus être capable d'aimer et de s'abandonner à l'autre en toute confiance, et peur de ne plus être aimé par personne. Soyez en contact avec vos émotions, car celles-ci vous aideront à cibler vos véritables besoins. Écoutez vos peurs comme s'il s'agissait d'un avertissement, mais sans vous laisser envahir ou paralyser par elles.

C'est tout à fait normal que, certains jours, vous n'ayez plus envie de rien, ou que vous vous **sentiez déprimé** et que vous souhaitiez ne rien faire, ne rien dire, ne voir personne et ne prendre aucun engagement. Vous êtes en état de choc et en peine d'amour. L'état dépressif vient naturellement... Dites-vous que ça ne durera pas, les beaux jours reviendront...

Je fais une parenthèse pour ceux qui ont pris la décision de rompre. Il est normal de ressentir de **la culpabilité**. Il est normal de s'en vouloir, d'être en colère contre soi et de se sentir coupable, surtout si vous avez l'impression d'avoir blessé vos proches. Vous avez la certitude d'avoir failli à votre engagement ou à votre serment, et d'avoir manqué de sens des responsabilités ou de loyauté. Vous pouvez aussi vous sentir coupable de prendre soin de vous, de pratiquer un égoïsme bienveillant, et de tout décider en fonction de vous, d'écouter vos besoins, d'agir en fonction de vos désirs, sachant fort bien que cela fera réagir l'entourage. Sachez que la culpabilité excessive fait des ravages en vous détruisant de l'intérieur et vous empêche d'avancer dans une nouvelle direction. L'exercice proposé pour freiner la mémoire sélective est fort utile ici, puisque la culpabilité sous-entend l'irresponsabilité, les regrets et l'apitoiement. La bonne attitude est d'assumer pleinement vos nouveaux choix, puisqu'ils sont conséquents avec vos besoins.

Enfin, **la colère est une émotion clé** dans le processus de la séparation. Surtout si vous n'avez rien vu venir, si vous avez été trahi, arnaqué, trompé ou abandonné. La colère est une façon de préciser ses limites. Elle doit s'exprimer pour mettre fin au lien d'attachement envers l'autre. Elle aide à préciser les besoins et à maintenir la distance. Mais attention de ne pas trop alimenter les ruminations. Le ressentiment vous guette et vous enlisera dans un film d'horreur tel un tsunami. La colère qui perdure est énergivore et vous enlève toute joie de vivre. La colère qui s'exprime sainement précise votre identité, vos besoins, vos désirs, et donne des ailes vers le changement.

En bref, si c'est votre partenaire qui vous a laissé, **acceptez votre colère contre lui pour devenir capable de vous en éloigner**. Faites l'exercice suggéré de liste de points négatifs, de défauts et d'irritants chez l'autre pour demeurer conscient des facteurs de mésentente et de tout ce qui vous semble inacceptable. Une aide professionnelle peut également vous aider à préciser votre colère et à la diriger au bon endroit pour que le processus demeure constructif pour vous et votre cheminement. Au fil des témoignages entendus dans mon cabinet, constatant la colère si cruellement présente et ravageuse, j'ai souvent eu l'idée d'ouvrir un parc à ferraille pour permettre aux gens de faire passer leur colère en démolissant une voiture. L'effort nécessaire pour anéantir quelque chose est extrêmement libérateur. Et surtout satisfaisant! Tout comme le jeu de fléchettes avec, tout au centre, la photo du partenaire. Bien sûr, le geste est « virtuel », mais le but est d'extérioriser la colère, et non de l'emmagasiner en soi.

Je ne vous recommande pas de faire cet exercice sur une base quotidienne. Le but visé est de sortir la colère efficacement une seule fois ou jusqu'à l'atteinte de l'apaisement.

Ce que vous pouvez faire sur une base quotidienne est de l'exercice physique. Toutes les recherches le prouvent. Au-delà des bienfaits cardiovasculaires, l'activité physique a un effet direct sur notre capacité au bonheur. On serait fou de s'en passer ! Faites des balades au grand air, promenez le chien et concentrez-vous sur votre respiration. Inspirez la sensation que vous désirez atteindre (harmonie, paix, calme, confiance) et expirez celle dont vous voulez vous débarrasser (peine, doute, peur, stress, colère, haine, culpabilité, état dépressif). Sinon, n'inspirez que le bleu du ciel. Le bleu est une couleur positive sur le plan des émotions. Comme le sont le vert, le jaune et le rose. Connectez-vous à ces couleurs et à leurs bienfaits. Être à l'écoute de votre respiration vous permettra d'être dans le moment présent sans les émotions du passé (remords, regrets, peine, culpabilité et nostalgie), ni celles du futur (angoisse, stress, anxiété, panique).

Finalement, il vous faudra apprivoiser la solitude. Apprendre à vivre le quotidien sans l'appui de l'autre, sans ses conseils et ses idées, sans son corps près de vous, sans son affection et son regard. Le fait de vous retrouver seul vous aidera à donner un sens à ce qui est survenu dans votre couple et à prendre du recul afin d'y voir plus clair et de tenter de comprendre. **Acceptez que les prochains mois risquent d'être difficiles. Pleurez.** Comblez le vide laissé par le départ de l'autre avec des amitiés, des sorties, des loisirs, un animal de compagnie, etc. Regardez-vous avec des yeux neufs et soyez à l'écoute de vos nouveaux besoins. La liste des éléments négatifs de la relation est faite pour contrer la mémoire sélective, mais aussi pour préciser vos désirs et aspirations dans une prochaine relation. Je propose souvent cet exercice aux gens puisqu'il comporte de nombreux bienfaits. Il nous fait passer à l'action et précise nos besoins et nos limites. Merveilleux !

Si c'est vous qui avez décidé de vous séparer, affirmez-vous en dépit de la culpabilité. Assumez votre décision. Après tout, elle a été mûrement réfléchie. Songez à vos nombreuses insatisfactions et gardez-les en tête pour ne pas flancher et reprendre la vie de couple dans une relation malsaine et décevante pour vous. **Restez digne et sûr de votre décision, et ne vous sentez pas comme dans un tribunal**, assis au banc des accusés face à votre entourage : amis, parents, ex-conjoint et enfants.

Il vous a fallu beaucoup de courage pour prendre l'initiative de la séparation et mettre fin à une dynamique conjugale malsaine depuis fort longtemps, même si cette façon de vivre était nettement insatisfaisante. Ayez le courage de ne pas envoyer de double message à l'autre en lui laissant de faux espoirs. Vous êtes maintenant le bourreau, et vous ne pouvez plus rien pour la victime. Aussi, n'empirez pas les choses. Votre ex-partenaire doit se trouver d'autres sources de réconfort. Et vous n'êtes plus le candidat idéal pour cela. Donnez un sens à votre séparation et soyez à l'écoute de vos nouveaux besoins.

Tenir compte des enfants : comment leur annoncer cette nouvelle ?

Il est préférable que vous et votre conjoint soyez tous deux présents lorsque vous parlerez à vos enfants, et que vous ayez déjà en tête un plan de match, une vision de l'avenir à leur proposer. **Les enfants ont surtout besoin de sécurité et de stabilité. Il vous faut les rassurer sur ces deux aspects.** Mais surtout, il faut leur dire que vous les aimez par-dessus tout et qu'ils ne sont nullement la cause de la rupture. Vous pouvez leur expliquer la situation dans leur langage, selon leur âge. Par exemple, vous pouvez leur dire que papa et maman ne s'entendent plus. Qu'ils vivront dans deux maisons comme lorsqu'il y a une chicane entre eux et qu'il faut qu'ils aillent réfléchir chacun dans sa chambre. Leur expliquer aussi que cette séparation est nécessaire pour reprendre la communication. Lorsque chacun réfléchit de son côté, on peut se reparler par la suite.

Soyez en mesure de leur donner une idée des changements que cela va provoquer dans leur vie. Pourront-ils ou non rester dans la maison ? Vont-ils devoir déménager dans un nouveau quartier ? Si vous n'êtes pas en mesure de donner des informations concrètes, dites-leur que vous êtes en train de discuter de ces questions et que vous les informerez aussitôt que des décisions seront prises. **Rassurez-les sur ce qui ne va pas changer : l'amour que vous avez pour eux.**

Votre défi maintenant est de découvrir une nouvelle façon de poursuivre votre rôle de parent. Parfois, vous serez un parent seul avec les enfants, parfois vous serez un parent seul sans les enfants, les imaginant avec votre ancien partenaire et possiblement sa nouvelle flamme… L'autre défi est de pouvoir conjuguer avec votre futur ex. **Vous devez faire le deuil de votre relation de couple tout en continuant à être des parents et à prendre ensemble des décisions concernant vos enfants.** Votre manière de régler votre séparation sera le premier pas que vous ferez tous les deux pour donner le ton à votre nouvelle relation. Si vous vous comportez avec respect, il y a de fortes chances pour que vos relations demeurent cordiales.

Un enfant a besoin d'être informé et rassuré sur ce qui va lui arriver. Cela facilitera son adaptation aux événements. L'enfant est très sensible aux aspects concrets : « Où allons-nous demeurer ? Est-ce que j'irai à la même école ? Est-ce que je pourrai continuer à jouer au hockey ? Est-ce que je vais garder mes amis ? » Il n'est pas rare de voir les parents vendre la maison familiale, car ni l'un ni l'autre n'est en mesure d'en assumer les frais. Les enfants auront donc à s'adapter à deux nouveaux domiciles, qui sont souvent moins confortables ou spacieux – deux enfants dans la même chambre, la vie en condo, un balcon au lieu d'une cour, l'absence de piscine, etc.

Tout enfant a besoin de conserver une relation avec son père et sa mère. Ce qui veut dire passer du temps avec les deux parents, et suffisamment pour que le lien affectif ne soit pas tissé uniquement lors de moments artificiels. Il est rare que les deux parents s'investissent de la même façon auprès des enfants. Il arrive souvent que le père se lie aux enfants lors du rituel du matin, en regardant une émission ou en faisant du sport. L'absence de ces petits moments quotidiens créera un vide qu'il faudra remplacer.

Un enfant a besoin de points de repère dans sa vie. Lors d'une séparation, il y a une perte de stabilité et une rupture dans la continuité de sa vie. Il serait utopique de penser que les enfants peuvent être à l'abri de cela. Les parents ne doivent pas tomber dans l'excès en voulant les protéger à tout prix. Les enfants doivent aussi apprendre à traverser les tempêtes de la vie. **L'idée est de leur permettre de conserver un maximum de points de repère tout en les aidant à s'adapter à tout ce qui change dans leur vie.**

Un enfant a besoin de pouvoir expliquer ce qu'il ressent. Il vit une foule d'émotions lors de la séparation de ses parents. Aidez-le à les exprimer. Un enfant qui réagit peut être consolé, un enfant qui garde en lui ce qu'il ressent ne reçoit pas l'attention dont il a besoin. Par exemple, durant la petite enfance (0 à 5 ans), il peut y avoir des troubles de sommeil, de la régression, de l'agressivité contre les deux parents, un désintérêt scolaire, des pleurs fréquents et d'innombrables questions. Prenez le temps d'y répondre. Multipliez les marques d'affection et d'amour à son égard, et rassurez-le en lui disant que ses deux parents vont continuer à s'occuper de lui, et qu'il ne sera pas abandonné. Avisez le personnel du service de garde et de l'école de la séparation afin qu'il soit plus attentif et plus compréhensif.

L'enfant de 6 à 12 ans peut refuser d'exprimer ses sentiments, tenter de réconcilier ses parents, éprouver de la colère envers celui qui provoque la séparation, prendre parti pour l'un ou pour l'autre (souvent pour le parent qui semble le plus faible) ou se dévaloriser. Encouragez-le toujours à exprimer ses sentiments. Tenez compte de ses opinions dans les domaines qui le concernent. Aidez-le à clarifier ses besoins, et soyez toujours là pour l'écouter. Donnez aux enfants toute la latitude nécessaire pour aimer leurs deux parents et faciliter le contact fréquent avec eux, en personne, par téléphone ou par courriel. Si les enfants ne veulent pas se confier à leurs parents de peur de leur causer du chagrin, privilégiez les contacts avec des confidents dignes de confiance comme un oncle, une marraine, une amie de la famille ou un des grands-parents.

Les adolescents de plus de 13 ans sont souvent tiraillés entre aller chez leurs amis ou chez l'autre parent, et vivent des conflits de loyauté, puisque plusieurs prennent parti pour l'un ou l'autre des parents, et sont conscients de la sexualité de leurs parents (dans le cas de nouvelles relations amoureuses). Donnez-leur la responsabilité de leur choix en discutant avec eux des conséquences. Plusieurs adolescents ont développé la pensée abstraite et hypothético-déductive, soit le réflexe d'émettre des hypothèses et de faire des déductions. Ils sont en mesure d'évaluer les répercussions de leurs actes. Soyez toujours là pour les écouter, et sachez être discret avec vos nouveaux flirts. Vivez d'abord votre relation en privé avant de présenter le nouveau venu à vos enfants.

Quitter le domicile et concrétiser la séparation : la réorganisation

Vous l'avez annoncé à tout le monde et à vos enfants. Maintenant, vous devez quitter le domicile. De nombreuses questions vous viennent en tête : « Est-ce que mon budget me permet de m'acheter un condo ou une maison, ou devrai-je retourner en appartement ? » Personne ne devient riche en se séparant. Un déménagement coûte cher, se reloger aussi, payer à nouveau la taxe de mutation et tous les frais.

On laisse la grande maison que le budget à deux permettait d'assumer pour un domicile plus modeste qu'on devra payer seul. «Est-ce que l'un de nous gardera la maison? À quel prix? Comme c'est moi le partenaire infidèle, je devrais tout lui laisser... Ne pourrait-elle pas aller vivre chez ses parents en attendant? Devrais-je me louer une chambre, un logement ou aller vivre chez mon nouveau partenaire? Devrions-nous attendre d'avoir vendu la maison et rester colocataires tout ce temps?»

Le temps qui passe entre le moment de la prise de décision et celui de concrétiser la séparation est très difficile. Comment vivre sous le même toit alors que l'autre ne nous aime plus? Comment demander à l'autre de s'en aller immédiatement, alors qu'elle est démunie et a tant de peine? Ce temps d'attente forcée se prolonge lorsque l'un des deux résiste à la séparation ou parce que ses ressources financières ne lui permettent pas de vivre seul. L'angoisse de devoir se loger et d'assumer seul tous les frais est terrifiante. J'ai souvent entendu des femmes vouloir se faire dédommager pour toute la peine encourue en argent liquide, par le marchandage des biens ou carrément en faisant du chantage. Qui devrait partir? C'est souvent la personne qui souffre le plus de la situation ou de la cohabitation, celle-là même qui a pris la décision de rompre, qui quitte le domicile. J'ai entendu des gens me dire qu'ils conservaient leur maison en garde partagée. Les enfants restent dans le domicile familial, et ce sont les parents qui jouent à la chaise musicale une semaine sur deux. Pour que cela soit possible, il vous faut un autre endroit où loger, et c'est souvent dans l'attente que la maison se vende.

QUAND POSER LE GESTE?

Le moment idéal pour vous pourrait être lorsque vous aurez les moyens de vous acheter une autre propriété ou de signer un bail, après l'année scolaire, après la médiation lorsque tous vos papiers légaux seront signés et que la maison sera vendue, ou quand vous aurez trouvé un nouvel emploi... Les possibilités sont nombreuses. Si vous avez des enfants, je vous recommande de trouver d'abord un endroit où vivre, que leur chambre soit installée et décorée, de leur faire visiter l'endroit et que vous puissiez emménager dans une maison ou un logement clé en main. Il serait également préférable d'attendre la fin des examens ou des classes pour leur assurer une stabilité scolaire. C'est vous qui choisissez de vous séparer, pas eux. Faites-le dans les règles de l'art autant que possible.

Par contre, vous devez aussi être à l'écoute de vos besoins et vous demander ce qui est vraiment important pour vous en ce moment. Est-ce de vous séparer au plus vite? De vous séparer au moindre coût? De vous organiser pour que l'autre parte? D'obtenir ce que vous voulez? De défendre vos droits? De faire le moins de mal possible aux enfants? Ces questions sont légitimes. Elles vous ramènent à vous. La médiation pourrait être une étape facilitant le dialogue, la négociation et l'expression de vos besoins et de vos limites. C'est avant tout un processus qui amoindrit les tensions et favorise la coopération des parents après la séparation. Voici en quoi consiste le processus d'une médiation.

- Partager ses perceptions. **Qu'est-ce que nous voulons?** Chacun s'exprime librement en vue d'obtenir des éclaircissements sur les points dont il faut discuter.
- Discuter. **Qu'est-ce qui est important pour chacun de nous, et quels sont nos objectifs communs?** Ici, on parle de nos préoccupations, de ce qui est essentiel et important. On fait la différence entre les désirs, les caprices, les envies et les besoins réels. Quels sont les besoins communs et ceux qui sont particuliers à chacun. On tentera de s'entendre sur un objectif commun.
- **Quelles sont les solutions possibles?** Vous ferez un remue-méninges sur les solutions envisageables pour atteindre votre objectif commun.
- **Quelle sera la solution à privilégier pour l'instant?** Reprenez chacune des possibilités notées et recherchez celle qui correspond le mieux à votre objectif commun.

N'oubliez pas que la solution recherchée ne se trouve pas dans le passé, mais bien dans le présent et le futur. Alors inutile de ressasser le passé et de faire ce que j'appelle le «filet de pêche» pour aller chercher très loin, autrefois, jadis, naguère, de vieilles histoires. Cette manœuvre vous fera perdre une énergie considérable qui pourrait être consacrée à trouver des solutions.

Sachez être affirmatif lors des négociations. C'est la meilleure attitude possible. Une personne affirmative dit clairement ce qu'elle ressent, ce qu'elle pense, ce à quoi elle aspire et ce qu'elle souhaite. Elle fait valoir ses besoins et ses limites. Elle affirme ses droits et cherche à les faire respecter, tout en tenant compte des droits d'autrui. Elle sait écouter. Elle s'exprime d'un ton ferme mais posé. Elle formule ses demandes et ses refus adéquatement. Elle est empathique. Je sais, c'est le portrait idéal. Et l'inverse existe, croyez-moi. Il y a des personnes passives. Celles qui n'expriment pas leurs émotions, qui ne font que sourire et écouter. Ces gens pensent d'abord aux autres, ensuite à eux. Ils se dévalorisent, particulièrement s'ils ont de la difficulté à demander des choses, et surtout s'ils sont incapables de dire non. Il y a aussi des personnes agressives, qui disent ce qu'elles pensent sans considération pour autrui, qui cherchent des coupables, qui s'en prennent aux autres si elles n'obtiennent pas ce qu'elles souhaitent et emploient souvent des termes comme «toujours» et «jamais». Ces gens se donnent une attitude de supériorité qui n'est pas à l'écoute des autres. Dans une telle situation, la médiation est une option qui peut s'avérer fort utile pour vous et votre famille.

Mais quelquefois, il faut plus. Une thérapie est souhaitable. **Certaines personnes blessées par la séparation, refuseront de s'attacher de nouveau, de peur d'avoir à revivre une autre séparation et d'en éprouver une douleur encore plus grande.** Ceux-là auraient avantage à entreprendre une thérapie afin d'apprendre à mieux se connaître, à cibler leurs besoins et leurs limites, à savoir ce qui est pour eux primordial et non négociable dans une relation. En d'autres mots, quels sont les critères de sélection d'un nouveau partenaire ? Une thérapie peut leur permettre de découvrir ce qui, dans leur attitude et leurs comportements, compromet ou fait échouer leurs relations à deux. Cette démarche peut aussi les aider à mettre un frein à des comportements négatifs récurrents et leur permettre de développer des façons plus constructives d'entrer et de demeurer en relation avec un partenaire de vie. La thérapie permettra aussi à ces personnes de se libérer lentement de leur colère et de leur souffrance, d'amorcer le deuil de leur relation de couple, d'apprendre à se refaire une vie sans l'autre, de reprendre confiance en elles et de faire de nouveau confiance aux autres.

À une époque où la famille traditionnelle était plus importante que le couple et l'individu, on était heureux à rendre les autres heureux. En s'investissant dans son engagement chaque jour. Maintenant, la trajectoire va dans le sens inverse ; on privilégie la croissance personnelle. On veut à tout prix se réaliser et obtenir une satisfaction relationnelle. Les couples se forment parce qu'on croit être plus heureux à deux, et la famille deviendra un projet commun. On fait le choix de vivre en couple, tout comme le couple fera le choix de fonder une famille. On ne rêve plus d'être dans la même maison de retraite et de fêter nos cinquante ans de mariage. On s'engage ici et maintenant, pour le temps que ça durera. Le mariage est davantage une grande fête. Un événement. Moins un sacrement ou un engagement spirituel envers une autre personne. Si ça ne fonctionne plus, on divorcera. Auparavant, on faisait des *accommodements déraisonnables* pour le bien de la famille. Maintenant on ne supporte plus les défauts et les limites de l'autre. On vit difficilement avec la nécessité de faire des compromis. On ne veut pas être brimé ou opprimé, ni sacrifier quoi que ce soit. Le nombre croissant de ruptures et de divorces en témoigne. Je suppose que la séparation sous-entend qu'on attache une telle importance au couple qu'on ne peut se résoudre à vivre dans une relation où on ne trouve pas assez de gratification personnelle.

RÉCAPITULATIF

QUELQUES POINTS DE REPÈRE

» **Une séparation se prépare.** Ça ne doit pas être une décision prise sous le coup d'une impulsion. Il faut d'abord envisager la vie sans l'autre et apaiser ses peurs.

» **Assumez votre décision** sans vous culpabiliser.

» On vous a laissé? Il est normal d'être sous le choc et de passer par un chaos émotif. Mais de grâce, **dites à quel point vous souffrez.** Soyez bienveillant envers vous et prenez le temps qu'il faut pour guérir.

» Trouvez-vous une **méthode pour vous libérer de votre colère**, ou intégrez l'exercice physique dans votre mode de vie.

» Vous choisissez de **prendre une pause**? Faites-le dans les règles de l'art. Établissez clairement les clauses et la durée.

» Écrivez pour **freiner le réflexe de la mémoire sélective**, afin d'avoir une mémoire juste et pour prendre conscience de vos besoins et de vos limites.

» **Il faut savoir rassurer ses enfants** quant à leur sécurité, leur stabilité et la continuité dans leur vie.

» Il faut être à leur écoute, répondre à leurs questions et les rassurer quant à votre amour envers eux.

» Même si une séparation est une expérience difficile pour tout le monde, elle n'est pas que négative. Certains enfants sont soulagés de ne plus subir les tensions et les conflits quotidiens entre leur père et leur mère. Et pour certains parents, c'est l'occasion de s'impliquer plus que jamais dans la vie de leurs enfants.

» **Faire l'amour à nouveau avec votre ex ne vous fera que du mal**, car un jour ou l'autre, il rencontrera une autre personne, et ce ne sera pas vous...

» Si vous reprenez votre relation avec votre ex-partenaire, attention! Imposez-vous une période de probation afin de voir les changements effectués et pour obtenir des garanties que vos besoins et limites seront respectés.

Chapitre 7

Les familles recomposées, tout un défi!

La famille recomposée est une réalité qui touche de plus en plus de familles. De nos jours, les adultes ont de moins en moins d'enfants, mais les enfants ont de plus en plus de parents! Qui, dans une cour d'école, peut encore se vanter d'avoir ses parents encore ensemble et amoureux? La cellule familiale d'origine est devenue une exception. Dans ce chapitre, je veux vous entretenir de l'attitude à adopter envers un nouvel amour qui implique toute une famille.

Plus il y a de monde, plus c'est compliqué. Par exemple, vous avez un nouveau partenaire qui a un passé très présent dans le quotidien. Il a des enfants, et ils ont une mère. Elle est absente de la maison, mais elle a une présence bien réelle dans leur vie, et donc dans la vôtre. Est-elle en couple? Accepte-t-elle la nouvelle vie amoureuse et familiale de son ex-conjoint? Prend-elle ses distances ou tente-t-elle de reprendre la relation? Y a-t-il eu des batailles juridiques? Est-elle une fauteuse de troubles? Elle et son ex – qui est votre nouveau conjoint – faisaient-ils encore l'amour ensemble avant que vous vous rencontriez? Est-ce qu'ils se voient régulièrement? Font-ils encore des activités ensemble? Des voyages en famille? Si oui, pour quelles raisons? Pour le bénéfice des enfants ou dans l'espoir de reprendre la vie commune?

Et vous, êtes-vous encore ami avec votre ex-conjoint ? **Vous n'êtes plus amoureux, mais vous continuer d'être des parents. Voilà toute la complexité de cette nouvelle vie.** Il est faux de croire que les deux sont totalement guéris de leur rupture. La preuve en est que l'un de vous deux refera sa vie avant l'autre. Et le conjoint actuel, en tant que nouveau partenaire, est-il la cause de cette rupture ? Deviendrez-vous la méchante belle-mère de ses enfants ? Est-ce que le nouveau partenaire s'immisce dans la vie de famille de sa conjointe ?

Dans mon cabinet de consultation, j'entends régulièrement de tristes témoignages empreints de souffrance. Des couples qui tiennent à leur relation, mais qui sont divisés par l'éducation des enfants, à propos de laquelle s'est installée une lutte de pouvoir dans la dynamique relationnelle (lire à ce sujet au chapitre 4). Deux familles s'affrontent et s'acharnent, et des clans se forment. Le désir s'estompe pour faire place à la révolte, à la haine, au ressentiment et à la peine. Le couple perd souvent ses repères et n'a plus de territoire intime ou de temps pour lui. J'utilise parfois l'image du fromage et plus particulièrement de l'emmental pour illustrer le concept de la protection des territoires de l'intimité. Il y a une multitude de trous, alors que ce devrait être fermé, comme les portes d'une résidence. Le couple sait-il protéger son espace et sa relation ? Est-il prêt à faire des efforts en ce sens ?

L'erreur majeure est de vouloir plaire à tout le monde pour éviter les conflits. IMPOSSIBLE ! Agissez ainsi et vous vous dirigerez droit vers un précipice. Vous déplairez à tous. La conciliation, dans une famille recomposée, est un oubli de soi. Comme chacun a des attentes différentes, à moins de faire des miracles, vous ne pourrez les satisfaire tous. On vous reprochera de ne pas prendre position et de ne faire les choses qu'à moitié. C'est l'impasse. Plusieurs se sentent coupables d'avoir enlevé une vie de famille à leurs enfants. Ils deviennent alors des parents trop permissifs pour compenser l'échec de leur relation. Cette attitude permissive est une des raisons principales pour laquelle le nouveau partenaire le critiquera : un manque de discipline parentale causé par des remords de conscience. L'autre souhaite que vous alliez de l'avant et conjuguiez au présent afin que votre passé soit réglé. Bref, que tout soit clair avec l'ex et les enfants.

Dans un tel contexte, **la bonne attitude est d'abord de revenir à soi**. Quels sont vos désirs, vos besoins, vos attentes, vos disponibilités, vos conditions et vos limites ? Vous devez considérer vos propres besoins. Qu'est-ce qui est crucial et non négociable pour vous ? Les réponses à ces questions constituent vos points de repère. Ne les perdez jamais de vue.

L'attitude est un savoir-être. Il s'agit de savoir exprimer vos besoins et vos limites en vue d'obtenir une satisfaction relationnelle et sexuelle. **La bonne attitude implique d'assumer ses décisions, d'agir de façon déterminée, en toute confiance.** C'est croire en son potentiel et se dire que l'on mérite le meilleur. C'est agir pour trouver des solutions afin de ne pas s'enliser dans un problème qui tarde à être réglé. Il faut affirmer ses positions, mais aussi être à l'écoute de l'autre. **La famille recomposée est un défi quant à l'attitude à adopter. Toutes les sphères temporelles coexistent : passé, présent et futur.** L'espace-temps est à redéfinir. Vous démarrez une nouvelle histoire déjà en cours… Faites votre deuil du conte de fées !

Maintenant, je m'adresse à vous, le nouveau partenaire. Qu'observez-vous dès votre arrivée dans la famille ? Quelle est la place que vous aurez envie de prendre ? Ou devrais-je plutôt dire, que l'on vous permettra de prendre ? Le défi est de vous faire une niche, mais sans prendre tout l'espace. Votre partenaire devra vous privilégier tout en accordant son attention et son amour à ses enfants. L'équilibre sera précaire… Serez-vous capable de prendre soin de votre amour tout en prenant soin de votre famille ? Il n'est pas facile, pour le partenaire, de savoir quand et comment agir auprès des enfants de l'autre. C'est à lui de vous aider à le faire, car c'est le parent qui connaît le mieux ses enfants. Guidez le nouveau partenaire pour qu'il trouve une manière adéquate de les approcher selon leur âge, leur caractère, leur personnalité, leurs intérêts, leurs peurs, leurs compétences et leurs sentiments. Souvent, les beaux-parents sont bien intentionnés. Ils démontrent une bonne volonté et un désir de s'investir. C'est leur façon de faire qui pose problème. Si l'enfant sent une ambivalence émotive chez son parent, un doute quant à sa nouvelle union, ou un soutien mitigé envers le nouveau conjoint, il redoublera d'ardeur pour concrétiser son fantasme de ramener ses parents ensemble. L'enfant ne perd jamais de vue son rêve ultime de tout voir redevenir comme avant. Vous êtes comme un téléroman, et il ne manque aucun épisode ! Dites-vous que plus vous faites équipe avec votre nouveau conjoint, plus vous agissez de concert avec lui et que votre couple est solide, plus l'enfant acceptera la situation.

Parmi tous les témoignages entendus dans mon cabinet, **la doléance la plus fréquente est la déception**. Et cette déception entraîne souvent des ruptures.

- « Je suis déçue que mon amoureux ne prenne pas ma défense. »
- « Je suis déçu qu'elle se laisse manipuler par son ex. »
- « Je suis déçue de voir sa fille le contrôler. »
- « Je suis déçu qu'elle ne s'aperçoive pas des manigances de son fils, car il fait tout pour nous diviser. »
- « Je suis déçu de ses piètres habiletés parentales et par le fait qu'il tolère les crises de son adolescente. »
- « Je suis déçu qu'il ne fasse pas de coupure complète avec son ex parce qu'il la prend en pitié. »
- « Je suis déçu qu'on ne puisse pas tous s'entendre et que la cohabitation soit un échec. »
- « Je suis déçu que les tours de garde partagée ne soient pas respectés. »
- « Je suis déçue que les enfants ne s'entendent pas entre eux. »

- «Je suis déçu que le temps des fêtes et les vacances soient un véritable casse-tête.»

La déception nous éloigne de l'autre et affecte considérablement notre désir sexuel: «Je suis déçu et frustré! Je tombe de mon nuage. Nous deux, ça va, mais avec les enfants, ça devient grave. C'est la lune de miel lorsque c'est notre semaine à deux, mais c'est un désastre lorsqu'il a sa semaine de garde.» Que de complexité! Il faut beaucoup de motivation, de volonté, et y mettre les efforts nécessaires pour que ça fonctionne. Comme sexologue, cette réalité familiale m'intéresse et me fascine. Et la situation est tout aussi difficile si vous n'avez pas d'enfants à vous, alors que votre amoureux est père. En fait, il y a toutes sortes de combinaisons possibles.

- **Vos enfants ont à peu près le même âge** (3 à 10 ans): c'est plus facile parce que vous pouvez établir sensiblement les mêmes règles de fonctionnement pour tous.

- **Vous avez tous les deux des adolescents** (11 à 17 ans): vous vivez la même réalité, sauf que chacun de vous a son histoire avec ses enfants. Il est plus difficile d'effectuer des changements sur ce qui est déjà établi avec vos enfants. Ça demande du doigté pour négocier de nouvelles règles familiales. Certaines familles décident d'être ensemble sans vivre sous le même toit.

- **L'un de vous a de jeunes enfants, l'autre, des adolescents ou de jeunes adultes:** tout est différent chez vos enfants, selon leur âge, leurs besoins et leurs activités. Par contre, vous vivez moins de comparaison dans vos méthodes éducatives. L'âge des enfants dicte et justifie vos interventions.

- **L'un de vous a des enfants, l'autre pas:** votre partenaire aura tendance à rester à l'écart du système familial déjà établi et le critiquera de loin. Il prendra peu à peu sa place dans un rôle complémentaire en influençant lentement la dynamique familiale.

En vieillissant, les risques de rencontrer quelqu'un qui a déjà des enfants augmentent. Pour s'éviter des problèmes et préserver son désir, je vous propose d'acquérir la meilleure attitude possible pour ne pas vous faire prendre dans une toile d'araignée. **Les familles recomposées sont un haut lieu de dérapage :** crises de contestation, conflits d'autorité, deux familles impliquées, manque de maturité, manque de discipline, établissement de nouvelles règles, négociations, nécessité de ne pas tout contrôler, de ne pas effectuer de changements prématurés.

Allez-y étape par étape. **Mais tout d'abord, soyez avisé ! Prenez le temps d'observer le degré de maturité de votre nouveau partenaire.** A-t-il atteint son plein développement dans ses capacités parentales ? A-t-il établi des règles et une structure disciplinaire ? Est-il maître de la situation, assumé et confiant en tant que parent ? Quant à sa relation passée, ayez la garantie que tout est réglé et qu'il n'y a aucun litige. Même chose avec la garde partagée, est-elle bien instaurée et satisfaisante pour tout le monde ?

N'oubliez jamais vos besoins et vos limites. Vous êtes censé avoir appris beaucoup sur vous-même, avec votre rupture. Cette nouvelle relation sera différente, et mieux que la précédente, à condition de rencontrer une personne qui saura faire respecter la nouvelle relation amoureuse et voudra y consacrer du temps parce que c'est important. Vouloir réussir cette nouvelle vie de couple, c'est le faire avec une personne capable de vous présenter à sa famille, à son entourage, à ses amis. Et qui désire vous consacrer du temps exclusif, seul à seul.

J'ai à cœur votre intimité et votre satisfaction relationnelle. Je vous supplie de la préserver. C'est une prescription thérapeutique dans le cas de la famille recomposée ! Puisqu'il y a votre nouvelle famille et votre couple, **vous devez faire preuve de solidité identitaire, de maturité affective et vous affranchir de votre passé pour capitaliser vos forces au sein de votre nouvelle relation.**

Mon but, dans ce chapitre, est plus conjugal que familial. Je ne fais pas de médiation familiale, mais de la thérapie individuelle et conjugale. Le motif de consultation des couples en situation de famille recomposée touche toujours **un manque d'intimité, leur mauvaise communication et les luttes de pouvoir.** Au fil des séances, j'entends clairement le ressentiment quant à la dure réalité des familles recomposées : « Il ne me considère pas, il n'écoute que sa fille. Je n'ai pas ma place dans cette famille! Je le sens encore vulnérable face à son ancienne relation, car son ancienne conjointe ne semble pas affranchie de son passé. Et il ne fait rien pour protéger notre relation. Il manque de motivation. Nous deux, ce n'est plus comme avant, on se chicane régulièrement. Je me sens en compétition avec ses enfants pour son attention, et ce n'est pas normal. On dirait qu'il ne veut pas me faire de place. Je me sens comme sur un siège éjectable. »

Ou encore, cet exemple flagrant de manque de respect et de considération : « L'autre jour, on se baladait en voiture. On a vu des terres agricoles et des pâturages. Sa fille a dit : "Tiens des vaches! Comme toi!" J'étais insultée. Lui? Il n'a rien dit pour me défendre et pour avertir sa fille qu'elle ne doit pas me parler sur ce ton. J'ai ravalé ma peine. Une fois à destination, je lui en ai fait part. Il a banalisé le commentaire de sa fille en disant : "Bah! Ce n'est qu'une enfant. Tu te sens toujours attaquée par ma fille. Faudra que tu travailles sur toi. Reviens-en!" » Voilà une situation inacceptable où le propos méprisant de la fillette indique clairement qu'elle n'accepte pas la nouvelle flamme de son père. Il a raté une belle occasion de prendre en considération les besoins de sa partenaire (avoir sa place au sein du système familial et recevoir de l'attention) et de faire de la discipline pour contrer la violence verbale et psychologique de sa fille. Il faut qu'il prenne sa place en tant qu'homme, le chef du clan, et qu'il mette des limites claires sur les paroles inacceptables. Ensuite, il doit questionner sa fille afin de savoir ce qu'elle a voulu dire et connaître ses véritables intentions.

Le père doit encourager sa fille à exprimer ses sentiments et l'écouter. Il doit la rassurer quant à son amour envers elle et confirmer que sa nouvelle amoureuse ne remplacera pas sa mère. Mais il doit exiger le respect envers sa nouvelle partenaire de vie. « C'est la femme que j'aime, fais attention à ce que tu dis pour ne pas la blesser. »

En se taisant, il autorise le mépris. Pire, son silence donne l'impression qu'il est d'accord. Il fait alliance avec sa fille contre son amoureuse. Tout cela sans dire un seul mot. Avez-vous une idée des répercussions relationnelles et sexuelles à venir ? Comprenez-vous ce que cette femme ressent ? Elle se sent abandonnée par son conjoint. Abandonnée par celui qui est censé être l'adulte responsable de la situation. De son côté, lui perd l'admiration qu'elle avait pour lui, et elle est déçue de devoir se battre pour faire sa place. Elle est choquée de constater qu'il forme un duo avec sa fille, plutôt que d'en former un avec elle. Sa fille pèse lourd dans la balance.

Je vous entends dire que ce doit être ainsi, et vous avez entièrement raison. Les enfants restent, les amours passent. D'un point de vue strictement conjugal, cet homme a manqué sa chance de prendre position pour son couple, de rassurer sa partenaire et d'éduquer sa fille. Ainsi, toutes les parties en cause auraient été respectées. Comme la situation ne s'est pas réglée, elle s'est éloignée de lui. Cette femme a même vu de la malveillance dans les yeux de sa belle-fille. Évidemment, le père refuse pareil constat. La passion perd de son intensité et le désir s'envole. On a moins le goût de se consacrer du temps. On néglige les marques d'affection. On fait drastiquement moins l'amour. Le conflit a tout à coup un grand terrain de jeu. Dans ce contexte, les véritables motifs de consultation en sexothérapie sont ceux-ci : **Comment retrouver les territoires de notre intimité ? Comment harmoniser la famille tout en faisant valoir les droits, les besoins et les limites de chacun ?**

Voici un autre témoignage en ce sens, d'un homme venu me voir en consultation. « Lorsque j'ai rencontré ma compagne, elle était seule avec sa fille depuis très longtemps. Le père est carrément parti en fumée. J'étais conscient d'être comme une menace. Je lui volais sa mère. J'empiétais sur son temps de qualité avec elle. J'ai bien vu ses manigances pour nous séparer. Elle a créé des conflits afin de s'immiscer entre nous. Quand j'abordais le sujet, je sentais de la résistance chez mon amoureuse. Elle me disait que sa fille l'avait sauvée de la dépression après sa rupture. Elle lui a consacré tellement de temps qu'aucun homme ne viendra lui dicter sa conduite. Qui suis-je, puisque je n'ai pas d'enfant? Elle voudrait un autre enfant, mais avec la situation actuelle, je ne trouve pas ma place. Ce n'est pas un nouveau-né qui sauvera la situation. En plus, je crains la réaction de sa fille. Un autre enfant lui volera sa place. Je ne sais plus quoi faire. On ne se touche plus. Elle sent que je prends mes distances. Elle me fait de la peine. Je ne veux pas qu'elle ait à choisir entre sa fille ou moi, je veux simplement qu'elle me donne du temps de qualité comme elle en donne à sa fille. Son duo d'avant n'existe plus, nous sommes trois maintenant.»

Choisir un partenaire de vie qui a un enfant alors que nous n'en avons pas est compliqué. Comment s'introduire dans la vie de l'autre sans bousculer le système familial? **Comment freiner ses ardeurs et ses réactions alors que nous risquons de réagir à tous les instants?** À ce propos, une cliente me confiait justement ceci: «J'ai rencontré mon *chum* au travail, et nous avons commencé à nous fréquenter alors qu'il était déjà en couple. Son mariage battait vraiment de l'aile depuis deux ans, mais il a attendu la fin de l'année scolaire pour annoncer à ses enfants qu'il quittait leur mère. Son ex-conjointe a vivement réagi en sombrant dans la dépression, ce qui a exacerbé le sentiment de culpabilité de mon conjoint. Pendant tout ce temps, notre liaison est demeurée secrète. C'était convenu ainsi. Notre discrétion nous aidait au travail, mais c'était surtout pour le bien de ses enfants. Il ne voulait pas passer pour le salaud qui laisse leur mère pour une autre. Je ne voulais pas être vue comme la responsable de sa rupture alors que la séparation lui trottait dans la tête depuis des années. Son ex-femme est fragile et il veut encore la protéger, alors que moi je veux exister. Il y a si longtemps que je suis dans le placard que je veux que notre relation soit officielle et sorte au grand jour, et que nous habitions ensemble. Il a annoncé à ses enfants que nous nous fréquentions. Ceux-ci ont fortement réagi. Chaque fois que je téléphonais ou que nous faisions une activité ensemble, je sentais leur impatience. J'empiétais sur leur espace-temps avec leur parent. Mon conjoint, voulant plaire à tout le monde, ne s'affirmait que timidement. Résultat : il déplaisait à tous. Un de ses enfants a découvert mes vêtements dans la penderie de son père et des accessoires érotiques que nous nous étions offert à l'occasion d'une Saint-Valentin enflammée ! Quel embarras... Depuis ce jour, il est distant avec nous et ne veut plus revenir à la maison. Il a pris position pour sa mère, le parent faible. Je vais bientôt déménager officiellement dans leur maison et j'aspire à faire quelques changements dans la décoration ici et là, mais j'ai peur. Comment faire pour que tout se passe bien ? »

C'est tout à leur honneur d'avoir fait les choses graduellement. D'abord une liaison secrète, une discrétion au boulot, la confirmation de leurs sentiments, et l'élaboration de projets à venir. Malgré tout, il est évident que les enfants réagiront. Un enfant désirera toujours que ses parents reviennent ensemble. Dans le couple mentionné ici, l'homme était en carence érotique depuis deux ans. Pour combler ses besoins, il a entrepris une liaison en juxtaposant ses deux réalités. Il s'est rendu compte que sa relation conjugale était vide de sens et que la nouvelle augurait bien. Sa nouvelle flamme était au courant de sa situation parentale et de la présence de ses deux enfants dans le portrait. Malgré tout, elle a tenu à continuer avec lui, se disant que leur amour serait plus fort que tout... Malheureusement, la réalité les a rattrapés. Il faut plus que la passion amoureuse et sexuelle pour concrétiser une famille recomposée. Il faut faire face aux réactions des enfants, et surtout à leur résistance. Le père impose une nouvelle femme et écarte la mère du décor. Pour vous mettre à la place des enfants en vue de mieux cerner leurs réactions, fermez-vous les yeux, et visualisez ceci.

Replongez-vous dans vos souvenirs d'enfance (entre 10 et 12 ans) : les vacances d'été, les amis, les fêtes en famille, la maison et le quartier... Revoyez vos parents s'occuper de vous, être ensemble, complices, aimants et tendres. Puis, imaginez qu'ils vous annoncent leur séparation. Vous demeurerez avec l'un des deux et vous verrez l'autre un week-end sur deux. Imaginez-vous avec le parent qui s'occupe le plus de vous et qui a réorganisé sa vie autour de vous pendant quelques années. Ce parent vous apprend ensuite qu'il est amoureux. Il vous présente cette personne, qui finalement viendra vivre chez vous. Elle couche dans le lit de vos parents, prend possession de la cuisine, conduit la voiture, occupe une place à table, etc. Que ressentez-vous ? Comment vous comportez-vous ? Êtes-vous accueillant ou résistant ? Partez-vous en guerre contre cette personne ? Êtes-vous révolté ou conciliant ? Êtes-vous enchanté ou subissez-vous sa présence ? Il y a fort à parier que vous serez très contrarié.

Ne perdez jamais de vue cette situation où vous vous mettez dans les chaussures de l'enfant. Vous êtes l'intrus. Agissez comme les anneaux de Saturne qui gravitent autour de la planète (la famille). Lentement, vous progresserez vers l'intérieur. Critiquez le système familial au besoin, mais de loin. Ne pénétrez pas trop vite ! Allez-y doucement avec les marques d'affection devant les enfants (caresses et baisers enflammés). Par contre, vous pouvez être un modèle conjugal de douceur, de tendresse, de complicité et de compliments. L'enfant verra que vous appréciez son parent et que vous le considérez.

À quel moment peut-on partager le lit d'un nouveau partenaire qui est parent et vivre officiellement son intimité ? Pas facile de fixer le moment idéal pour vivre librement sa vie de jeune couple amoureux et se démontrer de l'affection devant les enfants. Suis-je à l'aise de l'embrasser devant eux, ou est-ce que je préfère le faire lorsque les enfants sont absents ou couchés ? Certains parents, devant la réaction de leurs enfants encore perturbés, sont réticents à introduire le nouveau partenaire dans le quotidien de la famille. Chaque enfant a une capacité d'adaptation différente. Le moment « parfait » pour introduire un nouvel amour dans la vie des enfants est quand ils ont entre deux et quatre ans, et cela pour permettre que tout le monde digère la rupture, la réorganisation, l'établissement de nouveaux rituels, la garde partagée, la solitude et les nouveaux liens qui se tisseront avec l'enfant. Le parent sans conjoint a l'espace-temps nécessaire pour se rapprocher de son enfant, pour créer des activités exclusives et des moments privilégiés. Il est d'ailleurs souhaitable de le faire. **La meilleure attitude possible est de prendre du temps seul avec ses enfants.** Ils ont le droit de n'être parfois qu'avec leur parent, et non toujours en présence du nouveau partenaire. Idéalement, ces rites pourraient se perpétuer dans le temps. Un homme me disait avoir établi un rituel avec ses trois enfants. Chaque mardi, ils soupent tous ensemble. C'est un rendez-vous hebdomadaire très important : « Ils savent que je suis là pour eux et qu'ils ont toute mon attention. Ils sont dans la vingtaine, et j'aime le lien que nous avons créé. Je suis au cœur de leur vie. Ils respectent ma nouvelle vie et la femme qui en fait partie. Ils sont heureux de partager ce moment unique et exclusif avec moi. »

Habituellement, un couple évolue selon les étapes suivantes : rencontre, cohabitation, partage du territoire, mise en commun de l'argent, arrivée des enfants, conciliation famille-travail, adolescence, départ des enfants, syndrome du nid vide, retraite. La famille recomposée ne suit pas le même parcours puisqu'elle doit unir deux entités (deux familles monoparentales). Elle s'apparente plutôt à ceci : la symbiose du $1 + 1 = 1$, la différenciation du $1 + 1 = 2$, la négociation du $1 + 1 = 3$, l'engagement, la concrétisation d'un projet.

Les principales étapes de la famille recomposée

LA FUSION ET LA SYMBIOSE

C'est la période romantique. Celle du fantasme utopique où tout est possible. On voit en l'autre la personne pouvant combler nos besoins affectifs et sexuels. Tout est en harmonie quant à nos centres d'intérêt. Nos corps sont *ergonomiques* et se fondent l'un dans l'autre lorsqu'on fait l'amour. Les avertissements de l'entourage ne semblent pas nous atteindre. L'optimisme est à son maximum. Nous sommes invincibles, autosuffisants et prêts à tout affronter : « Je suis tellement amoureux de toi que je vais aimer tes enfants tout autant. Ils doivent être aussi adorables que tu l'es. Je t'aime, je vais les aimer, ils m'aimeront. Nous allons être heureux ensemble. » Tout est merveilleux, on voit la vie en HD et en 3D ! On s'en doute, ce n'est pas la réalité, mais c'est tellement enivrant et agréable que l'on ne veut pas ne pas y croire. On veut que notre amour dure toujours. On carbure au désir et aux fantasmes. On aime faire l'amour ensemble. On se sent tellement vivant ! On ne parle pas des problèmes éventuels, car on se dit que ça va aller tout seul, sans avoir à faire aucune concession.

C'est un mythe que de croire que l'amour qu'on porte à une personne est suffisant et garantit l'amour que nous aurons envers ses enfants… C'est aussi un mythe que de croire que puisque nous sommes heureux, les enfants le seront tout autant sans résistance ou contestation. On sait que tout ne se passera pas ainsi, mais on refuse de voir les choses autrement. On est si heureux de refaire notre vie amoureuse qu'on se dit que notre enfant aura un ami avec qui jouer, que l'on offre un deuxième père ou une deuxième mère à nos enfants, que l'on retrouvera une vie de famille… On rêve de renouer avec l'image dictée par l'inconscient collectif de la grande famille unie autour d'une grande table.

L'IMMERSION, LES DIFFÉRENCES AU QUOTIDIEN

Dans la réalité du quotidien, vous percevez quelques irritants : la façon de gérer l'argent et les dépenses inutiles de l'autre, le caractère difficile d'un de ses enfants, les appels de l'ex, le non-respect des tours de garde, mais vous ne vous laissez pas démonter. Vous vous dites que ça s'arrangera… À cette étape, vous êtes plongé dans la vie de l'autre, vous en partagez le quotidien. Vous ne fantasmez plus. C'est la réalité et le début de la vie commune. Les caractères s'affrontent. Vous commencez à vivre des moments difficiles. Vos illusions s'envolent. L'autre est différent de ce que vous pensiez, et vous vous questionnez sur sa façon d'éduquer les enfants, sur les espaces communs dans la maison, sur la préparation des repas, les habitudes de chacun et le partage des dépenses. À cette étape, vous pouvez entrer en compétition avec l'autre en vous critiquant mutuellement, en vous blâmant et en voulant influencer et contrôler l'autre, surtout si vous ne savez pas négocier et bien faire valoir vos besoins et vos limites. Vous n'avez plus la certitude absolue quant à l'avenir de votre relation. Le doute s'installe…

LA PRISE DE CONSCIENCE

Cette étape arrive généralement de un à deux ans après le début de la nouvelle vie de famille. Votre bulle a éclaté! La réalité vous frappe de plein fouet. Le climat se refroidit et c'est plus difficile que vous l'auriez cru. Le parent a l'impression d'être pris entre deux feux, et vous vous sentez comme la méchante belle-mère. Vous assumez toutes les tâches, mais ne récoltez que l'hostilité des enfants, en plus de voir le père se dérober au lieu de vous appuyer. Votre frustration, votre anxiété et votre sentiment d'impuissance augmentent. «Je perds le contrôle de ma vie et je retire bien peu en compensation.» Vous vous demandez si vous avez fait une erreur et songez à vous séparer. Vous n'étiez pas préparé à tant de complexité et vous vous sentez prête à tout abandonner. C'est l'impasse.

LA MOBILISATION

Il s'agit d'une étape difficile remplie de conflits. Le beau-parent ne se sent pas bien, et ce n'est pas seulement à cause de lui, mais bien à cause de la situation. Quelque chose de fondamental doit changer! Il exige davantage de règles. Évidemment, il y aura des querelles sur les divergences de points de vue. Le nouveau partenaire, pour faire sa place, fait des pressions sur la structure familiale en place. Il décide de s'affirmer, de faire respecter ses limites et de secouer la barque. Il n'accepte plus d'être tenu à l'écart et d'être traité de cette façon par l'enfant ou par le conjoint. Il dit: «J'ai des droits!» Cette période est un tournant fondamental qui décidera de l'avenir du couple.

Les principales sources de conflits, dans une famille recomposée, sont les luttes de pouvoir (qui a le dernier mot, qui prend les décisions?), le partage des tâches (qui fait quoi?), les territoires de chacun (l'espace accordé à chacun) et les **frontières avec l'extérieur** (la belle-famille, l'ex-conjoint, les amis, les sorties avec ou sans les enfants). **Sur ce point, je dois faire un long aparté.**

SAVOIR GÉRER LES EX

C'est samedi soir, la soirée vous appartient! Enfin seuls… Vous vous apprêtez à entreprendre des rapprochements amoureux lorsque soudain le téléphone sonne. Devinez qui est à l'appareil? Son ex! Et le voilà qui répond au téléphone et entreprend une conversation. Et le comble de l'insulte provient du fait qu'il change de pièce. Ça risque donc d'être plus long que vous le souhaiteriez. Vous l'entendez discuter du camp de vacances de l'été suivant pour son fils. Un samedi soir!? Mais qu'est-ce qu'il lui prend d'oser téléphoner à ce moment? Quelle est son intention? **Vous interprétez l'appel comme étant un acte conscient de sabotage malveillant sur votre temps d'intimité.** Votre film d'horreur ne s'arrête pas là, selon vous, c'est sa manière à elle de contester la place que vous prenez dans la vie de son ex. C'est lui qui l'a quittée et elle n'a pas encore refait sa vie. Elle a tout son temps pour penser à de multiples plans de vengeance, et le fait qu'il prenne le temps de lui répondre lui donne du pouvoir. Il lui donne le signal qu'elle a tous les droits d'empiéter sur sa vie privée. Cet appel téléphonique le ramène à son espace-temps à lui. Un temps où il n'est pas avec vous. Une fois l'appel terminé, plus d'une demi-heure plus tard, vous êtes complètement passée à autre chose. Et frustrée par-dessus le marché ! Un samedi soir de perdu… Et ça ne fait que commencer.

Le rapport avec les ex est crucial dans l'établissement d'une nouvelle relation amoureuse. Il est très important de bien faire le deuil de la relation échouée et de ne donner aucun espoir à l'ancien partenaire. Il faut imposer ses limites et faire connaître clairement son désir d'établir une nouvelle intimité afin de la faire respecter. C'est la priorité numéro un. Cela veut dire de ne pas répondre au téléphone, de limiter les conversations au sujet des enfants durant les heures de vie à deux, de mettre fin à la conversation si le but de l'appel n'est pas pertinent, de se prendre une nouvelle ligne téléphonique ou un nouveau numéro de cellulaire pour filtrer les appels entrants au besoin, etc.

Puisqu'il est question des ex, je tiens à exposer une situation dont on parle peu, mais qui est fort délicate, en plus d'être fort dommageable à votre relation. Il s'agit des ex-beaux-parents, les grands-parents des enfants. Ils peuvent s'imposer, arriver à l'improviste, refuser de faire du gardiennage, vouloir contrôler votre vie, vous ignorer, se tromper de prénom volontairement en s'adressant à vous, vous mépriser et influencer votre nouveau partenaire. Comment le conjoint défendra-t-il son couple ? Est-il en mesure de leur démontrer qu'il assume totalement sa décision, ses choix, sa nouvelle vie ?

Récemment, une femme en détresse m'exposait sa situation. « Nous représentons le modèle parfait de la famille qui essaie de se recomposer : le tien, le mien, le nôtre ! Depuis mon arrivée dans sa vie, je constate une réalité choquante : l'immense place prise par mes beaux-parents. La grand-mère est quasiment la maman substitutive de sa petite-fille. Ça me scandalise ! Et on dirait que ça fait l'affaire de mon *chum*. Ils vont la chercher à l'école, lui préparent ses repas, veulent l'avoir les week-ends. Leur petite-fille les désennuie. Je ne me sens pas respectée. Ils me traitent comme un fantôme. Selon eux, je ne suis que de passage dans la vie de leur fils. Ils n'ont pas accepté que je sois enceinte. Ils lui ont fait la morale. "À quoi penses-tu d'avoir un autre enfant ?" Après sa séparation, il a sombré dans une dépression. Ses parents ont assuré la relève pour l'éducation de leur petite-fille. Et ça se perpétue. Ils se donnent des droits que mon conjoint ne conteste pas. Je me bats toute seule dans cette galère. Je passe pour la méchante. Je lui en veux qu'il ne se batte pas davantage pour nous, comme s'il se sentait encore redevable envers eux d'avoir pris soin de sa fille. Je me sens envahie par eux. Je suis tellement frustrée envers mon conjoint que je m'éloigne de lui. Lui fait de l'évitement et rentre tard à la maison pour échapper aux conflits. C'est moi qui m'occupe de la maisonnée et je n'ai droit à aucune reconnaissance. Je suis une mère et une belle-mère, mais je veux exister en tant que femme ! Notre vie sexuelle est inexistante. On est en train de se perdre. »

Un autre conflit fréquent avec les ex concerne l'argent et les dépenses. Une cliente me racontait sa joie d'avoir rencontré un homme merveilleux ayant une fille de l'âge de son fils. Tout allait bien jusqu'au jour où ils ont décidé de partir en voyage dans le Sud, seuls. De son côté, elle avait déjà fait les arrangements avec son ex et les grands-parents pour qu'ils s'occupent de son fils durant son absence, mais pour lui, c'était une autre histoire. Sa fille réagissant fortement à l'annonce du voyage (ma cliente croyait à une conspiration manipulatrice mère-fille afin que son conjoint se sente coupable de délaisser son enfant au profit de sa nouvelle flamme), son ex-conjointe lui posa des questions sur la provenance de l'argent pour ce voyage : est-ce un retour d'impôt, un bonus au travail, un gain à la loterie, un héritage ? Les conflits concernant la pension alimentaire sont réapparus. Soudainement, l'ex a imposé de nouvelles règles sur les dépenses scolaires, l'école privée, l'équipement de sport, les loisirs, etc. Juste pour mettre des bâtons dans les roues. Résultat ? L'enthousiasme au sujet du voyage a disparu. Sa magouille a réussi. Il s'est tellement senti coupable de faire cette dépense imprévue avec sa nouvelle amoureuse qu'il a acquiescé à toutes les demandes de son ex par la suite. Cette escapade lui a coûté cher. Alors s'ils veulent se marier, acheter un chalet, un bateau, déménager dans une maison plus grande... que fera-t-elle ? Elle est toujours dans leurs pattes ! Et au nom de ses responsabilités envers sa fille, il laisse aller la situation. Voici ce dont elle s'aperçoit depuis son entrée dans cette famille : « Ma situation est nettement plus claire que la sienne. Je ne traîne pas de problèmes non résolus. Je suis, disons, clé en main ! Pas lui. Et ça me déçoit énormément. Il est un amant extraordinaire, mais un piètre homme viril. Il se met littéralement à plat ventre devant son ex. Du moment qu'il est question de sa fille, il fond. Je comprends la situation, je vis la même chose, car je suis maman, mais ce qui m'horripile, c'est qu'il n'impose pas ses limites. Je ne pouvais pas le savoir dès le départ, totalement aveuglée par mon désir pour lui. Pourtant, à le voir agir, je remets en question mon choix de partenaire. J'ai laissé le père de mon fils dans l'espoir de trouver mieux et d'être enfin heureuse comme femme. Je ne veux pas me retrouver au cœur d'une tourmente, et c'est ce que je crains en ce moment. Il ne veut déplaire à personne. Il est influençable. Ce que je n'admire pas du tout. »

Du moment qu'on assume sa rupture, le reste doit suivre dans les nouvelles décisions à prendre. C'est la meilleure attitude à adopter : regarder vers l'avant, désirer refaire sa vie et se montrer disponible face à cette nouvelle personne. Il faut tirer un trait sur son passé, négocier le futur, prendre des ententes avec l'ex, tout négocier d'avance afin d'en faire une affaire réglée. Évidemment, il y a toujours des imprévus qui doivent être gérés au fur et à mesure. On doit argumenter pour faire valoir sa position, exprimer adéquatement ses besoins et ses limites. Et cela vaut pour les deux parties en cause. Lorsqu'on constate qu'un nouvel amour a de telles habiletés, il devient admirable, désirable et érotisable. Vous voyez un adulte sain, un ego assuré, une personne qui a confiance en son potentiel, qui défend ses idées, qui s'estime. Tel un doberman et une amazone. L'aigle fort, puissant, audacieux et confiant, au lieu du petit canard teinté d'insécurité, sans envergure, dépendant et influençable.

Remisez la Germaine aux oubliettes. Reconnaissez qu'à l'avenir, vous ne pourrez plus tout contrôler de la situation. Votre ex a refait sa vie. Qui est cette femme? D'où sort-elle? Quelles sont ses valeurs? De quoi ont l'air ses enfants? Aimera-t-elle les vôtres? Et si elle n'a pas d'enfants, décideront-ils d'en concevoir un? Qu'adviendra-t-il de la place de vos enfants dans cette nouvelle famille? Vous voulez le meilleur pour vos enfants en souhaitant que votre ex-conjoint soit avec une femme responsable, adulte et aimante envers vos enfants, mais évidemment sans être une mère substitutive pour eux, puisque vous ne voulez pas être délogée de votre rôle de mère parfaite! Je vous recommande de vous informer sur elle et de demander à votre ex de vous présenter cette femme digne d'être dans sa vie, puisque vos enfants s'attacheront à elle. Votre rôle s'arrête là. La relation ne vous appartient pas. Vous avez fait valoir vos besoins et vos désirs et c'est tant mieux. Un point c'est tout.

Une cliente me mentionnait ceci: «Je m'impose de hauts standards pour être une belle-maman parfaite. Je ne suis pas très bonne cuisinière et n'ai aucun talent artistique. Leur mère excelle en ces domaines. Par contre, j'ai aidé l'aînée à mettre de l'ordre dans sa garde-robe. Et nous avons été fort efficaces! Je suis assez heureuse du résultat. Peut-être est-ce mon nouveau rôle? Agir selon mes propres compétences au lieu de rivaliser avec celles de leur mère. Mon second fantasme est de faire partie du clan. À table, j'entends souvent leur père et elles avoir des points en litige. Malgré le fait que je sois assise à la même table, je ne me sens pas le droit d'intervenir. D'ailleurs, on ne me demande pas mon avis. Aux dernières vacances, les filles ne sollicitaient que leur père : "Papa, viens voir ceci !" J'aurais tellement aimé qu'elles le fassent avec moi aussi. J'apprécie que mon conjoint fasse le nécessaire afin que j'aie une place. J'espère qu'un jour cette invitation viendra de la part de ses filles. »

Faites preuve de bienveillance envers vous-même. Vous entrez graduellement au sein d'un clan. Le sous-groupe est fermé et hostile envers les étrangers. Cette fois, l'étranger, c'est vous. Vous n'entrez en compétition avec personne. **Agissez en fonction de vos forces, de votre style, de vos compétences et de vos champs d'intérêt.** Vous êtes sportive et le père est un intellectuel ? S'il le désire, emmenez son fils voir un match de soccer ou de hockey. Mieux, jouez avec lui. Montrez-lui des trucs. Il appréciera. Sa mère lui invente des histoires et joue avec elle ? Emmenez-la magasiner, sortez-la au musée. Allez voir un film entre filles. **Faites les choses selon votre personnalité. Vous serez assurée de ne pas vous tromper. Vous seule possédez cette touche originale.**

Je tenais à faire ce long aparté, puisque les frontières avec l'extérieur (ex-conjoint et ex-belle-famille) constituent un point de litige important dans les familles recomposées. Et c'est une source majeure de conflits au cours de la quatrième étape : la mobilisation. Si les conjoints cherchent des solutions ensemble et se disent « Nous avons un problème, comment le réglerons-nous ? » au lieu de chercher un coupable, ils négocieront plus facilement en tenant compte des différences de chacun, et la famille passera à l'étape cinq. Sinon, la séparation sera probablement la seule issue. On ne saurait continuer longtemps dans une atmosphère de tension.

PASSER À L'ACTION

On regarde les problèmes, on arrive à en régler. On développe notre famille et nos règles. C'est la solidification du couple. On achète une maison et de nouveaux meubles. On fait des projets d'avenir. On fait du sous-sol une salle familiale ou une aire de jeu. L'aîné aide le plus jeune. On établit un budget pour les dépenses communes. Vous cuisinez différemment pour satisfaire les goûts de chacun. Vous êtes en train de créer votre histoire, vos rituels, vos nouvelles habitudes. Vous prévoyez même concevoir un autre enfant. Il n'y a plus de clan, ni de sous-groupe. On parle en termes de nous.

Il existe toutefois des événements qui représentent un défi supplémentaire pour vous. En voici quelques-uns.

- **Un enfant naît de votre union.** Je vous recommanderais d'attendre qu'une certaine stabilité s'installe entre vous pour décider de concevoir un enfant. Bien qu'un enfant amène de la joie, il peut créer bien des tourments. Votre couple doit être solide. Attendez l'étape 5 avant de concrétiser ce projet. Sachez que les autres enfants réagiront : « Avant, tu travaillais tout le temps, tu n'avais pas de temps pour nous. Tu veux te reprendre avec le nouveau bébé ? » Ils pourraient envier les avantages dont bénéficie l'enfant : avoir ses deux parents ensemble, notamment. Dites-vous que si la venue de cet enfant est le trait d'union de la nouvelle famille, pour les autres enfants, il représente la fin des illusions. Leur fantasme est mort. Leurs parents ne reviendront jamais ensemble. Ce constat est aussi valable pour l'ex-conjoint et les ex-beaux-parents. Cet enfant confirmera votre amour, votre nouveau couple. Bref, la recomposition de votre famille.

- **Votre enfant arrive à l'adolescence.** Votre adolescent pourrait prendre position en faveur d'un des deux parents et faire preuve de loyauté envers le parent délaissé, qui semble le plus souffrir de la séparation, en voulant aller vivre exclusivement chez lui. Il témoigne ainsi son refus d'accepter votre nouvelle vie et votre nouveau partenaire.

Est-ce une fuite ? Un évitement ou une manifestation de son développement par une contestation de l'autorité et le désir de forger sa propre identité ? Il y a fort à parier qu'il n'obtiendra pas davantage de permissions chez l'autre parent. Ce dernier pourrait refuser qu'il emmène sa petite amie dormir à la maison. Voyant que la discipline est partout, il risque de revenir vers vous. **Ce sera à vous d'imposer vos limites pour stopper son réflexe de se soustraire à toute forme de structure disciplinaire et pour faire cesser ses tentatives manipulatrices.** Par exemple, s'il veut retourner chez son autre parent, ça devra être pour toute l'année scolaire. Pour impressionner votre nouveau partenaire, exprimez vos limites. Ainsi, vous gagnerez sur deux fronts : le respect de votre conjoint et celui de votre enfant.

- **Un conflit de personnalité avec l'enfant de l'autre.** Une belle-mère me disait : « Je la ferais geler dehors à moins 30 degrés sans pitié ! Je la trouve tellement manipulatrice. Elle est tout sauf agréable. Elle pique des colères pour rien. » Quand la seule présence de l'enfant vous contrarie et que celui-ci est plus énergivore que les autres, c'est l'impasse. Comment établir le contact ? Comment solliciter l'aide du parent, qui est fort probablement conscient du problème ? Ne vous imposez pas de trop hauts standards en tant que belle-mère parfaite par amour pour votre conjoint ou pour préserver votre relation. Le jeu n'en vaut pas la chandelle. Existez dans votre relation de couple. Exprimez-vous librement. Reconnaissez vos sentiments. Inutile de les censurer, votre corps vous enverra de multiples signaux : impatience, colère, maux de tête, palpitations, insomnie, anxiété… Ne vous forcez pas à aimer cet enfant à tout prix. Votre vie n'en dépend pas. Essayez plutôt de faire une évaluation réaliste, sans mettre de lunettes roses (car ce serait impossible) ou de lunettes sombres (ce que vous faites déjà). Soyez le plus objectif possible et tentez de lui trouver des qualités qui contrebalancent ses défauts.

Vous pouvez faire ce remue-méninges avec votre partenaire. Par exemple, elle est dérangeante mais sociable, il est colérique mais réussi à s'exprimer clairement, elle est agitée mais créative. Vous pouvez ainsi relativiser la situation. Lorsque la tension monte, prenez vos distances. Laissez l'autre parent réagir et prendre la relève. Il connaît vos limites et vos besoins. Il saura intervenir au besoin. Il est sain de s'éloigner quelque temps au lieu de s'obstiner à interagir.

- **Les alliances et le phénomène de la triangulation.** Tout comme le triangle et ses trois côtés, à l'intérieur de la famille recomposée, deux personnes peuvent se liguer contre la troisième pour empêcher que le bateau se rende à bon port, consciemment ou inconsciemment. Mais en tout temps, cela crée un malaise.

  ▸ L'alliance la plus classique: l'enfant et son parent s'associent contre le beau-parent. Il est prévisible que l'enfant soit plus près de son parent. C'est une alliance naturelle. Le problème se manifeste si la coalition entre eux se consolide, s'intensifie et empêche le nouvel amour de prendre sa place en jouant un rôle dans la dynamique familiale.

  ▸ Une autre alliance très courante: l'enfant et l'ex-conjoint font alliance contre la nouvelle relation. L'enfant vit un conflit de loyauté et se rallie au parent délaissé, déprimé et en peine d'amour. Ce parent semble le plus faible, car il est en détresse. Et puisque cet enfant est déjà résistant à sa famille recomposée, il suffit d'un peu d'influence de l'ex-conjoint pour saboter la relation et encourager l'enfant à boycotter le nouveau couple. On aperçoit cette manœuvre par des changements dans les tours de garde. L'enfant revient de chez l'ex-conjoint agressif, indiscipliné, évitant et récalcitrant à toute discipline. C'est comme si l'ex l'avait monté contre son autre parent: «Je semble être le parent le plus ignoble et imbécile de la Terre, et qui n'a pensé qu'avec sa queue pour avoir refait sa vie aussi vite.»

L'enfant ne prendra pas au sérieux la nouvelle fréquentation de son parent. Pour lui, il a perdu toute crédibilité.

▸ Une autre alliance possible peut s'établir entre deux enfants contre un autre. Par exemple, les deux enfants de la mère contre celui du père. Ce type d'alliance est fréquent et est principalement dû aux affinités en fonction de l'âge, des talents et des intérêts. Le danger est que le parent prenne toujours parti pour son enfant et qu'il ait deux poids deux mesures. Il faut beaucoup de discernement et d'impartialité pour réussir. Votre sens de la justice doit être très aiguisé.

Je ne le répéterai jamais assez : **votre attitude en tant qu'adulte est déterminante**. Si vous êtes inquiet, accroché au passé, négatif face à l'avenir, vos enfants le seront. Si vous êtes confiant et sûr de vous, vous donnerez l'exemple de la collaboration et du respect de l'autre. Si vous vous faites confiance, si vous savez vous écouter entre vous et négociez pour régler les conflits et trouver des solutions, les enfants feront de même. Mais je dois avouer que, même avec la meilleure volonté du monde, vous ne pouvez reconstruire rapidement une famille. Les blessures doivent guérir. Les êtres doivent se découvrir, s'apprivoiser. La colère doit s'estomper et la méfiance, diminuer. On n'établit des rituels de confiance que graduellement. Rappelez-vous qu'on ne tire pas sur une fleur pour la faire pousser. C'est la même chose pour les êtres et les sentiments…

Sachez préserver les territoires de votre intimité. Pour que le couple dure, il vous faut vous aimer très fort, le dire et le démontrer. Vous devez être une équipe solide ! Ménagez-vous du temps de loisir à deux. Un moment à caractère contemplatif où l'on prend le temps d'être ensemble à se regarder, à se parler et à se désirer. Planifiez ces moments et inscrivez-les à votre agenda pour susciter l'expectative (relire les notions concernant le désir, au chapitre 3). Créez des rituels : le déjeuner du dimanche matin, les siestes coquines du week-end, les promenades en soirée, le vélo l'après-midi, une partie de golf, un cours de danse, etc. Autant que possible, faites coïncider les visites de vos enfants respectifs. Ainsi, vous aurez une semaine avec tous les enfants et une semaine de temps en amoureux. Je vous recommande de prendre l'habitude de fermer et de verrouiller la porte de votre chambre. Celle-ci doit être un havre de paix pour adultes avertis.

RÉCAPITULATIF

QUELQUES POINTS DE REPÈRE

> En amour, parce qu'on ne peut rien bâtir de nouveau si les cendres ne sont pas éteintes, **donnez-vous le temps qu'il faut pour digérer vos émotions**.

> Vous avez envie de fonder une nouvelle famille ? **Réglez votre situation familiale passée.** Faites le nettoyage qui s'impose. Allez de l'avant. Effacez toute trace de culpabilité. Soyez de nouveau disponible de cœur et d'esprit. Sachez ce que vous voulez. Déterminez vos besoins et vos limites : apprenez de votre rupture, et ensuite vous penserez à une nouvelle famille.

> Donnez-vous du temps. Vous ne serez pas amoureux des enfants de l'autre instantanément.

> La situation sera plus difficile si vous êtes en couple avec une personne qui a un enfant alors que vous n'en avez pas. Faites votre place graduellement. Intégrez-vous lentement. Assurez-vous que votre partenaire vous fait une place de choix.

> **Le rôle du beau-parent est délicat. Au début, mieux vaut être *beau* que *parent* !** Si l'enfant est très jeune ou orphelin, vous pouvez devenir un substitut parental. Pour les autres, vous serez un gardien, un grand frère, un éducateur, une marraine, un guide, une ressource, une amie, une colocataire. Vous serez mi-parent, mi-ami.

> Vous franchirez différentes étapes tout au long de votre parcours. Au-delà de votre amour, il faudra faire des efforts. **Êtes-vous suffisamment déterminé à réussir ?** Que pouvez-vous faire pour vous entendre ?

› **Les enfants risquent de tenter de vous diviser et seront des sources de conflits supplémentaires.** Ils réagiront et contesteront cette nouvelle situation. Tout ce qu'ils souhaitent, c'est que leurs parents reviennent vivre ensemble.

› **Préservez votre espace intime** et réservez vous du temps à deux. Si vous tenez à votre intimité, cultivez votre désir. Soyez une équipe adulte. Conservez un regard admiratif l'un envers l'autre et sachez protéger votre relation.

› **Les ex appartiennent au passé, alors ne les laissez pas vous envahir.** Cette histoire est terminée. Réglez vos différends. Regardez droit devant.

› Il existe des gens qui choisissent de faire une **recomposition sans cohabitation**. Chacun dans sa maison avec ses enfants.

› La bonne attitude est de **montrer que vous êtes adulte, mature et déterminé à ce que la nouvelle relation réussisse.** Vous êtes une personne prête à aimer.

Conclusion

L'attitude optimale !

La plus belle attitude sexuelle qui soit, pour une femme, est de laisser libre cours à son côté **espiègle, déluré, déso-béissant, impudique et polisson**. Plusieurs la qualifieront de « cochonne », ce qui selon moi est un compliment. Elle a réussi à s'intéresser à sa sexualité en se sentant **vivante, désirante, désirable et désirée**. Elle est capable de s'ins-pirer et de fantasmer gaiement ! Elle sait être quelque peu provocante, coquine et friponne. Elle assume totalement sa beauté érotique. Voilà une attitude optimale : trouver un sens et une fonction à sa sexualité ! Si certains qualifient cette femme de « cochonne », moi je dis tant mieux pour elle ! Elle est soucieuse de sa vie de femme, l'assume et en est heureuse. Elle rayonne de bonheur ! C'est ce qui la rend si attirante, si véritablement *sexy*, qui lui donne un charisme magnétique ! Et le fait, pour elle, de rechercher une satisfaction sexuelle et relationnelle est tout à fait louable !

Si ce portrait ne vous ressemble pas, vous pouvez changer les choses et vous réveiller de votre apathie. Vous reprendre en main pour éviter les dysfonctions sexuelles ou pour vous libérer d'un traumatisme. **Redevenez l'élève de votre sexua-lité.** Plusieurs trucs, conseils et stratégies ont été énoncés tout au long de ce livre pour vous aider à réveiller l'amazone en vous. Pensez à tout ce que vous pouvez **gagner en poten-tiel érotique**, en santé sexuelle, en aptitude à fantasmer, en désirabilité, et ruminez moins ce que vous perdez – la

femme vaillante, responsable, respectable, la bonne mère…
Retrouvez la *Victoria's Secret* : la femme érotique en vous !
Je vous rassure tout de suite sur un point. Le fait de développer votre sensualité et votre beauté érotique ne portera
pas atteinte à vos capacités intellectuelles. Au contraire, vous
gagnerez en estime, en confiance et en compétence ! Si les
hommes pensent à leur « gland cerveau » sans scrupules,
vous aussi vous le pouvez. *Think about your pussy !*

Quant à vous, messieurs, je revendique votre retour à la
virilité ! Un homme érotise une femme qui affiche sa féminité. Une femme érotise un homme viril en totale possession
de son corps et de son sexe, mais tout en étant à l'écoute de
ses sensations. Un égoïste sain sait ce qui l'excite, sait comment obtenir son plaisir et sait comment en donner. **Confiant,
assumé, déterminé, dynamique, compétent, allumé, taquin
et moqueur, il sait s'amuser.** Espiègle, séducteur, libidineux,
libertin, extraverti, entreprenant et « cochon », ce mâle alpha
dégage de l'assurance. Sa virilité va dans le sens même de
l'agressivité phallique. Il croit en son potentiel pénien, en
ses capacités érectiles. Il aime la pénétration.

Dans chaque homme existe un doberman. Vous avez
le droit de le réveiller et de le laisser s'exprimer. **Il est le
chien de garde de votre nature masculine.** Votre *mâlitude*.
Au lit avec une femme, rappelez-vous que vous êtes comme
un tank entrant dans la caverne.

**Votre attitude optimale est de soigner votre identité
masculine.** Mesdames, exprimez pleinement votre féminité,
et messieurs, redevenez totalement des hommes. Il s'agit d'un
remède très efficace pour soigner les maux du désir et les
dynamiques relationnelles malsaines, non égalitaires. Vous
combattrez ainsi l'envie de devenir une Germaine, car à tout
contrôler, on s'épuise. Et le réflexe pour l'homme d'accepter
d'être une mascotte-inoffensive-conciliante, ça ramollit les
érections ! Existez dans votre relation sans mépriser ni infan-
tiliser l'autre, et exprimez adéquatement vos besoins, vos
attentes, vos désirs et vos limites.

Vous, messieurs, soyez l'homme de la situation. Si vous avez une telle attitude, ce sera un jeu d'enfant que de cultiver votre désir. Tout comme la joie de vivre, le désir est un état d'esprit. Alimentez-le avec des sources d'inspiration constamment renouvelées et par votre capacité à fantasmer. N'oubliez pas ceci : vous êtes le capitaine de votre âme. Donc, le seul maître à bord en ce qui concerne votre capacité à désirer. **Respectez les 3D : désirant, désirable et désiré.** Ne remisez pas votre virilité aux oubliettes. Sinon, la femme ira chercher un doberman ailleurs...

Oui, il existe des femmes infidèles. Et elles sont enfin heureuses de combler leurs besoins de reconnaissance et de valorisation hors du couple. Elles sont de celles qui cherchent à combler les besoins véritables de leur âme et de leur corps. Elles vivent dans un monde parallèle où elles doivent assumer leur secret. Mesdames qui êtes infidèles, apprenez de cette liaison, apprenez sur votre sexualité, votre désir, votre sensualité et sur votre capacité à vous abandonner. Pour que ce soit constructif, transférez ces compétences au sein de votre relation conjugale. Faites valoir vos nouveaux besoins.

S'il n'y a plus rien à faire, c'est que l'infidélité a confirmé votre envie de vous séparer. Cela vous insécurise ? Une rupture, ça se prépare. Prendre une pause peut être salutaire pour réfléchir et effectuer une transition. Établissez des conditions : il faudra une distance réelle, une pause suffisamment longue, écrire pour stopper la mémoire sélective, cibler vos nouveaux besoins. Évitez le yoyo relationnel. Et de grâce, ne couchez plus avec votre ex !

Vous êtes enfin prêt pour une autre relation. Il se peut que votre nouvel amoureux soit parent. La famille recomposée comporte des défis. Vous franchirez plusieurs étapes et bien des tempêtes ! L'énoncé « je t'aime, donc je vais aimer tes enfants » ne va pas de soi. Votre mission sera de protéger les territoires de votre intimité contre les envahisseurs extérieurs : les ex-conjoints et les ex-beaux-parents.

Saviez-vous que le courage est la nouvelle valeur *in* en entreprise ? Sans lui, il n'y a pas de gens qui créent, ni d'organisations qui innovent. Le courage est devenu l'attitude par excellence. On dit même que la réussite d'une entreprise se fonde sur le courage de ses employés. C'est-à-dire leur capacité à faire preuve d'initiative et à s'exprimer franchement dans leur milieu de travail. Les dirigeants ont tendance à récompenser ceux qui sortent de leur zone de confort. Avoir du courage, c'est apprendre à reconnaître la peur, à la mettre en perspective et à oser la surmonter. Ça vous dit quelque chose ? À vrai dire, **le courage, c'est l'attitude gagnante**. Dans vos relations affectives, amoureuses et sexuelles, osez prendre des décisions. Soyez prêt à agir. Osez exprimer vos opinions avec enthousiasme. Faites preuve d'entrain ! Osez faire des gestes cohérents avec vos valeurs. Osez persévérer.

Avec toutes ces ressources en main, j'espère que vous trouverez la satisfaction relationnelle et sexuelle. Utilisez vos atouts avec courage, audace et assurance. Cultivez votre nouvelle attitude. Elle est comparable à des vitamines nécessaires au renforcement de votre personnalité. Agissez, au lieu de subir, soyez comme un aigle qui chasse sa proie. Soyez comme le papillon heureux de se libérer enfin de son cocon.

Pour joindre l'auteure : www.sylvielavallee.ca ou 514 386-6367.

Cet ouvrage a été composé en Lino Letter et Trade Gothic 11/14,4
et achevé d'imprimer en janvier 2011 sur les presses de
Imprimerie Lebonfon Inc. à Val-d'Or, Canada.

certifié   procédé   100 % post-   archives   énergie
            sans chlore   consommation   permanentes   biogaz

Imprimé sur du papier 100 % postconsommation, traité sans chlore,
accrédité Éco-Logo et fait à partir de biogaz.